Thomas Bartscher | Anne Huber

Praktische Personalwirtschaft

Thomas Bartscher | Anne Huber

Praktische Personalwirtschaft

Eine praxisorientierte Einführung

2., vollständig überarbeitete Auflage

GABLER

Bibliografische Information Der Deutschen Nationalbibliothek
Die Deutsche Nationalbibliothek verzeichnet diese Publikation in der
Deutschen Nationalbibliografie; detaillierte bibliografische Daten sind im Internet über
<http://dnb.d-nb.de> abrufbar.

Professor Dr. Thomas Bartscher lehrt Allgemeine Betriebswirtschaftslehre, Human-Resources-Management, Organisation und Dienstleistungsmanagement an der Fachhochschule Deggendorf.

Diplom-Betriebswirtin (FH) Anne Huber ist Vorstandsassistentin der Lindner AG.

1. Auflage November 2002
2., vollständig überarbeitete Auflage März 2007

Alle Rechte vorbehalten
© Betriebswirtschaftlicher Verlag Dr. Th. Gabler | GWV Fachverlage GmbH, Wiesbaden 2007

Lektorat: Jutta Hauser-Fahr | Walburga Himmel

Der Gabler Verlag ist ein Unternehmen von Springer Science+Business Media.
www.gabler.de

Umschlaggestaltung: Ulrike Weigel, www.CorporateDesignGroup.de
Druck und buchbinderische Verarbeitung: Wilhelm & Adam, Heusenstamm
Gedruckt auf säurefreiem und chlorfrei gebleichtem Papier
Printed in Germany

ISBN 978-3-8349-0233-7

Vorwort

Wir leben in Zeiten eines nachhaltigen Wandels in Wirtschaft, Gesellschaft und Politik. Mit Schlagworten wie etwa Globalisierung, demographischer Wandel, lebenslanges Lernen oder Subsidiarität wird versucht, generelle Entwicklungstendenzen und Handlungsherausforderungen zu umschreiben. Die damit einhergehende Arbeitswelt von morgen skizziert das Projekt „Zukunftsradar 2030" (vgl. Stock/Kolz 2005) mit den Headlines: kleine Stammbelegschaften, Phasen für Bürger- und Bildungsarbeit, Lebensarbeitszeitkonten sind Standard, ziel- und erfolgsorientierte Entlohnung, Dominanz der Telearbeit, Dominanz überfachlicher Kompetenzen, Investition in die Leistungspotentiale der Arbeitnehmer, neue Karriere- und Jobmodelle, Wettbewerb um begehrte Fachkräfte. Angesichts dieser Herausforderungen stellt sich schnell die Frage: Wer muss die Initiative ergreifen, um adäquate Lösungen zu erarbeiten und welche Maßnahmen sind schon heute anzustoßen? Die Antwort scheint einfach: Es ist doch die Aufgabe jedes Unternehmens und insbesondere jedes Unternehmers, jedes Entscheiders und jeder Führungskraft, die Zukunft des Unternehmens pro aktiv in die Hand zu nehmen. Unternehmen können langfristig nur dann erfolgreich sein, wenn sie sich an die veränderten Bedingungen anpassen und diese aktiv mitgestalten. Die Frage ist: Welche Kompetenzfelder sollen Unternehmen künftig entwickeln und erhalten? Es ist zu klären, welche Produkte oder Dienstleistungen zukünftig nicht mehr nachgefragt und somit vom Markt verschwinden werden. Außerdem ist offen, in welche Handlungsfelder Unternehmen zusätzlich investieren sollten. Wir wissen, wie im Zeitalter der Informationstechnologie Mitarbeiter, Standorte und letztlich die ganze Welt technisch untereinander zu vernetzen sind, aber die Frage, welche psychosozialen Kompetenzen zukünftig im Wirtschaftsleben notwendig sind, um die Menschen miteinander in Beziehung zu bringen und wie diese (überfachlichen) Kompetenzen zu entwickeln sind, ist noch nicht beantwortet.

Für die praktische Personalwirtschaft sind ausgehend von diesen einleitenden Überlegungen unter anderem zwei Fragen von zentraler Bedeutung:

1. Gibt es ein geeignetes Analyseraster, das das Nachdenken über personalwirtschaftlich bedeutsame Handlungsfelder angesichts dessen unterstützt?

2. Ist das Analyseraster auch geeignet, adäquate Handlungsoptionen gegeneinander abzuwägen?

Im Mittelpunkt dieses Buches steht der Performance Improvement Ansatz, der diesen Ansprüchen an ein praxisorientiertes personalwirtschaftliches Managementkonzept gerecht wird. Seine Kernfragen lauten:

■ Wie kann die Leistung von Mitarbeitern im Spannungsfeld von Organisation, Arbeitsprozessen und arbeitsplatzbezogenen Aufgaben gezielt langfristig verbessert werden?

■ Mit welchen Verfahren, „Tools" und Techniken kann der komplexe Leistungszusammenhang in Unternehmen analysiert und Maßnahmen zur Verbesserung geplant und durchgeführt werden?

Wichtig dabei ist: Das Leistungsvermögen von Mitarbeitern und damit von Organisationen ist eine Resultante aus den Fähigkeiten und Fertigkeiten der Mitarbeiter einerseits und dem Arbeitsumfeld andererseits. Damit bietet der Ansatz einen gezielten Blick für diejenigen Stellen, an denen personalwirtschaftliche Interventionen das Leistungsvermögen von Organisationen wirklich voranbringen.

Mit diesem personalwirtschaftlichen Lehr- und Lernbuch knüpfen wir in der 2. Auflage zum einen an den Rückmeldungen an, die wir zur ersten Auflage des Buches erhalten haben. Zum anderen beziehen wir die Auswirkungen auf das Lehrgebiet Personalmanagement/Personalwirtschaft mit ein, die aus dem sog. „Bologna-Prozess" (konsekutive Bachelor-/Master-Studienkonzepte) erwachsen. Der einführende und praxis(handlungs-)orientierende Charakter qualifiziert das vorliegende Buch damit insbesondere für die personalwirtschaftliche Ausbildung in betriebswirtschaftlichen Bachelor-Studiengängen. Es ist zudem geeignet, Quereinsteigern im Fach einen komprimierten Überblick über relevante Handlungsfelder der Personalwirtschaft zu geben. Schließlich ist es auch geeignet als Grundlagen-Literatur in berufsbegleitenden „General-Management" MBA-Programmen für das Modul „Human-Ressource-Management".

Ein derartiges Buch entsteht nicht ohne hilfreiche Unterstützung. Wir möchten uns bei all denen bedanken, die uns im Laufe des Entstehungsprozesses des Buches mit Rat und Tat zur Seite standen. Zuerst bei den Mitautoren der 1. Auflage: Prof. Dr. Karl Wagner und Ulrich Noack. In alphabetischer Reihenfolge im Weiteren bei: Ingrid Bügler, Werner Büning, Rüdiger Funk, Eva Herrmann, Prof. Dr. Albert Martin, Prof. Dr. Johann Nagengast, Andreas Peteranderl, Prof. Dr. Henning Schulze, Marianne Seitzl, Nicola Stettmaier, Prof. Dr. Rainer Waldmann, Klaus Wittkuhn und beim Gabler Verlag vertreten durch Walburga Himmel und Jutta Hauser-Fahr. Des Weiteren gilt Dank der Fakultät Betriebswirtschaft/Wirtschaftsinformatik an der Hochschule für Technik und Wirtschaft Deggendorf. Wir freuen uns auch diesmal wieder über Rückmeldungen: thomas.bartscher@fh-deggendorf.de

In diesem Jahr wurde der Begründer des ersten Personal-Lehrstuhls im deutschsprachigen Raum (Universität Mannheim) 100 Jahre alt: Prof. Dr. Dres. h.c. August Marx (geb. 08.07.1906, gest. 27.03.1990). Ihm ist dieses Buch in persönlicher Verbundenheit gewidmet.

Deggendorf, Juni 2006

Thomas Bartscher / Anne Huber

Inhaltsverzeichnis

1   Personalarbeit der Zukunft

Nie zuvor wurde ein Gesellschafts- und Wirtschaftssystem so deutlich von Wissenschaft und Technik geprägt, wie dies heute im 21. Jahrhundert geschieht. Zwei Beispiele mögen dies verdeutlichen: Zur Jahrtausendwende ist es gelungen, das menschliche Genom vollständig zu entschlüsseln und damit den Bauplan des Lebens offen zu legen – ein Schritt, der mit der ersten Mondlandung verglichen wird. Nun ist es nur noch eine Frage der Zeit, bis die Genomfunktionen vollständig erforscht sind und bis aus diesem Wissen marktreife Gesundheitsprodukte abgeleitet werden können. Das zweite Beispiel zeigt die Informations- und Kommunikationstechnologie. Während zu Beginn des letzten Jahrhunderts ein Brief noch wochen- oder monatelang unterwegs war, um von Europa nach Amerika zu gelangen, nehmen E-Mails, Bilddokumente und andere Datenformen diesen Weg heute innerhalb weniger Sekunden. Diese Technologie macht es unter anderem möglich, Mitarbeiter, die rund um den Globus verstreut sind, an ein und demselben Forschungs- und Entwicklungsprojekt 24 Stunden pro Tag (following the sun) und an 360 Tagen im Jahr arbeiten zu lassen.

1.1   Thesen über die Zukunft der Wirtschaft

Wir leben also in einem Jahrhundert globaler Vernetzung mit völlig neuen Herausforderungen gesellschaftlicher, technologischer und politischer Art. Fest steht: Es ist (wieder) ein Jahrhundert voller Veränderungen.

Es stellt sich die Frage, wohin sich Wirtschaft und Gesellschaft in den kommenden Jahren entwickeln werden und wie dieser Entwicklung begegnet werden kann. Welche Ursachen oder historischen Ableitungen begründen diese Entwicklung?

Die wirtschaftliche Entwicklung der westlichen Welt lässt sich seit der Industriellen Revolution mit Hilfe der „Theorie der langen Wellen" zyklisch beschreiben. Diese Zyklen bezeichnet man als Kondratieff-Zyklen, nach dem russischen Nationalökonom Nikolai Kondratieff (1926). Kondratieff's Theorie besagt, dass wirtschaftliche Entwicklungen nicht nur durch das Auftreten kurzer und mittlerer Konjunkturschwankungen gekennzeichnet sind, sondern dass auch lange Phasen von Aufschwung oder Rezession regelmäßig wiederkehren. Mit einem Abstand von 25 bis 50 Jahren durchlaufen marktwirtschaftlich organisierte Volkswirtschaften entscheidende Reorganisationsprozesse. Auslöser für derartige Langzeitzyklen sind so genannte Basisinnovationen. Als Basisinnovation ist eine Wirtschaftslokomotive definiert, die nicht nur zu einem großen Konjunkturzyklus führt, sondern eben auch die Reorganisation der gesamten

Gesellschaft und deren Arbeitsstrukturen beeinflusst. Es lassen sich bislang fünf Kondratieff-Zyklen mit ihren jeweiligen Basisinnovationen beschreiben:

1. 1800 – 1850   Dampfmaschine und Baumwolle

2. 1850 – 1900   Stahlindustrie und Eisenbahn

3. 1900 – 1950   Elektrotechnik und Chemie

4. 1950 – 1975   Petrochemie und Automobilbau

Im fünften Kondratieff-Zyklus spielt zum ersten Mal der Rohstoff „Information" eine wesentliche Rolle:

1975 - ??   Informationstechnologie

Angesichts der derzeitigen wirtschaftlichen und gesellschaftlichen Entwicklungen des beginnenden 21. Jahrhunderts scheint es so, als ob in Europa, Japan und Nordamerika der Höhepunkt des fünften Kondratieff-Zyklus abgeschlossen wäre.

Die bisherigen fünf Kondratieff – Zyklen und der prognostizierte sechste Zyklus werden in Abbildung 1-1 dargestellt.

Es zeigt sich nicht nur, dass der fünfte Zyklus auszulaufen scheint, sondern auch, dass sich die Zyklen immer mehr verkürzen. Somit stehen wir vor einem sechsten und damit neuen Zyklus, der wohl wiederum erhebliche Verwerfungen für das Gesellschafts- und Wirtschaftssystem mit sich bringen wird.

Welches werden nun die bedeutenden Entwicklungen in diesem Zyklus sein, die Wirtschaft und Gesellschaft verändern werden?

Für den sechsten Kondratieff-Zyklus zeichnen sich mehrere mögliche Basisinnovationen ab, wie zum Beispiel:

■ Biotechnologie, Umwelt und Gesundheit (Life Sciences)

> Experten gehen davon aus, dass die Life Sciences in vielen Volkswirtschaften zu den tragenden wirtschaftlichen Säulen werden. Da die Lebenserwartung der Menschen immer mehr zunimmt, wird auch der Bedarf an Medikamenten, Behandlungsmethoden und medizinischer Versorgung steigen. Mittels Biotechnologie- und Gen-Verfahren können körpereigene Stoffe künstlich hergestellt werden. So können nicht nur Krankheiten wie Krebs behandelt werden, sondern man hofft auch das Welternährungsproblem bekämpfen zu können.

■ Umwelt- und Energietechnologie

> Die Rohstoffe werden knapper und damit wird das Umweltbewusstsein in Gesellschaft und Wirtschaft wachsen. Es bedarf neuer Produktionsmethoden, alternativer Energiequellen und Werkstoffe.

Informations- und Kommunikationstechnologie

Die Welt wächst mehr und mehr zusammen. Dabei kommt der adäquaten Informationsversorgung der wohl bedeutendste Part zu. Dazu sind unter anderem geeignete Kommunikationstechnologien notwendig - wie das Internet, die das Arbeiten und Leben im 21. Jahrhundert maßgeblich beeinflussen werden.

Abbildung 1-1: *Kondratieff–Zyklen mit ihren Basisinnovationen*

Quelle: in Anlehnung an: Vahs/Burmester, Innovationsmanagement, 2002, S. 6

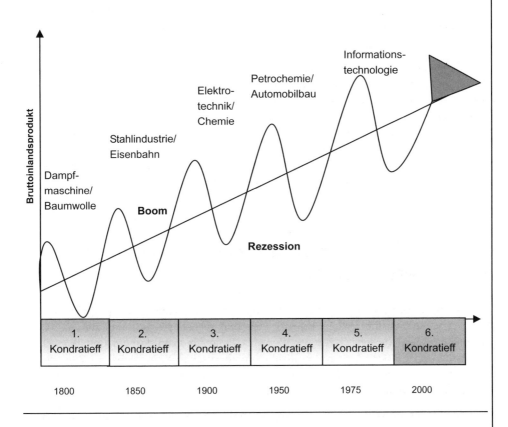

Anhand dieser Aufzählung wird deutlich: Es zeichnen sich bedeutsame Reorganisationsprozesse ab. Dabei ist zu bedenken, dass derartige Reorganisationsprozesse volkswirtschaftliche und gesellschaftliche Spannungen mit sich bringen: Arbeitsplätze gehen verloren und die Gewinne, auch etablierter Unternehmen, gehen drastisch zurück. Ein Teil der gesellschaftlichen Energie wird in Protestaktionen einfließen, die sich gegen das Neue richten, und steht somit nicht für die (Fort-) Entwicklung der Wirtschaft zu Verfügung. Vielfältige offene und verdeckte Widerstandsformen sind denkbar, die eine effektive und effiziente Wertschöpfung verhindern (Nefiodow, 2001).

In Westeuropa oder Nordamerika befinden sich Branchen wie die Stahlindustrie, die Textilindustrie, die Elektroindustrie oder die chemische Industrie in der Sättigungsphase ihres Lebenszyklus. Die Textilproduktion ist bereits mehrheitlich von Westeuropa nach Asien verlagert. Handel und Automobilindustrie befinden sich ebenfalls in ihrer Reifephase. Auch der Dienstleistungssektor hat seine Reifephase erreicht: Heute findet sich kaum ein Unternehmen, das keine Dienstleistungen und Services anbietet. Es ist ein Quartärer Sektor entstanden, nach Landwirtschaft (Primärer Sektor), Industrie (Sekundärer Sektor) und Dienstleistung (Tertiärer Sektor). Der Quartäre Sektor hat die Ressource „Information" zum Mittelpunkt und entsteht dort, wo Menschen Informationen sammeln, recherchieren, aufbereiten und vermitteln. Gleichzeitig ist dies der Bereich, in dem zukünftig Arbeitsplätze entstehen können und werden.

Wirtschaftsregionen werden damit einerseits den Niedergang einzelner Wirtschaftsbereiche meistern und andererseits in Innovationen und zukunftsweisende Geschäftsfelder investieren müssen, um auch weiterhin (Netzwerk-)Partner in einem globalisierten Wirtschaftssystem sein zu können. Der Übergang zum sechsten Kondratieff-Zyklus ist darum schon heute spürbar. Er sollte in unternehmensstrategische Überlegungen und Handlungen einbezogen werden, denn die neuen Branchen, zu denen wie bereits erwähnt Biotechnologie, Life Sciences und Informations- und Kommunikationstechnologie zählen, stehen erst am Beginn eines Wachstumsprozesses.

1.2   Thesen zu den Rahmenbedingungen der Personalarbeit

Noch eine Tendenz ist für die volkswirtschaftliche Entwicklung von zentraler Bedeutung. Für die Basisinnovationen des fünften und sechsten Kondratieff-Zyklus ist die Nahtstelle Mensch-Mensch zur wichtigsten Quelle für Produktivität und Wachstum geworden (Filz, 2003). Neben den fachlich-methodischen Kompetenzen haben die so genannten psychosozialen Kompetenzen enorm an Bedeutung gewonnen – über alle Aufgabengebiete und Hierarchien hinweg.

An den Stellen im Wertschöpfungsprozess, an denen Menschen zukünftig zusammenarbeiten, geht es zumeist um die effiziente Arbeit mit Informationen und um die Weitergabe und Verarbeitung handlungsorientierten Wissens. Informationen und das Wissen darum, wie etwas wirklich funktioniert, werden zur wichtigsten Ressource der Zukunft. Hat sich das Wissen in der Zeit zwischen 1800 (Napoleon) und 1900 (Kaiser Wilhelm) verdoppelt, so hat es das auch in der Zeit bis 1950 (Adenauer) getan. Danach dauerte es nur noch weitere zehn Jahre, bis es sich wiederum verdoppelte. Heute ist es schon nach vier Jahren soweit. Das heißt: Alle vier Jahre verdoppelt sich das Wissen, verdoppeln sich Informationen. Es wird zu einer der großen Herausforderungen für Organisationen, ihre adäquate Informationsversorgung sicher zu stellen. Um zukünftig erfolgreich sein zu können brauchen Organisationen Informationsträger, Informationsverbreiter und Informationsverarbeiter. Kurz: Es braucht Menschen, die die Masse an Informationen filtern, aber dann auch nutzen und verarbeiten können. Es braucht weiterhin Menschen, die effektiv zusammenarbeiten in Abteilungen und abteilungsübergreifend, auf gleicher Hierarchieebene und hierarchieübergreifend. Bei den Aufgabenstellungen der Zukunft wird es für die Arbeitnehmer darum gehen, mit ständig wechselnden Kollegen, Kunden, Lieferanten, sonstigen Partnern (weltweit) zusammenzuarbeiten und zu kooperieren. Informationen müssen reibungslos fließen können. Teams, die dabei sowohl fachlich-methodisch als auch menschlich gut zusammenarbeiten können, werden sich zu Hochleistungsteams entwickeln.

Deutlich wird: Die Notwendigkeit mit Informationen und Wissen umgehen zu können, nimmt kontinuierlich zu. Die Zukunfts-Branchen verlangen von ihren Arbeitnehmern neues Wissen, neue Fähigkeiten und Fertigkeiten. Der sechste Kondratieff-Zyklus beruht damit sowohl auf technologischen Innovationen als auch auf der qualifizierten Einbindung der Arbeitnehmer. In früheren Zyklen waren eher die physischen Leistungsmerkmale der Arbeitnehmer von Bedeutung, die dann mit der Zeit durch Maschinen ersetzt wurden. Heute und in Zukunft ist es für die Arbeitnehmer bedeutsam, dass sie Informationen erkennen, verstehen, verarbeiten und übertragen können, die für den (wirtschaftlichen) Erfolg von Organisationen relevant sind. Darüber hinaus müssen sie in der Lage sein, sich mit anderen Arbeitnehmern in Beziehung zu setzen. Beziehungsfähigkeit und Beziehungskompetenz werden zu einem weiteren wichtigen Qualifikationsmerkmal von Arbeitnehmern und bestimmen über ihren Marktwert. Aber auch für die Organisationen heißt das, dass ihr Markterfolg davon abhängt, wie effizient „... Informationsarbeit zwischen Menschen in größeren Einheiten geleistet wird, er hängt ab von der Reichweite des Verantwortungsgefühls, sinnverbundener Motivation, Ausdauer, Humor, Demut, ... Kooperationsfähigkeit ..." (Händeler, 2005).

Im sechsten Kondratieff-Zyklus werden die Mitarbeiter **der** Erfolgsfaktor von Unternehmen sein, denn sie sind es, die über Informationen und Wissen verfügen. Unternehmen werden in dem Maße erfolgreich sein, in dem sie es schaffen, die Mitarbeiter dazu zu motivieren, ihr Wissen und Engagement zum Wohle der Organisation einzusetzen. Produktivität wird sich zukünftig in einem Verhaltensvorsprung ausdrücken. Unternehmen, die in der Lage sind, ihre Beziehungen menschenfreundlich zu gestalten, werden eher wirtschaftliche Erfolge erzielen. Verhaltensweisen und Erfolgsstrategien des Industriezeitalters können nicht mehr 1:1 angewandt werden. Ein Paradigmenwechsel findet statt. Damit wird auch ein gesellschaftlicher Wandel einhergehen, begleitet von einem wirtschaftlichen Wandel. Heute gilt deutlicher als je zuvor: Das Wohl der Unternehmen ist untrennbar mit dem Wohl ihrer Mitarbeiter verbunden. Zukünftig wird die Produktivität der Mitarbeiter von folgenden Faktoren abhängen (vgl. Händeler, 2003):

1. Wissen/Fachkompetenz

2. Motivation

3. Fähigkeit, die Ergebnisse der Arbeitsteilung zusammenzuführen (Zusammenarbeit)

Zunächst müssen die Mitarbeiter über das **Wissen** und die **fachliche Kompetenz** verfügen, die sie benötigen, um die an sie gestellten Anforderungen optimal erfüllen zu können. Daher müssen Unternehmen bereits bei der Personalauswahl darauf bedacht sein, Mitarbeiter zu finden, die ideal zum Unternehmen und zur Aufgabe passen. Im Kapitel →3.3 Personalauswahl wird der besondere Stellenwert der Personalbeschaffung verdeutlicht. Es genügt jedoch nicht, die richtigen Mitarbeiter auszuwählen. So wie ein Unternehmen einem beständigen Wandel über den Markt, also die veränderten Kundenanforderungen unterworfen ist, müssen die Mitarbeiter in der Lage sein, sich den veränderten Anforderungen anzupassen. Mit Hilfe gezielter Personalentwicklungsmaßnahmen, wie unter →3.3 Personalentwicklung beschrieben, können die Mitarbeiter auf diese Veränderungen vorbereitet werden.

Ein weiterer deutlicher Wettbewerbsvorteil besteht für Unternehmen im 21. Jahrhundert, deren Mitarbeiter **motiviert** und **leistungsbereit** sind. Motivation kann langfristig nur als Resultante mehrerer Faktoren entstehen. Wichtigster Faktor ist dabei zweifelsohne das Führungsverhalten der Vorgesetzten.[1] Das Führungsverhalten wirkt sich also direkt auf die Leistungsmotivation des Mitarbeiters aus. In Punkt →2.2 Die Rolle der Führungskraft wird aufgezeigt inwiefern eine wertschätzende Beziehung zwischen Führungskraft und Mitarbeiter Einfluss auf das Leistungsverhalten des Mitarbeiters nehmen kann und wie diese zu optimieren ist.

Unternehmen, die es schaffen, die **Zusammenarbeit** (Kooperation) im Unternehmen zu fördern, haben zukünftig einen deutlichen Leistungsvorsprung. Die arbeitsteilig erzielten Zwischenergebnisse müssen beispielsweise in Form von Halbfertigprodukten oder Teilinformationen zu einem Ganzen zusammengeführt werden. Hier gilt es, Schnittstellen zu optimieren und im Zeitalter der Informationsarbeit mit anderen Menschen zusammenzuarbeiten.

Welche Schlussfolgerungen sollten Unternehmen aus den bisherigen Überlegungen ziehen, insbesondere mit Blick auf ihre praktische Personalarbeit?

Zunächst gilt weiterhin: Ein Unternehmen ist immer dann erfolgreich, wenn es seine Produkte und Dienstleistungen in ausreichender Zahl am Markt absetzen kann und somit in der Lage ist, Gewinne zu erwirtschaften. Produkte und Dienstleistungen werden genau dann vom Kunden nachgefragt, wenn sie seine Bedürfnisse und Erwartungen erfüllen. Der Kunde ist also derjenige, der in hohem Maße über Erfolg oder

---

[1] Eine Umfrage norwegischer Professoren unter Studenten in ganz Europa ergab beispielsweise, dass das Einkommen bei der Arbeitszufriedenheit nur an siebter Stelle steht. (vgl. SZ 21./22.7.01, S. V1/23: „Jungmanager: Geld spielt keine Rolle").

Misserfolg eines Unternehmens bestimmt. Es ist somit die **Qualität**, die die Unternehmen sicherstellen müssen:

Wenn wir über Qualität sprechen, denken wir immer an bestimmte Eigenschaften von Produkten und Dienstleistungen. Es sind genau diese Eigenschaften, die die Kunden eines Produktes oder einer Dienstleistung zum einen als selbstverständlich voraussetzen - zum Beispiel erwarten wir von einem Restaurant Sauberkeit – zum anderen umfasst Qualität auch Eigenschaften, die ein Kunde, insbesondere bei dem von ihm präferierten Produkt oder der von ihm bevorzugten Dienstleistung, besonders schätzt, zum Beispiel den Lieferservice eines Restaurants.

Abbildung 1-2:   *Leistungsversprechen und dessen Erfüllung*

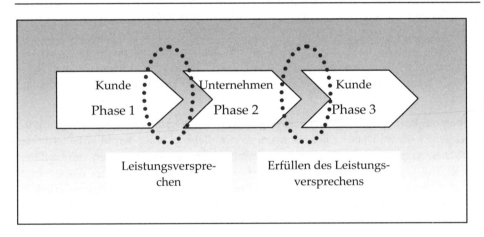

Im Kern geht es bei Qualitätsfragen zunächst darum, dem Kunden im Rahmen der Kontaktanbahnung ein Leistungsversprechen zu kommunizieren, das diesen veranlasst, das Produkt bzw. die Dienstleistung des Unternehmens nachzufragen (Phase 1). Aus Sicht des Kunden ist es bedeutsam, dass die übergebene Leistung bzw. das ausgelieferte Produkt dem von ihm wahrgenommenen Leistungsversprechen (Kosten-/Nutzenrelation) gerecht wird - oder dieses gar übertrifft (Phase 3). Demgegenüber ist es für das Unternehmen von Bedeutung, den Prozess der Leistungserstellung (Phase 2) so auszugestalten, dass potenzielle Kunden einerseits dem Leistungsversprechen vertrauen können; andererseits hat das Unternehmen seine Strukturen, Prozesse und das Leistungsverhalten seiner Mitarbeiter so auszusteuern, dass das erzielbare Leistungsergebnis die Kundenerwartungen zumindest erfüllt, wenn nicht sogar übertrifft (bei einer angestrebten Aufwands-/Ertragsrelation).

In dem Grad, in dem das an den Kunden übergebene Produkt oder die vom Kunden erfahrene Dienstleistung das gegebene Leistungsversprechen aus seiner Sicht erfüllt (Übergang von Phase 2 zu Phase 3), entsteht Kundenzufriedenheit. Diese wiederum ist Voraussetzung dafür, dass der Kunde auch in Zukunft beim jeweiligen Unternehmen Produkte und Dienstleistungen nachfragt.

Es sind also letztlich die **Menschen**, die für die Organisationen das Leistungsversprechen erfüllen. Anders als bei Maschinen und Anlagen kann die Leistung von Menschen jedoch nicht durch das Drücken von Knöpfen oder Betätigen von Hebeln gesteuert werden. Es braucht für die gezielte Führung von Menschen mehr – es braucht Beziehung. Seit einiger Zeit wird von Führungskräften und Managern darum nicht nur Fachkompetenz und Methodenwissen verlangt, sondern vermehrt Augenmerk auf Beziehungskompetenz und emotionale Intelligenz gelegt. Schließlich geht es in Führungsaufgaben immer um die Beziehung zwischen Menschen. Natürlich ist eine sozial kompetente Führungskraft allein noch längst keine gute Führungskraft. Leistung kann sich aber künftig erst dann entfalten, wenn sie dank emotionaler Kompetenz, Wertschätzung und Anerkennung in einen entsprechenden unternehmenskulturellen Gesamtzusammenhang eingebettet wird. Die Stärken der Informationsarbeiter wie Kreativität, Fantasie und Liebe zur Arbeit können sich unter Druck und Gehorsamsdenken nicht entfalten.

Neben der Beziehung zwischen Führungskraft und Mitarbeiter existiert in Organisationen eine Vielzahl weiterer Beziehungen, so zum Beispiel unter den Mitarbeitern oder zwischen verschiedenen Abteilungen. Immer dann, wenn Menschen mit anderen Menschen zusammenarbeiten, entstehen Beziehungen. Die Mitarbeiter eines Unternehmens müssen also in der Lage sein, Beziehungen aufzubauen und zu erhalten. Investition heißt längst nicht mehr, eine Maschine zu kaufen, sondern Vertrauen aufzubauen, den Kunden zu verstehen und gegenseitige Informationen auszutauschen. Es braucht kompetente Informationsarbeiter. Unternehmen werden zukünftig mehr denn je darauf angewiesen sein, ihre Mitarbeiter an das Unternehmen zu binden. Beziehungen innerhalb des Unternehmens oder auch zu Kunden entwickeln sich schließlich nur langsam. Verbleiben Mitarbeiter dagegen nur für kurze Zeit im Unternehmen, wird es kaum möglich sein, funktionierende Beziehungen zu entwickeln. Unternehmen, die ihre Mitarbeiter langfristig binden wollen, müssen dabei vor allen Dingen eine Voraussetzung erfüllen: Mitarbeiterzufriedenheit.

Zufriedene Mitarbeiter identifizieren sich mit dem Unternehmen, arbeiten dort gern und dauerhaft und „verkaufen" es gewinnend gegenüber bestehenden und potenziellen Kunden. Die positive Grundeinstellung der Mitarbeiter gegenüber „ihrem" Unternehmen wirkt sich maßgeblich auf die Kundenbeziehung aus. Zufriedene Mitarbeiter kennen das Unternehmen und sind über die Produkt- und Dienstleistungspalette informiert. Sie scheuen keine Mühen, um einen Kundenwunsch zu befriedigen, weil sie verstanden haben, dass die Zufriedenheit des Kunden maßgeblich für den Erfolg des Unternehmens und damit auch für die eigene Arbeitsplatzsicherheit ist. Die Zufriedenheit der Mitarbeiter verstärkt somit die Zufriedenheit der Kunden.

Letztlich sind es also zufriedene Kunden, die ein Unternehmen benötigt, wenn es auch zukünftig erfolgreich am Markt bestehen will. Um Kunden zufrieden zu stellen, braucht es insbesondere die Erfüllung des Qualitätsversprechens (siehe oben) gegenüber dem Kunden. Wir haben bereits festgestellt, dass es die Aufgabe der Mitarbeiter eines Unternehmens/einer Organisation ist, das Qualitätsversprechen den Kunden gegenüber zu erfüllen. Häufig genügt es jedoch nicht mehr, die Erwartungen des Kunden zu erfüllen; sie müssen noch übertroffen werden. Dies gilt insbesondere für den Dienstleistungsbereich. In Anlehnung an die Zwei-Faktoren-Theorie Herzbergs, die Mitarbeitermotivation betreffend, kann bei der Bewertung von Dienstleistungen unterstellt werden, dass bestimmte Qualitätsdimensionen die Nicht-Unzufriedenheit (Minimumqualitäten) und wieder andere Qualitätsdimensionen die Zufriedenheit (Werterhöhungsqualitäten) der Kunden beeinflussen.

Zu den Minimumqualitäten zählt die eigentliche Kernleistung. So wird etwa bei einem Arztbesuch erwartet, dass die Praxis in einem sauberen Zustand ist. Findet er diese Minimumqualitäten nicht vor, ist der Patient (Konsument) unzufrieden mit der Dienstleistung. Unternehmerischer Erfolg (der Arzt als Unternehmer) stellt sich erst dann ein, wenn zusätzlich zu den Minimumqualitäten auch Werterhöhungsqualitäten angeboten werden. Dies könnten beim Arztbesuch beispielsweise neueste Geräte oder innovative Behandlungsmethoden sein.

Für langfristigen unternehmerischen Erfolg ist Kundenzufriedenheit unabdingbar: Zufriedene Kunden kaufen das Produkt wieder bzw. nehmen die Dienstleistung erneut in Anspruch. Das Wiederkaufverhalten der Kunden wird so gefördert. Sie sprechen mit Dritten positiv über das Unternehmen, teilen ihnen ihre angenehmen Erfahrungen in Form von Mund-zu-Mund-Propaganda mit. Schließlich führt Kundenzufriedenheit zu einem erhöhten Unternehmensgewinn oder, mit Hilfe einer anderen Kennzahl ausgedrückt, zu einem gesteigerten ROI (Return on Investment).

Zusammengefasst: Gesteigerte Unternehmensgewinne sind zum Beispiel über zufriedene Kunden erzielbar. Kundenzufriedenheit ist unter anderem abhängig von der Zufriedenheit der Mitarbeiter. Wie aber ist Mitarbeiterzufriedenheit und damit Mitarbeiterbindung zu erreichen?

Auch hier bietet sich als Erklärungsansatz die Zwei-Faktoren-Theorie von Herzberg an. Sie gehört neben der Bedürfnispyramide von Maslow zu den Inhaltstheorien der Mitarbeitermotivation[2]. Die Inhaltstheorien der Mitarbeitermotivation erklären Bedürfnisse, die einen Antrieb für Handeln darstellen. Sie befassen sich also mit der Ausprägung dieser Bedürfnisse.

---

2 Weitere Inhaltstheorien sind Alderfer's ERG - Theorie oder McClelland's Theorie der gelernten Bedürfnisse.

Abbildung 1-3:   *Wirkung auf die Kundenzufriedenheit*

Quelle: vgl. Bartscher/Schulze, 2000

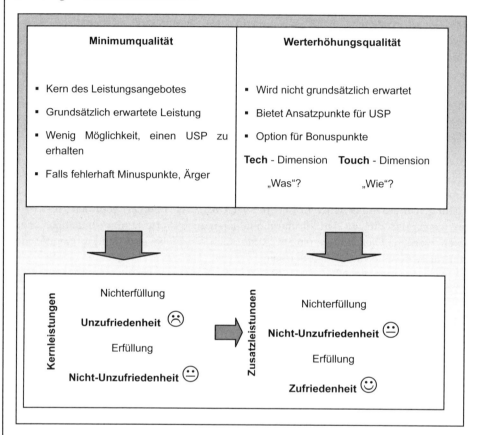

Herzberg unterscheidet in der Zwei-Faktoren-Theorie

■ Hygienefaktoren, die vorhanden sein müssen, um zur Nicht-Unzufriedenheit zu führen sowie

■ Motivatoren, deren Vorhandensein zur Arbeitszufriedenheit führt.

Zu den Hygienefaktoren zählen beispielsweise die Bezahlung, Sicherheit sowie die Umgebungsbedingungen. Man spricht dann auch von extrinsischer Motivation. Als Motivatoren gelten unter anderem Entwicklung, Verantwortung, die Aufgabe selbst oder die Anerkennung der Leistung. Die Motivatoren bezeichnet man daher auch als Kontent- oder Inhaltsfaktoren. Sie gehören zum Bereich der intrinsischen Motivation.

Aus diesen Überlegungen leitet sich ab, dass sowohl Hygienefaktoren als auch Motivatoren vorhanden sein müssen, um Mitarbeiterzufriedenheit zu sichern. Übertragen auf die Aufgaben, die in Unternehmen und Organisationen zu erfüllen sind, übernehmen zwei wesentliche Gruppen die Verantwortung für die Mitarbeiterzufriedenheit:

■ das Human Resources Management (oder Personalmanagement) und

■ die Führungskräfte.

Es ist die Personalarbeit, die zu gesteigerter Mitarbeiterzufriedenheit führt. Träger der Personalarbeit sind einerseits die Verantwortlichen für das Personalmanagement und andererseits die Führungskräfte. Je gezielter diese Personalarbeit auf die Mitarbeiter- und Kundenbedürfnisse ausgerichtet ist, umso wahrscheinlicher wird sich Mitarbeiterzufriedenheit einstellen. Mit zunehmender Mitarbeiterzufriedenheit stellt sich wiederum Kundenzufriedenheit ein. Es besteht also ein direkter Zusammenhang zwischen der Personalarbeit und dem Markterfolg eines Unternehmens.

Abbildung 1-4:   *Personalarbeit und Unternehmenserfolg*

Quelle: vgl. Heskett, Sasser, Schlesinger, 1993

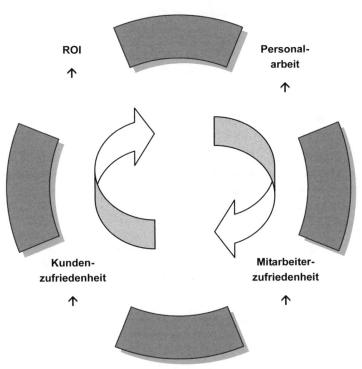

Es ist für Unternehmen an der Schwelle zum sechsten Kondratieff-Zyklus möglich, auch zukünftig unternehmerischen Erfolg zu erzielen, wenn sie die veränderten Anforderungen akzeptieren und ihr Augenmerk besonders auf ihre Mitarbeiter legen. Das Leistungsverhalten der Mitarbeiter ist dabei die entscheidende qualitätsbeeinflussende Variable in der Wertschöpfungskette. Im nächsten Abschnitt sollen deshalb die Überlegungen zu den zentralen Aufgabengebieten der Personalarbeit systematisiert werden.

1.3 Leistungsorientierte Betrachtung der Personalwirtschaft

Die Erwartungen der Kunden an die Qualität von Produkten und Dienstleistungen können Unternehmen nur mit Hilfe ihrer Mitarbeiter erfüllen. Es bedarf qualifizierter und motivierter Mitarbeiter, um das Leistungsversprechen gegenüber dem Kunden einlösen zu können. Wie oben skizziert braucht es zukünftig insbesondere fachlich und methodisch kompetente Mitarbeiter, die in der Lage sind, gemeinsam mit anderen Menschen (Kollegen, Führungskräften, Kunden, Lieferanten usw.) relevante Informationen, orientiert an den Erwartungen der Kunden, zu verknüpfen. Inwieweit dies gelingt hängt wiederum von deren Sozialkompetenz und deren Kooperationsbereitschaft ab.

Komparative Wettbewerbsvorteile zwischen Organisationen resultieren zukünftig vermehrt aus den Verhaltensunterschieden, dem Grad an Sozialkompetenz in der jeweiligen Mitarbeiterschaft. Mitarbeiter, die über eine flexible Verhaltensbandbreite verfügen, werden eher in der Lage sein, kooperativ in Teams zusammenzuarbeiten, gute Beziehungen zu Kunden, Lieferanten, Mitarbeitern, Kollegen und Vorgesetzten aufzubauen und zu erhalten.

Entscheidend für den Erfolg von Organisationen ist es somit, einerseits Mitarbeiter mit den benötigten Kenntnissen, Fähigkeiten und Fertigkeiten zu finden und gezielt einzusetzen, andererseits ist es eine große Herausforderung, diese Mitarbeiter in der Organisation zu halten.

Durch die bisherige Argumentation wird eines deutlich: Die Qualität der Wertschöpfungsprozesse in Organisationen wird maßgeblich von Menschen beeinflusst. Wodurch sehen Menschen sich nun veranlasst, ihre Leistungspotenziale möglichst zielgerichtet in die Wertschöpfungsprozesse einzubringen?

Eine einfache Frage, die letztlich aber sowohl den Stellenwert der Personalarbeit in Organisationen skizziert als auch eine ihrer Schlüsselfunktionen umreißt: Sicherstellung der Leistungsfähigkeit der Mitarbeiterschaft und damit Sicherstellung des Leistungsvermögens der Organisation.

Welche Handlungsfelder (Bereiche) muss die Personalarbeit abdecken, um im Ergebnis eine am Markt erfolgreich agierende Organisation mit herbeiführen zu können?

Es ist hilfreich zu diesem Zweck ein Analyseraster zu nutzen, das sich an nachfolgendem Gedanken orientiert. Vereinfacht dargestellt lassen sich sechs Grundfunktionen (Aufgabenfelder) der Personalarbeit benennen.

Die **Selektion** ist von strategischer Bedeutung. Wer soll im Unternehmen als Mitarbeiter tätig sein? In diesem Rahmen müssen die der Personalauswahl zugrunde liegenden Einstellungskriterien auf den Arbeitsanforderungen basieren. Bei der erfolgreichen Personalauswahl kommt es darauf an, für jeden Arbeitsplatz die jeweils zutreffenden Kriterien auszuwählen, sie zu gewichten und das erforderliche Anforderungsniveau zu bestimmen. Diese Anforderungen sind dann in den unterschiedlichen Auswahlmethoden (Bewerbungs- und Einstellungsgespräche, Einstellungs-, Persönlichkeits- und Leistungstests, Simulationen, usw.) umzusetzen und anzuwenden. Die exzellente Qualität, die manchen Unternehmen von Kunden und Konkurrenten bescheinigt wird, beginnt bereits bei der Personalauswahl.

Abbildung 1-5: *Die sechs Grundfunktionen der Personalarbeit*

Quelle: vgl. Martin, 2001

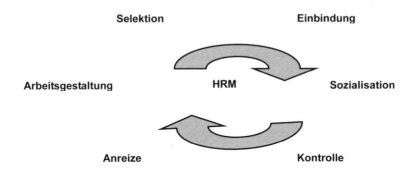

Eine weitere Grundfunktion der Personalarbeit ist die **Sozialisation** der Arbeitnehmer. Mitarbeiter werden häufig aus zunächst fachlichen Gründen für ein Aufgabengebiet eingestellt. Im Anschluss an die Einstellung des Mitarbeiters ist die Einpassungsphase des Arbeitnehmers in den Betrieb und am Arbeitsplatz zu erleichtern. Der neue Mitarbeiter ist auf die „Dos and Dont's" in der Organisation vorzubereiten. Schließlich erfordert jeder Arbeitsplatz eine gewisse Entwicklung von zusätzlichen Qualifikationen, sowie eine individuelle Einübung und Eingewöhnung.

Auch die Gestaltung von **Anreizen** gehört dem Funktionskreis der Personalarbeit an. Die Gestaltung der Entlohnung ist eine Möglichkeit, das Leistungsverhalten der Mitarbeiter zu stimulieren. Dies zeigt etwa die Idee einer Restaurantkette, bei der die Kellner eine Gehaltserhöhung erhalten, wenn sie 100 Stammkunden persönlich mit ihrem Namen ansprechen können.

Neben finanziellen Anreizen gibt es eine Fülle von weiteren materiellen und immateriellen „Belohnungen". Dazu gehören Anerkennungen in Form von Einladungen zu Festen, offizielle Preisverleihungen, persönliche Dankschreiben, Urlaubsreisen oder Geschäftswagen etc. Ebenso ist hier an die Einlösung des Karriereversprechens zu denken.

Es muss aber auch eine **Kontrolle** der Leistung geben. In einigen Unternehmen wird die Leistung des Personals am jeweiligen Ergebnis gemessen, das heißt der Zielerreichungsgrad eines Arbeitsprozesses wird im Nachhinein überprüft, zum Beispiel mittels Qualitätssicherungssystemen. Diese kontrollieren, ob die vorgegebene Fehlertoleranz einer Produktionsserie nicht überschritten wird.

Es ist weiterhin möglich, das Leistungsverhalten des Mitarbeiters zu überprüfen. Nimmt der Einzelne seine Aufgabenerfüllung ernst, arbeitet er bei Bedarf auch außerhalb der vereinbarten Arbeitszeiten oder kommt der Arbeitnehmer etwa regelmäßig zu spät zur Arbeit? Interessant ist auch, wie sich der Mitarbeiter hier selbst einstuft. Sieht er es als seine Pflicht an, seine Aufgaben zuverlässig zu erledigen oder hat er jegliche Arbeitsbereitschaft verloren? Kontrolle sollte daher nicht nur in Form von Regelungen und Anweisungen ausgeübt werden. Es ist in diesem Zusammenhang ebenso sinnvoll, dem Mitarbeiter die Möglichkeit zur Selbstkontrolle zu geben. Dies ist gerade bei selbständigen Arbeitskräften sehr wichtig. Denkbar sind hier Audits sowie Checklisten etc., die eine Selbststeuerung ermöglichen.

Der Mitarbeiter braucht zeitnahe Informationen über den aktuellen Grad der Zielerreichung. Solches Feedback kann ihm auch von Vorgesetzten zum Beispiel in Form von Mitarbeitergesprächen gegeben werden.

Das Arbeitsverhalten der Mitarbeiter wird noch von zwei weiteren Faktoren beeinflusst:

Ein Faktor ist die Beziehung zwischen Organisationsmitglied und Organisation. Diese hängt von der **Einbindung** des Einzelnen in das Unternehmen ab. Inwieweit betrachtet sich das Organisationsmitglied als zugehörig zur Unternehmung? Steht es der Organisation, deren Zielen oder Leitgedanken offen gegenüber? Basiert seine Mitgliedschaft in dieser Leistungsgemeinschaft auf bloßem Opportunismus oder gar auf Zwang? Da Organisationen soziale Gebilde sind, muss der einzelne Mitarbeiter mit anderen Organisationsmitgliedern zusammenarbeiten, so dass er automatisch in ein soziales Beziehungsgeflecht eingebunden ist. In Gemeinschaften bilden sich nun Werte, Einstellungen und damit korrespondierende Verhaltenserwartungen an die einzelnen Mitglieder heraus, die unter anderem das Zusammenarbeiten erleichtern sollen.

Diese spezifischen kulturellen Besonderheiten einer Organisation werden zum Beispiel einem neuen Mitarbeiter in dessen Sozialisationsphase deutlich gemacht. Zum Teil muss er sich diese jedoch auch erarbeiten, um eine entsprechende Akzeptanz bei den übrigen Organisationsmitgliedern zu erlangen. Ohne eine graduelle Bereitschaft der Mitglieder sich in eine Organisation einbinden zu lassen, ist deren Zusammenhalt gefährdet. Human Resources Management hat hier einen zentralen Beitrag zu leisten, indem es die Mitarbeiter auf einen gemeinsamen Grundkonsens einschwört.

Neben der Einbindung des Mitarbeiters in das Unternehmen ist schließlich noch die **Ausgestaltung der Arbeitsprozesse** ein weiterer Faktor und eine der Grundfunktionen der Personalarbeit. Innerhalb dieses Aufgabenfeldes muss der Arbeitsablauf koordiniert werden. Dies ergibt sich aus der Tatsache, dass in vielen Unternehmen eine Fülle von Abteilungen zusammenarbeiten soll. Die verschiedenen Teilaufgaben innerhalb einer Organisationseinheit müssen einen inhaltlichen Zusammenhang aufweisen, damit das Bewusstsein einer gemeinsamen Aufgabe entstehen und auch erhalten werden kann. Um eine inhaltliche Verknüpfung verschiedener Teilaufgaben sicherstellen zu können, muss zwischen den Mitarbeitern sowohl arbeits- und beziehungsorientierte Kommunikation als auch gegenseitige Unterstützung vorherrschend sein.

Außerdem ist es im Rahmen dieses Handlungsfeldes sinnvoll und wichtig, noch weiter ins Detail zu gehen und zu überdenken, wie der Arbeitsplatz interessanter gestaltet werden kann, damit der Mitarbeiter aufgabenorientiert handelt. Es empfiehlt sich, die zu erledigenden Aufgaben mit planenden, ausführenden und kontrollierenden Elementen zu versehen. Anforderungsvielfalt und Möglichkeiten der sozialen Interaktion sowie Autonomie durch Aufgaben mit Dispositions- und Entscheidungsmöglichkeiten wecken beim Mitarbeiter Interesse und Engagement.

Ausgehend von den eben skizzenhaft dargestellten Grundfunktionen der Personalarbeit braucht es noch einen weiteren Schritt in der Argumentationskette, um die zentrale Bedeutung der Personalarbeit nachvollziehen zu können. Weiter oben haben wir unterstellt, dass durch ein konsequentes Bearbeiten der personalwirtschaftlichen Handlungsfelder der Fortbestand einer Organisation unterstützt wird. Wie und wo sich diese Unterstützung auswirkt, ist im nächsten Gedankengang zu erörtern.

Organisationen sind komplexe (soziale) Systeme, die aus einer Vielzahl von Elementen bestehen. Um nun Organisationen kennen und verstehen zu lernen, reicht es jedoch nicht aus, sie in ihre einzelnen Bestandteile zu zerlegen. Darüber hinaus ist es wichtig zu wissen, warum es das jeweilige Element gibt, was für eine Bedeutung es hat und was seine Funktion ist. Es genügt nicht zu wissen, dass ein System etwa eine Bremse hat, sondern ich muss auch wissen, welche Funktion die Bremse hat (das System muss anscheinend entschleunigt werden können) und wie bedeutsam diese Funktion ist (kann das System im Zweifel darauf verzichten und/oder kann es durch eine andere Funktion kompensiert werden).

So wie es beim menschlichen Organismus Bestandteile gibt, die nicht unbedingt notwendig sind wie etwa der Blinddarm, so gibt es andererseits auch Organe, die lebenswichtige Funktionen erfüllen wie Herz oder Lunge. Bei Organisationen verhält es sich ebenso. Auch hier ist es notwendig, dass bestimmte Funktionsbereiche abgedeckt werden. Wenn diese Funktionen „ausfallen", ist ein Weiterbestehen des Systems Organisation nicht möglich.

In Anlehnung an den Soziologen Talcott Parsons (1951) lassen sich **vier** Grundfunktionen von Organisationen identifizieren, die gesichert werden müssen, um den Bestand eines sozialen Systems zu gewährleisten.

Abbildung 1-6:   *Das AGIL-Schema*

Quelle: Parsons, 1951

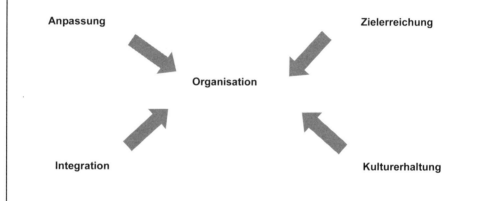

Im Bereich der **Kulturerhaltung** geht es um die Entwicklung von Verhaltensnormen und Einstellungen. Diese Werte und Regeln des Zusammenarbeitens sind für Organisationen höchst relevant: Sie dienen der Sicherstellung der Leistungs- und Kooperationsbereitschaft.

Bei der **Anpassungsfunktion** müssen sich Unternehmen ihrer Umwelt stellen, das heißt sie müssen mit vielfachen (Markt-) Veränderungen zurechtkommen. Dies wirkt sich wiederum auf Veränderungen im Bereich der Arbeitsaufgaben und auf den sich daraus ableitenden Bedarf an „neuen" Qualifikationen aus, zu denen Fertigkeiten, Wissen und Verhalten gehören.

Betrachtet man den Aspekt der **Zielerreichung**, so stehen hier vor allem betriebswirtschaftliche Betrachtungen im Mittelpunkt. Dabei kann die Organisation als zielorientiert handelndes System verstanden werden. Betriebliche Einrichtungen oder Verfahrensregelungen sollen etwa dem effizienten Personaleinsatz Rechnung tragen. Auch Prämienzahlungen dienen letztlich dem Ziel „Steigerung der Arbeitsleistung".

Im Bereich der **Integrationsfunktion** geht es um die Abstimmung von Handlungen. Dabei sollen Planverfahren oder Koordinationssitzungen effektives Handeln ermöglichen und somit den Fortbestand der Organisation sicherstellen.

Organisationen müssen also diese vier Grundfunktionen aufrechterhalten, um ihr längerfristiges Überleben am Markt sicherstellen zu können. In einem nächsten Schritt ist zu erörtern, inwieweit die oben dargestellten personalwirtschaftlichen Aufgabenfelder diese vier Grundfunktionen unterstützen bzw. letztere durch die personalwirtschaftlichen Aufgabenfelder (maßgeblich) getragen werden.

Dabei ist es sinnvoll das Zusammenspiel der personalwirtschaftlichen Aufgabenfelder (Selektion, Einbindung und Sozialisation, Kontrolle, Anreiz- und Arbeitsgestaltung) mit den Grundfunktionen der Organisation (Anpassung, Integration, Zielerreichung, Kulturerhaltung) näher zu betrachten.

Es erscheint zunächst plausibel, die Aufgaben der Personalarbeit vor allem im Bereich **Kulturerhaltung** anzusiedeln. Personalwirtschaftliche Maßnahmen wie die Personalauswahl (Selektion) oder die Eingliederung von Mitarbeitern (Sozialisation) sind hier anzusetzen. Diese Einordnung alleine reicht jedoch nicht aus.

Im Rahmen der **Anpassungsfunktion** müssen Unternehmen mit Umweltveränderungen zurechtkommen. Dementsprechend haben sie auf dem Arbeitsmarkt zu agieren. Es gilt, qualifiziertes Personal anzuwerben, denn damit verschaffen sich Organisationen Leistungsvorteile gegenüber der Konkurrenz. Das hier angesprochene Handlungsfeld der **Selektion** ist darauf ausgerichtet solche Mitarbeiter für das Unternehmen zu gewinnen, die bereit sind, ihre Arbeitskraft und dementsprechendes Engagement in ihr Handeln zu legen.

Betrachtet man die **Zielerreichungsfunktion**, so sollte über die Ausgestaltung der personalwirtschaftlichen Funktionsfelder „Anreize" und „Kontrolle" bewirkt werden, dass das vorhandene Leistungspotenzial tatsächlich in die Aufgabenerledigung einfließt. Dies wird dadurch erleichtert, dass das Individuum stark in die Organisation **eingebunden** ist und seine dortigen Tätigkeiten nicht als bloße Pflichterfüllung ansieht.

Sieht man sich die **Integrationsfunktion** von Organisationen an, so sollte man sich im Rahmen der Personalarbeit unter anderem auch um die Zusammensetzung der Belegschaft kümmern. Eine homogene Altersstruktur im Führungsbereich mag, etwa aufgrund gemeinsamer Erfahrungen, die Integration erleichtern. Mittelfristig ist jedoch eine weniger große Altershomogenität wünschenswert, da sich ansonsten beim notwendigen Generationenwechsel die Alterskluft zu den nachkommenden Führungskräften unangenehm bemerkbar machen könnte.

Abbildung 1-7:   *Analyseraster*

Quelle: vgl. Martin, 2001

Funktions-anforderung	Selektion	Einbindung	Soziali-sation	Kontrolle	Anreize	Arbeits-gestaltung
Anpassung						
Integration						
Zieler-reichung						
Kultur-erhaltung						

Als Zwischenfazit ist festzuhalten: Die Personalarbeit ist ein bedeutsames Aufgaben-gebiet (Teilsystem) in Organisationen. Mehr noch: Mit einer konsequent ausgestalteten Personalarbeit wird gewährleistet, dass Organisationen ihre Überlebenschance auf den Märkten deutlich erhöhen. Aus diesem Grund muss die Personalarbeit professionell betrieben werden. Die Stoßrichtung für Interventionen in der Personalarbeit hat sich dabei zum einen an den organisationalen Grundfunktionen zu orientieren, zum ande-ren, wie oben bereits ausgeführt, an den Erwartungen des Marktes, also denen der Kunden.

Die Personalarbeit in Organisationen hat somit vier generelle Tätigkeitsbereiche abzu-decken. Die organisationsspezifische Ausgestaltung dieser Tätigkeitsbereiche bietet eine Differenzierungsmöglichkeit im Wettbewerb mit anderen Organisationen. Diese wiederum kann eine Marktpositionierung eröffnen, die der jeweiligen Organisation für geraume Zeit Wettbewerbsvorteile zu sichern vermag.

Daneben wird ersichtlich, dass die einzelnen Kernkompetenzbereiche und die einzel-nen Handlungsfelder aufeinander abgestimmt sein müssen (alignment), damit sie sich gegenseitig unterstützen/verstärken. Es ist also bei der konkreten Ausgestaltung (Maßnahmenebene) immer zu überprüfen, ob das, was gerade getan werden soll, mit Blick auf das Gesamtsystem förderlich oder eher hinderlich ist, ob einzelne Maßnahmen zueinander passen oder ob sie sich nicht gegenseitig neutralisieren bzw. blockieren:

Abbildung 1-8:   *Kernkompetenzbereiche der Personalarbeit*

Funktions-anforderung	Selektion	Einbindung	Soziali-sation	Kontrolle	Anreize	Arbeits-gestaltung
Anpassung			**Lernklima**			
Integration			**Kooperation**			
Zieler-reichung			**Leistungsoptimierung**			
Kultur-erhaltung			**Werte, Verhaltensnormen**			

---

1. Lernklima

   Unternehmen sind in komplexe Umweltgefüge eingebettet und haben sich hierauf einzustellen, das heißt sie müssen bereit sein zu lernen. Vor allem die Teilnehmer der Organisation haben sich der Notwendigkeit zu stellen, sich den wechselnden Umweltbedingungen immer wieder neu anzupassen. Personalwirtschaftliche Selektion und Sozialisation sind darauf auszurichten, die hierfür notwendigen Qualifikationen bereitzustellen. Ebenso soll im Rahmen der Anreizgestaltung das Lernverhalten positiv beeinflusst werden.

2. Kooperation

Organisationen sind soziale Systeme, die arbeitsteilig Leistung erbringen. Dabei führt das Zusammenwirken von vielen individuellen Teilnehmern zu besseren Ergebnissen, als der isolierte Leistungsaustausch Einzelner. Damit überhaupt Leistung zustande kommt, müssen die Beteiligten miteinander im System Organisation kooperieren. Die Aufrechterhaltung und Unterstützung kooperativer Zusammenarbeit ist ein weiteres personalwirtschaftliches Kernkompetenzfeld.

3. Werte, Normen

Als eine der Grundfunktionen von Organisationen wurde die Kulturerhaltung genannt. Über die Personalarbeit können den Organisationsmitgliedern die Werte und Normen der Unternehmenskultur sowie die Regeln des kooperativen Zusammenarbeitens vermittelt werden.

4. Leistungsoptimierung

Hierbei handelt es sich um die klare Ausrichtung des Leistungsvermögens und des Leistungsverhaltens der Mitglieder einer Organisation an den Erwartungen ihrer Kunden, wie im folgenden Kapitel näher erläutert werden soll.

2 Das personalwirtschaftliche Leistungssystem

Ziel erfolgreicher Organisationen ist es, ihre Kunden zufrieden zu stellen. Die kontinuierliche Verbesserung der unternehmenseigenen Leistung ist daher bedeutsam. Was passiert nun, wenn die am Markt versprochene Leistung nicht erbracht wird?

Nehmen wir an, es besteht eine Differenz zwischen der von den Kunden erwarteten Leistungserbringung und dem aktuellen Leistungsvermögen (Performance) der Organisation. In diesem Fall gilt es herauszufinden, was die Ursache für die Nicht-Übereinstimmung von Soll- und Ist-Zustand ist. Um wiederum die Ursache ergründen zu können, muss man verstehen, wo in Organisationen überall die Leistungserstellung beeinflusst wird. Wie bereits erwähnt, ist das Leistungspotenzial und das Leistungsverhalten der einzelnen Mitarbeiter bedeutsam für das Leistungsvermögen von Organisationen und für die Zufriedenheit ihrer Kunden. Da Leistung von Menschen an Menschen bzw. von Menschen für Menschen erbracht wird, stellt sich für ziel- und leistungsorientierte Organisationen die Frage: Wie lässt sich das Leistungsverhalten der Mitarbeiter so beeinflussen, dass für den Kunden wertvolle und nutzensteigernde Leistungsergebnisse entstehen?

Will man die Leistungserbringung eines Mitarbeiters positiv beeinflussen, muss man wissen, warum jemand tut, was er tut bzw. nicht tut, was von ihm erwartet wird. Der Verhaltenswissenschaftler Kurt Lewin definierte bereits in den 50er Jahren, dass sich menschliches Verhalten aus den individuellen Fähigkeiten eines Menschen in Verbindung mit seiner Umwelt ergibt. Dabei wird das Verhalten des Einzelnen maßgeblich davon beeinflusst, wie er seine Umwelt wahrnimmt bzw. wie diese gestaltet ist. Es ist also im Grunde jeder Mensch daran interessiert zu zeigen, was in ihm steckt.

Welche Gründe kann es aber geben, dass ein Mitarbeiter es unterlässt zu demonstrieren, wie leistungsfähig er ist? Knüpft man am Ansatz von Lewin an, so sind die Gründe für nicht erbrachte Leistung nicht allein beim Mitarbeiter (mangelnde Fähigkeiten und/oder Fertigkeiten und/oder Motivation) zu suchen. Will man die Leistung von Menschen verbessern, so ist auch deren Umfeld zu untersuchen. Dazu zählen die Organisationsstrukturen ebenso wie festgelegte Prozesse und Aufgabenstellungen, in die der Leistungsträger eingebettet ist. Die Art und Weise, ob Mitarbeiter Leistung im Sinne des vom Kunden erwarteten Nutzens erbringen, hängt also auch davon ab, wie das Leistungssystem ausgestattet ist, in dem die Mitarbeiter ihre Leistung erbringen sollen.

Damit steht jetzt nicht mehr nur der Mensch und sein Verhalten im Mittelpunkt unserer Betrachtungen, sondern auch das Leistungssystem als solches. Wenn dieses System Schwachstellen aufweist, kann ein noch so motivierter und leistungsfähiger Mitarbeiter nur unzureichende Leistung erbringen.

Letztendlich kann eine Organisation ihre Ziele also nur erreichen, wenn sie ihre Mitarbeiter in ein intaktes Leistungssystem einbettet. Nur dann können diese ihre Leistungpotenziale voll zur Erreichung der unternehmerischen Ziele einbringen.

Was aber tun Organisationen damit ihre Mitarbeiter das leisten, was sie leisten sollen?

Die Antwort klingt einfach:

1. Diese Organisationen schaffen Arbeitsverhältnisse mit entsprechenden Rahmenbedingungen, die bei ihren Mitarbeitern Lust auf Leistung erzeugen. Mitarbeiter, die sorgfältig ausgewählt, gut geschult und angemessen bezahlt werden und außerdem den nötigen Handlungsspielraum haben, um Kundenprobleme zu lösen, sind produktiv und benötigen wenig Anleitung. Sie sind engagiert und erbringen die Leistung, die vom Markt erwartet und letztendlich auch gerne bezahlt wird.

2. Des Weiteren begreifen sich erfolgreiche Organisationen als soziale Gebilde, in denen die Menschen in Beziehung zueinander stehen. Dabei hat jede Organisation ihre eigenen Rituale und Spielregeln mit gemeinschaftlich geteilten Werten und Normen.

In leistungsfähigen Organisationen wird darauf Wert gelegt, Beziehungen zu pflegen, die sich durch Partnerschaftlichkeit, Verlässlichkeit, Leistungs- und Wachstumsorientierung auszeichnen. In diesem Sinne wird versucht, das Verhalten der beteiligten Menschen beziehungsorientiert zu beeinflussen.

2.1   Die Variablen des Leistungssystems im Überblick

Die Performance - das Leistungsvermögen - einer Organisation, einer Abteilung oder die eines Mitarbeiters ist das Ergebnis komplexer, systemischer Abläufe. Denkt man als Verantwortlicher oder als Berater für Human Ressource Management über Interventionen zur Leistungsverbesserung nach, so ist neben den Menschen immer auch deren Umfeld zu berücksichtigen. Es ist also mit dem Blick auf die ganze Organisation zu analysieren, wie die Prozesse der Leistungserstellung tatsächlich verlaufen und wie sie verlaufen müssten, um den Anforderungen des Marktes/der Kunden zu entsprechen.

Bei der Analyse förderlicher bzw. hemmender Systemvariablen des Leistungsverhaltens von Mitarbeitern hat sich in der Praxis der Organisations- und Personalentwicklungsberatung das in **Abbildung 2-1** dargestellte Modell bewährt.

Abbildung 2-1:   *Einflussgrößen auf das Leistungsverhalten von Mitarbeiter*

Quelle: Wittkuhn/Bartscher, 2001

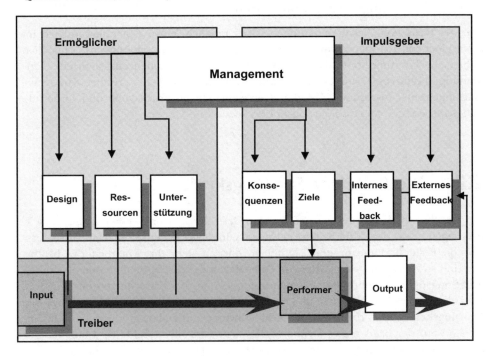

Die Graphik hebt die zentrale Bedeutung der Führungskräfte (Management) für das Leistungsverhalten ihrer Mitarbeiter hervor. Führungskräfte werden dabei in ihrer Funktion als Ermöglicher einerseits und als Impulsgeber andererseits gesehen. In ihrer Funktion als Ermöglicher sorgen Führungskräfte unter anderem dafür, dass die Aufgabenbereiche ihrer Mitarbeiter insgesamt motivationsfördernd zugeschnitten sind (Design). Sie verschaffen ihren Mitarbeitern eine aufgabenadäquate Ressourcenausstattung, etwa mit Arbeitsmitteln oder Personalkapazitäten. Des Weiteren unterstützen sie ihre Mitarbeiter, indem sie diese zum Beispiel schulen oder indem sie den notwendigen Präsentationstermin bei der Geschäftsführung sicherstellen. Als Impulsgeber stimmen die Führungskräfte mit ihren Mitarbeitern die Erwartungen ab, die an deren Leistungsverhalten und -ergebnisse gestellt werden. Diese Erwartungen leiten sich letztlich aus den Erwartungen der Kunden an die Produkt- bzw. Dienstleistungsqualität der jeweiligen Organisation ab. Führungskräfte sorgen weiterhin dafür, dass ihre Mitarbeiter regelmäßig Rückmeldung bekommen über persönliche oder über instrumentelle Rückmeldesysteme, inwieweit das gezeigte Leistungsverhalten und die erzielten Leistungsergebnisse mit denen, die erwartet werden, übereinstimmen. So wird über Selbststeuerungsprozesse und/oder Rückmeldegespräche den Mitarbeitern letztlich entweder vermittelt:

■ „Weiter so!" oder aber

■ Veränderungs-/Anpassungsbedarf signalisiert.

Auf der Basis von Zielvereinbarungen ist es möglich, einen Leistungsvergleich im Sinne einer Soll-Ist-Analyse durchzuführen (vgl. →2.3 Zielvereinbarungen). Schließlich richten die Führungskräfte das mitarbeiterbezogene Konsequenzensystem (z.B. Entlohnung, Incentives, Karriere) am Grad der durch die Mitarbeiter erfüllten Kundenerwartungen aus. Insgesamt wird damit eine äußerst anspruchsvolle und fordernde Tätigkeitsbeschreibung für Führungskräfte skizziert.

2.2   Die Rolle der Führungskraft

Die Graphik in Abbildung 2-1 hebt hervor, dass der Leistungserstellungsprozess überwiegend von den Mitarbeitern getragen wird. Das bedeutet im Umkehrschluss, dass die Rolle der Führungskraft „lediglich" darin besteht, ihre Mitarbeiter zu befähigen und so zu beraten, dass diese ihre Potenziale möglichst optimal in den Leistungserstellungsprozess einbringen – immer gemessen an den Erwartungen der Kunden. Sind die Mitarbeiter aufgrund dieser „Führung" erfolgreich, dann hat die jeweilige Führungskraft gut gearbeitet. Erfolgreiche Führungskräfte ohne erfolgreiche Mitarbeiter sind auf der Basis dieses Denkmodells nicht vorstellbar. Beide sind aufeinander angewiesen. Entfalten Mitarbeiter ihre Leistungspotenziale nicht bzw. haben sie nur wenig Lust, diese in den Leistungserstellungsprozess einzubringen, dann liegt es auf der Basis des Modells in **Abbildung 2-1** nahe, zunächst zu analysieren, welche **Aspekte in der Managementkultur** und/oder welches **Führungsverhalten einzelner Führungskräfte** diese Resultate hervorrufen. Begründen lässt sich dieses Vorgehen damit, dass Menschen üblicherweise dazu tendieren, das zu zeigen, was sie zu leisten vermögen. Menschen ist - gemäß Rogers (2002) - eine Selbstaktualisierungstendenz zu Eigen, das heißt Menschen sind an der Förderung und Weiterentwicklung des eigenen Selbst und des eigenen Selbstwertes von Natur aus interessiert:

"Rogers maintains that the human "organism" has an underlying "actualizing tendency", which aims to develop all capacities in ways that maintain or enhance the organism and move it toward autonomy. This tendency is directional, constructive and present in all living things. The actualizing tendency can be suppressed but can never be destroyed without the destruction of the organism. The concept of the actualizing tendency encompasses all motivations; tension, need, or drive reductions; and creative as well as pleasure-seeking tendencies. Only the organism as a whole has this tendency. The tendency is to describe as a "biological pressure to fulfil the genetic blueprint". Each person thus has a fundamental mandate to fulfil their potential." (Pescitelli, 2000)

Zeigt sich bei Menschen diese Tendenz nicht in ihrem (Arbeits-)Verhalten, dann liegt eine Störung vor. Die Ursachen der Störung liegen dabei meist im Umfeld der Menschen. Genauer: Störungen resultieren aus Erfahrungen, die diese Personen in einem bestimmten Umfeld gemacht haben. Dabei beruhen diese Erfahrungen auf subjektiven Verarbeitungs- und Konstruktionsprozessen, das heißt der Mensch reagiert nicht auf die Realität, sondern darauf, wie er diese subjektiv wahrnimmt.

2.2.1 Wertschätzung

Welche Erfahrungen führen nun dazu, dass bei Menschen die oben skizzierte Wachstumstendenz zum Erliegen kommt? Was lässt Menschen an ihren eigenen Talenten zweifeln? Was beeinträchtigt sie, ihre Potenziale (ihr Wissen, ihre Fertigkeiten und ihre Fähigkeiten) auszuschöpfen?

In Untersuchungen findet man als die häufigsten Gründe:

- mangelnde Übertragung von Verantwortung,
- fehlende Toleranz (gegenüber Andersartigkeit),
- fehlendes Vertrauen,
- vorenthaltene Anerkennung bei erbrachter Leistung,
- fehlender Respekt, Abwertung der Person und ihrer Fähigkeiten,
- mangelhaftes Einfühlungsvermögen,
- mangelnde Beachtung und
- fehlende Freundlichkeit.

Zusammengefasst: Es fehlt an gelebter und erlebter Wertschätzung.

Wie wichtig dagegen gelebte und erlebte Wertschätzung ist, zeigt sich bereits im Kindes- und Jugendalter. Eine nicht an Bedingungen geknüpfte Wertschätzung der Eltern und später zum Beispiel der Lehrer gegenüber Kindern und Jugendlichen ist eine zentrale Voraussetzung für deren gesunde Persönlichkeitsentwicklung:

Erfahren hingegen Kinder und/oder Jugendliche kaum Wertschätzung durch ihr Umfeld, resultiert hieraus unter anderem ein gering ausgeprägtes Selbstwertgefühl. Dies wiederum kann bei diesen im Laufe ihrer Entwicklungsgeschichte zu geringer Lernmotivation, Gewalt/Aggression, psychosomatischen Beschwerden, Angstzuständen oder Alkoholmissbrauch führen. Und aus Jugendlichen mit geringem Selbstwertgefühl werden Erwachsene mit geringem Selbstwertgefühl.

Auch für diese lässt sich wiederum feststellen: Wer kein oder nur geringes Vertrauen in die eigene Persönlichkeit entwickelt hat, wessen Selbstbewusstsein untergraben ist, der hat es schwer, sich selbst wert zu schätzen. Und genau diese fehlende persönliche Wertschätzung ist häufig die Ursache dafür, andere Menschen ebenfalls nicht wert zu schätzen. Hier finden wir die hauptsächlichen Gründe für „feindliche" Nachbarschaften, für Mobbing in Unternehmen oder Behörden, für die Unterdrückung von Minderheitenmeinungen, für Aggression, für die Angst vor der Übernahme von Verantwortung für sich und für andere, für Intoleranz und fehlendes Vertrauen. Traue ich mir selbst nichts oder nur wenig zu, so fällt es mir auch schwer, Mitmenschen etwas zuzutrauen.

Im Umkehrschluss bedeutet dies: Wertschätzung muss bei der Führungskraft selbst beginnen. Erst muss sich diese Person selbst wertschätzen, dann wird es ihr auch leichter fallen, andere wertzuschätzen.

2.2.2   Leistungsverhalten und Wertschätzung

Integrieren wir die letzten Gedanken in die Diskussion über die Einflussgrößen von Leistungsverhalten in Organisationen, dann ist unter anderem zu schlussfolgern:

Mitarbeiter zeigen deshalb ein eingeschränktes Leistungsverhalten oder sind deshalb nicht bereit, ihre Leistungspotenziale in den Leistungserstellungsprozess einzubringen, weil

1. die gelebte Management-/Führungskultur der Organisation und/oder das Führungsverhalten der für die Mitarbeiter verantwortlichen Führungskraft **nicht wertschätzend** ist,

2. die gelebte Management-/Führungskultur der Organisation und/oder das Führungsverhalten der Führungskraft zwar **wertschätzend** intendiert ist, aber nicht so von den Mitarbeitern wahrgenommen (erlebt) wird,

3. ihr psychisches Gleichgewicht so nachhaltig gestört ist, dass eine professionelle (organisationsexterne) psychosoziale Betreuung erforderlich wird.

Den dritten Punkt kann die Führungskraft im unternehmerischen Kontext nicht ausgleichen. Vielmehr bedarf es einer organisationsexternen psychosozialen Betreuung, die von der Führungskraft allenfalls angeregt werden kann. Wenden wir uns darum nachfolgend den ersten beiden Punkten zu.

Leistungsverhalten und Management-/Führungskultur

Auf die Kulturelemente in Organisationen, die persönliches Wachstum hemmen, hat Schein (1999, 2003) vielfältig hingewiesen. Er nennt hier unter anderem patriarchale und hierarchische Strukturen, den Mythos der männlichen Dominanz und Überlegenheit und das daraus abgeleitete Ideal, als Manager vollkommen kontrolliert, entschlossen, sicher und beherrschend sein zu müssen. Schein spricht auch vom Mythos der „göttlichen Rechte der Manager" (Schein, 1989), die einfach gegeben sind - quasi eine Art Belohnung dafür, dass man sich ins Management hochgearbeitet hat. Schnell schaut man dann auf die herab, die eben nicht „im Club" sind - die Mitarbeiter. „In Arbeitskontexten haben wir das zusätzliche Problem, dass meist der Sachebene Vorrang vor der Beziehungsebene gegeben wird. Wir bauen Beziehungen auf, wenn dies praktisch notwendig ist, aber wir richten unsere Aufmerksamkeit automatisch darauf, was sachlich gefordert ist, selbst wenn wir dafür die Beziehung opfern müssen" (Schein, 2003, S. 11). Damit geht einher, dass in den Organisationen meist den quantifizierbaren (harten) Fakten der Vorrang vor qualitativen (weichen) Annahmen bzw. Hypothesen gegeben wird. Der Mensch und damit das Menschliche verschwinden schnell in der Arbeitswelt – die Person hinter der Arbeitskraft wird übersehen. Sie wird schnell auf das reduziert, was sie im mechanistischen Weltbild ist: Eine austauschbare Ressource.

Leistungsverhalten und Führungsverhalten

Führungskräfte repräsentieren mit ihrem Verhalten die gültige Managementkultur in einer Organisation. Sie wären letztlich nicht Führungskraft geworden, wenn sie nicht bereit und willens gewesen wären, sich den geltenden Karriere-Anforderungen entsprechend zu verhalten. Menschen, die Rückgrat zeigen und sich angesichts des etwaigen Karriereversprechens der Organisation nicht in vorauseilendem Gehorsam dem „Verhaltenskodex des Managements" unterwerfen, scheitern meist an den Selektionsmechanismen. Nicht selten müssen deshalb Menschen sich selbst, ihre eigenen Werte und ihr Selbstwertgefühl verleugnen, um Führungskraft werden zu können. Damit knüpfen wir wieder am oben skizzierten Zirkel an: Wem als potenzieller und/oder junger Führungskraft das Selbstwertgefühl systematisch geraubt wird bzw. wer keine Unterstützung erhält, dieses bei sich auszubauen, der verliert irgendwann die Achtung (Wertschätzung) vor sich selbst und auch die gegenüber anderen Menschen – zum Beispiel gegenüber seinen Mitarbeitern. Mit der Zeit reduziert sich dann das Führungsverhalten auf „Angst/Druck machen" – der Sache wegen. Das Resultat dieses Führungsverhaltens ist ein allenfalls durchschnittliches Leistungsverhalten auf Seiten der Mitarbeiter. Nach einer Studie des Psychologen Dieter Frey hat bereits jeder zweite Arbeitnehmer innerlich gekündigt. Diese Arbeitnehmer arbeiten nur noch automatisiert, haben resigniert, weil sie sich von ihrem Vorgesetzten schlecht behandelt fühlen. Der wirtschaftliche Schaden, der sich daraus letztlich ergibt liegt laut einer GALLUP-Untersuchung bei bis zu 220 Milliarden Euro im Jahr (vgl. Händler, 2003, S. 237f).

2.2.3 Gelebte aber nicht erlebte Wertschätzung

Zwischen Menschen kommt es leicht zu Kommunikationsschwierigkeiten: „Gedacht" ist nicht gleich „Gesagt", „Gesagt" ist nicht gleich „Gehört", „Gehört" ist nicht gleich „Verstanden". Das, was vom Sender einer Botschaft beabsichtigt ist, ist nicht zwangsläufig das, was vom Empfänger der Botschaft verstanden wird.

Führungskräfte werden dafür bezahlt, dass sie Einfluss auf das Leistungsverhalten ihrer Mitarbeiter nehmen. Damit ist klar, dass Führungskräfte, selbst bei einer wertschätzenden Grundorientierung gegenüber ihren Mitarbeitern, von diesen nicht zwangsläufig als wertschätzend erlebt werden - zumal, wenn sie auf deren Leistungsverhalten fordernd und fördernd einwirken. Auf Seiten der Mitarbeiter kann das zum einen daran liegen, dass sie psychosoziale Defekte in der Phase ihrer Erziehung erlitten haben und somit nur eingeschränkt beziehungsfähig sind. Zum anderen kann das daran liegen, dass die Mitarbeiter in zurückliegenden Erfahrungszusammenhängen abwertendem Führungsverhalten ausgesetzt waren und in Arbeitssituationen nur noch über ein gering ausgeprägtes Selbstwertgefühl verfügen. Hier ist die Führungskraft zunächst in ihrer Funktion als Impulsgeber und Coach gefordert. Sie hat ihre Mitarbeiter bei der Revitalisierung ihrer Aktualisierungstendenz (vgl. Rogers, 1959) - also beim Aufbau ihres Selbstwertgefühls - zu unterstützen. Dies ist zwar „nur" ein erster Schritt – aber ein wichtiger. Es geht hier unter anderem darum, Kontakt zu den Mitarbeitern zu suchen und eine Beziehung aufzubauen. Die Führungskraft muss sich dabei auf ihre Mitarbeiter einlassen können, ihren inneren Bezugsrahmen, ihre „Sicht auf die Welt", verstehen können. Auch emotionale Reaktionen auf Seiten der Mitarbeiter müssen hierbei Platz haben dürfen. Diesen Bezugsrahmen gilt es dann auf die Anforderungen des Arbeitsplatzes und die der Kunden zu übertragen. Es ist wichtig, in dieser Phase bestehende Unvereinbarkeiten und daraus resultierende Änderungsbedarfe (Selbstbild-Fremdbild-Differenzen) klar und verbindlich zu benennen. Eine Führungskraft muss ihre Mitarbeiter unterstützen, damit diese ihre „Augen öffnen". So erzeugt sie letztlich Leidensdruck, der hoffentlich in Änderungsmotivation mündet. Für diese Mitarbeiter wird es dann zukünftig möglich sein, auch kritisches Feedback wertschätzend, im Prinzip als Geschenk, zu beurteilen und darauf aufbauend mittel- bis langfristige persönliche Wachstumsprozesse zu initiieren.

Welche Handlungsempfehlungen lassen sich nun aus der bisherigen Analyse ableiten?

2.2.4 Kultureller Wandel

Schein (1999) sieht bereits einen ersten Impuls zum kulturellen Wandel gesetzt, wenn wir uns die kulturellen Prägungen bewusst machen, die unser Handeln beeinflussen. „Der erste und wichtigste Schritt ist immer eine offene Einschätzung der Realität" (Schein, 2003, S. 12). Die Realität ist, dass vielen Unternehmen/Organisationen eine „Nicht-Wertschätzende Managementkultur" zu attestieren ist. Hierin liegt eine der

Hauptursachen, warum Mitarbeiter ihre Leistungspotenziale in Leistungserstellungs-prozessen nicht entfalten (können) oder erst gar nicht einbringen (wollen). „Wenn wir feststellen, dass Wettbewerb und harter Individualismus daran scheitern, wichtige Probleme zu lösen, dann werden Führungskräfte eher andere Formen des Organisie-rens und Koordinierens ausprobieren. Anfänglich werden sie es nur tun, weil es pragmatisch notwendig ist. Aber allmählich werden sie die Stärke von Beziehungsges-taltung und Teambildung bei der Lösung bestimmter Aufgaben und für das Lernen entdecken" (Schein, 2003, S. 13). Über diesen Weg des „proaktiven Pragmatismus" wird sich mittelfristig eine kulturelle Gegenposition zur „Nicht-Wertschätzenden Managementkultur" entwickeln, in der dann auch **Werte** wie Zusammenarbeit, Team-arbeit und Beziehungsgestaltung **geschätzt** werden.

2.2.5 Wertschätzendes Führungsverhalten

Bevor eine Führungskraft andere Menschen wertschätzend behandeln kann, muss sie sich selbst wertschätzen können, muss eins mit sich selbst sein (kongruent). Das heißt: Sie muss eine konsistente und organisierte Struktur aus den wahrgenommenen Eigen-schaften ihres Ich und ihren Beziehungen zur Umwelt entwickelt haben (Regli, 2002). Diese beinhaltet auch den Selbstwert. Es geht darum, dass die Führungskraft eine grundlegend wertschätzende Haltung zu sich und zu dem, was sie tut, entwickelt. Sie muss sich als Führungskraft zum einen mit sich beschäftigen, zum anderen sollte sie überlegen, wie sie durch ihr Verhalten ihren Mitarbeitern und Kollegen das geben kann, wovon diese mehr brauchen. Geeignete Fragestellungen hierbei sind beispiels-weise:

Abbildung 2-2:   *Fragen an eine Führungskraft*

Quelle: www.imfluss.de/seminarbesch/wertschaetzung-als-selbstkompetenz.htm

- Was schätze ich an mir und meiner Arbeit? Wie kann ich das für mich Wertvolle realisieren?

- Wie kann ich das in Übereinstimmung mit meinen Potenzialen tun?

- Was schätze ich an anderen und deren Arbeit?

- Wie kann ich das für uns Wertvolle in konkreten Situationen verwirklichen?

- Wie kann ich ein lösungsorientiertes Denken und Handeln in meinem Bereich ver-stärken?

Auf diesem Weg lernt eine Führungskraft auch, die eigenen Grenzen in den Talenten der anderen zu akzeptieren. Gleichzeitig lernt sie die eigenen Talente und die der anderen wertzuschätzen. Um gute Arbeit leisten zu können, braucht sie die anderen – die unterschiedlichen Talente aller Beteiligten. Als Führungskraft sollte sie daher bewusst Diversity (Andersartigkeit) zulassen, sie einfordern bzw. bewusst fördern. Vor allem sollte sie darauf verzichten, als „Hans nur lauter Hänschen" im eigenen Führungsbereich heranzuziehen. Motivation hängt zunehmend davon ab, ob ein Mitarbeiter als Mensch wahrgenommen wird. Dazu gehört, dessen vollständige Persönlichkeit mit Stärken und Schwächen zu akzeptieren.

Wenn eine Führungskraft ihre Mitarbeiter beim Aufbau ihres Selbstwertgefühls unterstützen möchte, benötigt sie in Anlehnung an Rogers (2002):

- Kongruenz („eins sein mit sich"),

- eine Wertschätzung sich und den Mitarbeitern gegenüber und schließlich

- Einfühlungsvermögen (Empathie).

Aufbauend hierauf kann sie mit den Mitarbeitern, wenn diese es wollen und die Führungskraft über eine entsprechende Beratungserfahrung verfügt, in einen Prozess der Selbstklärung eintreten. Hier wird es dann unter anderem darum gehen, eine Verbindung von Affekten und Handlungen auf Seiten der Mitarbeiter mit relevanten (psychologischen) Schemata und Motiven herzustellen. Die Führungskraft unterstützt ihre Mitarbeiter dabei, dass diese ihre Verhaltensschemata und die dahinter stehenden möglichen psychologischen Muster deuten und verstehen können. Die Führungskraft unterstützt die Leistungsträger dabei, dass sie lernen, ihre eigenen Bedürfnisse zu erkennen und diese dann auch zu leben.

Im Weiteren wird es darum gehen, die Mitarbeiter bei der Entwicklung neuer Verhaltensstrategien und deren Erprobung in der Realität zu unterstützen. An dieser Stelle wird nun nicht dafür plädiert, dass Führungskräfte zu Therapeuten ihrer Mitarbeiter werden sollen. Möglich ist jedoch, dass die Führungskraft dem Mitarbeiter als Coach zur Seite steht. Im Gegensatz zum klassischen Coachingansatz[3] geht es hier um eine Beratungssituation, in die sich die Führungskraft mit dem Mitarbeiter begibt, um diesen in seiner beruflichen Entwicklung effektiv zu begleiten und zu unterstützen. „Allerdings ist diese Art der Beziehungsgestaltung für Vorgesetzte ganz besonders schwierig, insbesondere, wenn es um eine personenzentrierte Beratung von Mitarbeitern auch in persönlich schwierigen Situationen und zu persönlich bedeutsamen Themen geht." (Looss, 2002, S. 35). In diesen Situationen empfiehlt sich, wie bereits angedeutet, die externe psychosoziale Betreuung des Mitarbeiters. Die Führungskraft kann

---

[3] Looss definiert den klassischen Coachingansatz wie folgt: „Ein „Coach" ist ein (externer) Einzelberater für die personenzentrierte Arbeit mit Führungskräften entlang der Frage, wie die Managerrolle von der Person bewältigt werden kann." (Looss, 2002, S. 15).

sich die folgenden Fragen stellen, um herauszufinden, ob sie die Coachingrolle gegenüber dem Mitarbeiter wahrnehmen kann bzw. soll:

- Ist das Problem beruflicher Natur? Insbesondere bei sehr persönlichen Fragen ist es für die Führungskraft schwierig, den Mitarbeiter als Coach zu unterstützen, da es zu einer ungünstigen Rollenvermischung kommen kann. Bei sehr persönlichen Fragestellungen ist es besser, den Mitarbeiter an einen externen Berater zu verweisen. Häufig ergeben sich jedoch berufliche Probleme aus sehr persönlichen Fragestellungen. Wichtig erscheint, offensichtliche Probleme des Mitarbeiters mit ihm/ihr zu thematisieren, wenn sie den Arbeitsablauf negativ beeinflussen, andere Mitarbeiter oder sogar Kunden beeinträchtigen oder es dadurch zu Fehlern kommt.

- Beeinflusst die bloße Benennung der Problemlage das Bild des Mitarbeiters hinsichtlich der Leistungsbeurteilung? Durch das Entdecken und Benennen des Problems entfernt man sich als Führungskraft ein Stück weit von einer objektiven Betrachtung des Mitarbeiters. Insbesondere für die objektive Leistungsbeurteilung kann dies problematisch sein. Wichtig ist hier, die Rollen klar zu trennen (Führungskraft und Coach) und Wissen nicht zu „missbrauchen", aber auch nicht unberechtigt zu Gunsten des Mitarbeiters ausfallen zu lassen.

- Ist die Führungskraft in der Lage, die beiden Beziehungsebenen auseinander zu halten? Als Coach ist man nicht mehr Anleiter, Antreiber, Bewerter und Entscheider, sondern eben Coach. Das bedeutet, der Mitarbeiter steht im Mittelpunkt. Es geht darum, im Rahmen eines Coachingprozesses ein klares Ziel zu formulieren und mögliche Lösungen nicht vorzugeben, sondern vom Coachee (dem Mitarbeiter) selbst erarbeiten zu lassen.

- Ist die Führungskraft methodisch und emotional in der Lage, so intensive Gespräche von problematisierendem Charakter zu führen? Diese Frage beinhaltet einerseits den Zeitaspekt, also neben dem Tagesgeschäft auch Zeit und genügend Freiraum für Coaching - Gespräche zu finden. Schließlich sollen die Gespräche in einer passenden Umgebung stattfinden können (ungestört, entspannt, vertrauensvoll). Andererseits ist es fraglich, ob die Führungskraft in der Lage ist, mit auftretenden Problemen adäquat umzugehen.

Unternehmen sind deshalb bei der Auswahl ihrer Führungskräfte aufgefordert, auf den Bereich „Sozialkompetenz" ein besonderes Augenmerk zu legen. Der Beratungsbedarf der Mitarbeiter wird zukünftig eher zu- als abnehmen, insbesondere da der Beziehungsaspekt in Zeiten des sechsten Kondratieff-Zyklus eine tragende Rolle spielen wird. Je stärker Menschen in Interaktion treten (müssen), desto häufiger und dringender stellt sich die Frage nach der idealen Beziehungsgestaltung und damit steigt auch der Beratungs- bzw. Coachingbedarf.

2.2.6 Wertschätzendes Kommunikationsverhalten

Kommunikation und Führung hängen eng zusammen. Experten schätzen, dass etwa 70% der Fehler am Arbeitsplatz auf mangelnde Kommunikation zurückzuführen sind (Studie des Deutschen Kommunikationsverbands). Kommunikation ist die Grundlage von Führung. Ohne Kommunikation ist keine Führung möglich und Führungsverhalten ist einer der entscheidenden Faktoren, wenn es um Arbeitszufriedenheit geht. Eine erfolgreiche Kommunikation im bisher diskutierten Sinne ist allerdings nur möglich, wenn wir unserem Gegenüber die Chance geben, sein Selbstwertgefühl zu schützen bzw. wenn wir vermeiden, dieses zu untergraben. Deshalb ist es wichtig, dass Führungskräfte ihr Kommunikationsverhalten schulen und ihr diesbezügliches Bewusstsein schärfen (siehe z.B. Ruppel, Schulz von Thun und Stratmann, 2003).

Wertschätzendes Kommunikationsverhalten in Führungszusammenhängen meint damit, dass das Gegenüber (Mitarbeiter) nicht gleichgültig ist. Er/sie darf grundsätzlich einen anderen Standpunkt haben, ohne dass die Führungskraft ihn/sie deshalb gering schätzt. Gleichzeitig vertritt aber auch die Führungskraft ihren Standpunkt entschieden.

Auf eine Formel gebracht lautet dies: „Du willst x und ich will y!" Dieses sprachliche Muster schätzt beide Positionen und macht deutlich, dass die ausstehende Entscheidung wirklich offen ist. Stellen Sie sich folgende Situation vor: Ihr Mitarbeiter will eine preiswerte Urlaubsmöglichkeit nutzen und bringt damit die ganze Abteilung in Kapazitätsprobleme. Wie würden Sie reagieren? Ein Beispiel für wertschätzendes Kommunikationsverhalten (www.mittelstand-spezial.de/Artikel wertschätzung):

„Ich verstehe, dass dieser Urlaub eine gute Gelegenheit für Sie ist, mir ist wichtig, dass die laufende Arbeit ohne Verzögerung und Probleme erledigt werden kann." Soweit haben Sie Ihren Standpunkt deutlich gemacht und gleichzeitig Verständnis für den Wunsch des Mitarbeiters gezeigt. Jetzt können Sie noch die Kreativität Ihres Mitarbeiters einspannen, denn er hat Ihnen ja dieses Problem eingebrockt und soll deshalb auch selbst nach einer Lösung Ausschau halten. Fragen Sie ihn deshalb: „Sehen Sie Möglichkeiten, dies zu verhindern?".

Diese Überlegungen skizzieren, dass es die wesentliche Aufgabe von Führungskräften sein muss, eine Kultur der Wertschätzung zu schaffen und Mitarbeitern Leistung überhaupt erst zu ermöglichen. Damit ist die Basis für Arbeitszufriedenheit gelegt. Die Arbeitszufriedenheit der Mitarbeiter wird jedoch neben dem Führungsverhalten von weiteren Faktoren beeinflusst, die über gezielte Personalarbeit steuerbar sind. Im nachfolgenden Kapitel werden daher zentrale Handlungsfelder zukunftsweisender Personalarbeit herausgestellt.

Abschließend die obige Argumentation nochmals zusammengefasst: Die Leistungserstellungsprozesse in Organisationen werden von den Mitarbeitern getragen. Aufgabe der Führungskräfte ist es, ihre Mitarbeiter in die Lage zu versetzen, eine kundengemäße Leistung erbringen zu können. Des Weiteren sollen Führungskräfte adäquate Impulse geben, damit ihre Mitarbeiter ihr Leistungsvermögen ausbauen und/oder ändern - gespiegelt an den Kundenerwartungen. Verweigern die Mitarbeiter ein kundenadäquates Leistungsverhalten oder ist ihnen dies nicht möglich, dann hat dies meist seine Ursache im Verhalten der Führungskräfte. Es mangelt dann erfahrungsgemäß an einer wertschätzenden Managementkultur und/oder an wertschätzendem Führungsverhalten. Mangelt es an Wertschätzung führt dies zu mangelhaftem Leistungsverhalten, was wiederum zu Abwertung sich selbst und anderen gegenüber führt.

Wenn es Personal- und Organisationsentwicklern gelingt, durch geeignete Maßnahmen diese Negativspirale aufzulösen, dann leisten sie einen Mehrwert für die Organisation, der sich direkt im verbesserten Leistungsverhalten der Mitarbeiter ablesen lässt.

2.3 Zielvereinbarungen

Die Basis einer erfolgreichen Führung ist ein wertschätzendes Beziehungsmanagement, welches jeden Einzelnen in seiner Individualität respektiert und motiviert. Ein wertschätzender Führungsstil allein erzielt jedoch noch keine für das Unternehmen gewinnbringende Leistung. Damit das Leistungspotenzial der im Unternehmen tätigen Mitarbeiter auch adäquat erschlossen wird, ist es notwendig, dass die Führungskräfte Impulse in Form von Leistungsanreizen setzen. Ein zentrales Führungsinstrument – wie es aus dem Analysemodell in Abbildung 2-1 hervorgeht - sind Zielvereinbarungen (auch: Management by Objectives (MbO) – Führen durch Ziele). Hier werden Leistungsanreize mit Hilfe von Zielen gesetzt. Ziele sind erwünschte Zustände, die in der Zukunft als Ergebnis von Handlungen und Entscheidungen eintreten. Die Vorteile von Zielvereinbarungen liegen insbesondere in folgenden Punkten:

- der objektiven **Messbarkeit** erreichter Leistungen. Aus diesem Grund sollten vereinbarte Ziele messbar sein. Es genügt also nicht, zu sagen: „Das muss aber noch besser werden", sondern: „Im nächsten Quartal soll eine Umsatzsteigerung von 10 % erreicht werden."

- der **Transparenz.** Über den Soll-Ist-Vergleich werden Fortschritte deutlich, aber auch ein Nicht-Erreichen wird sichtbar.

- der **Eigenverantwortung.** Der Mitarbeiter ist ermächtigt, eigene Entscheidungen zu treffen. Es wird klar definiert, was (Ziel) er erreichen soll, aber nicht wie (Aufgabe) er es erreichen soll. Der Weg zum Ziel bleibt also weitestgehend im Verantwortungsbereich des Mitarbeiters. So ist Empowerment möglich, das heißt die eigenen Kräfte des Mitarbeiters werden gestärkt. Eigenverantwortung wird für die Informationsarbeiter im sechsten Kondratieff-Zyklus eine der wichtigsten Voraussetzungen sein, um erfolgreich arbeiten zu können.

▪ der **Motivationsförderung**. Ein Ziel zu erreichen ist für Mitarbeiter ein motivierendes Erfolgsgefühl. Voraussetzung dafür ist, dass Ziele auch erreichbar sind.

Um die positive Wirkung von Zielen zu gewährleisten, müssen sie einige Anforderungen erfüllen, die über die SMART-Formel zusammengefasst werden können (vgl. Seiwert, 1998, S. 160 f):

S	=	Spezifisch
M	=	Messbar
A	=	Anspruchsvoll
R	=	Realistisch
T	=	Terminiert

Spezifisch: Das Ziel ist klar definiert. Es ist für den Mitarbeiter verständlich und nachvollziehbar. Die festgelegten Ziele dürfen keinen Interpretationsspielraum lassen.

Messbar: Es gibt Indikatoren, mit deren Hilfe gemessen werden kann, in welchem Umfang das Ziel erreicht wurde. Hierbei lassen sich quantitative und qualitative Ziele unterscheiden. Quantitative Ziele wie Umsatz, Gewinn oder Marktanteil sind direkt messbar. So kann beispielsweise eine Umsatzsteigerung von 5% als messbares Ziel definiert werden. Schwieriger gestaltet sich das Festlegen von Messkriterien für qualitative Ziele wie Kundenorientierung oder Kundenzufriedenheit. Sie können nur indirekt gemessen werden. Aufgrund dessen müssen die Messkriterien hier genau überdacht werden. In unserem Fall könnte als messbares Kriterium beispielsweise die Anzahl der Beschwerden oder Kundenbewertungen im Rahmen von regelmäßigen Umfragen herangezogen werden.

Anspruchsvoll: Ein Ziel sollte besondere Anstrengungen erforderlich machen, damit es erreicht werden kann. Dem Mitarbeiter soll deutlich werden, dass es persönlichen Einsatz braucht, um das Ziel zu erreichen. Dabei ist darauf zu achten, dass der Mitarbeiter Einfluss auf die Zielerreichung hat. So hat beispielsweise eine Sekretärin kaum Einfluss auf Umsatz oder Gewinn, sie kann aber möglicherweise zeitliche Ziele beeinflussen.

Realistisch: Ziele dürfen Mitarbeiter weder über- noch unterfordern. Deshalb sollte die Führungskraft bei der Zielvereinbarung immer das individuelle Leistungspotenzial sowie die dem Mitarbeiter zur Verfügung stehenden Entscheidungsbefugnisse und Ressourcen beachten.

Terminiert: Es ist ein eindeutiger Zeitpunkt zu vereinbaren, bis zu dem das Ziel erreicht sein soll, beispielsweise das Quartalsende oder das Ende des Geschäftsjahres. Problematisch ist die Terminierung für Innovationsziele, wie sie zukünftig für Informationsarbeiter in Frage kommen. Innovation ist ein kreativer Prozess, der sich nur bedingt in zeitlichen Dimensionen messen lässt. Trotzdem ist es schon für das allgegenwärtige Ziel der Wirtschaftlichkeit notwendig, auch einen gewissen zeitlichen

Rahmen vorzugeben, innerhalb dessen die Fortschritte in Bezug auf die Zielerreichung kontrolliert werden können.

Zielvereinbarungsprozess

Zu einem Zielvereinbarungssystem, das ein hohes Maß an Flexibilität und Eigenverantwortung mit einer klaren Orientierung auf die gemeinsamen Unternehmensziele verbindet, gehört ein strukturierter **Zielvereinbarungsprozess**, der im Laufe des Zielerreichungszeitraums durchlaufen wird. Idealtypisch besteht ein solcher Zielvereinbarungsprozess aus sechs Phasen (Abbildung 2-3).

Schritt 1: Vorbereitung

Sowohl das Zielvereinbarungsgespräch als auch das Zielerreichungsgespräch bedürfen einer intensiven Vorbereitung von Seiten der Führungskraft, aber auch von Seiten des Mitarbeiters. Damit sich alle auf das Gespräch optimal vorbereiten können, ist es notwendig, dass die Führungskraft dem Mitarbeiter den Zeitpunkt des Gespräches rechtzeitig bekannt gibt. Je gründlicher sich alle Beteiligten auf das Gespräch vorbereiten können, umso höher ist die Qualität der Ergebnisse. Eine einseitige Gesprächsführung ohne Einbezug des Mitarbeiters wird zudem keine Akzeptanz erfahren und somit nicht zielführend sein.

Abbildung 2-3:   *Phasen eines Zielvereinbarungsprozesses*

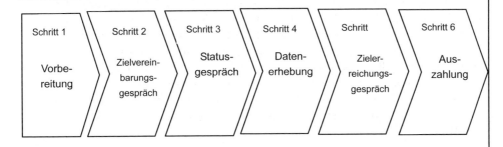

Für das Zielvereinbarungsgespräch ist es sinnvoll dem Mitarbeiter die jeweiligen Bereichs-, Abteilungs- oder Gruppenziele mitzuteilen. Unter Einbezug der genannten Zielanforderungen sowie der individuellen Qualifikation und der Arbeitssituation des Mitarbeiters sollte vorab bereits eine Zielauswahl stattfinden.

Bezüglich des Zielerreichungsgespräches ist zu fragen, ob die Ziele erreicht wurden und wenn ja, in welchem Umfang. Ebenso ist nach Gründen für Abweichungen zu suchen, die zum einen beim Mitarbeiter liegen, aber auch genauso durch äußere Einflüsse verursacht sein können, wie zum Beispiel einen Konjunktureinbruch oder einen neue Wettbewerber. Auch kann das vereinbarte Ziel den Mitarbeiter unter- bzw. überfordert haben. Die Führungskraft sollte sich bei der Vorbereitung der Gespräche immer auch den Standpunkt des jeweiligen Mitarbeiters vergegenwärtigen, um auf mögliche Reaktionen und Argumente vorbereitet zu sein.

Schritt 2: Zielvereinbarungsgespräch

Im Zielvereinbarungsgespräch legen beide Parteien ihre Zielvorschläge dar und begründen sie. Im Idealfall einigen sich Führungskraft und Mitarbeiter am Ende des Gespräches einvernehmlich. Letzten Endes trifft aber die Führungskraft die Zielentscheidung. Sie sollte dem Mitarbeiter jedoch nichts aufzwingen, sondern ihn anhand überzeugender Argumente für die festzulegenden Ziele gewinnen, damit das notwendige Commitment gegenüber der Vereinbarung besteht. Ebenso ist darauf zu achten, dass nur Ziele im Rahmen der jeweiligen Stellenbeschreibung vereinbart werden und weitergehende Ziele nur auf Wunsch des Mitarbeiters aufgenommen werden.

Häufig wird die Zielvereinbarung anhand eines standardisierten Formulars festgehalten und von beiden Seiten als Zeichen der Verbindlichkeit unterschrieben. Wie eine solche Zielvereinbarung in der Praxis aussehen kann zeigt Abbildung 2-4.

Schritt 3: Statusgespräch

Ganz gezielt sind in diesem Prozess auch Statusgespräche vorgesehen, in denen Rückmeldungen über Probleme bei der Zielerreichung gegeben werden können oder eine Zwischenbilanz gezogen wird. Ein kontinuierlicher Soll-Ist-Vergleich ist ratsam, um eine fristgerechte Zielerreichung zu gewährleisten oder diese gegebenenfalls rechtzeitig zu korrigieren sowie dem Mitarbeiter die notwendige Unterstützung zukommen zu lassen. Aufgrund sich verändernder Faktoren wie Marktgegebenheiten ist es häufig erforderlich einen dynamischen Zielkatalog zu erstellen. Eine Zielkorrektur wird dann vorgenommen, wenn sich dies als unumgänglich erweist. Ein einmal festgelegtes Ziel, dessen Verfolgung sich im Rahmen veränderter Umweltbedingungen als nutzlos erweist, trägt nicht zum Unternehmenserfolg bei bzw. beeinflusst diesen sogar negativ.

Als positiven Nebenaspekt der Statusgespräche kann man den intensiven Dialog sowie den Erfahrungsaustausch zwischen Mitarbeiter und Führungskraft ansehen.

Abbildung 2-4: Beispiel eines Zielvereinbarungsformulars

Künftige Ziele/Aufgaben

Mitarbeiter	Personalnummer

Funktion des Mitarbeiters	Funktion

Führungskraft	Personalnummer

Datum der Zielvereinbarung

Zu Beginn des Beurteilungszeitraumes werden die Ziele beschrieben: Was soll, in welchem Umfang, wie, mit welcher Priorisierung, bis wann, erreicht werden? Die Ziele sollten konkret, nachvollziehbar und motivierend sein.	Vom Mitarbeiter sind maximal fünf aufgabenbezogene Arbeitsziele vorzubereiten und im Mitarbeitergespräch gemeinsam mit der Führungskraft einzutragen. Darüber hinaus sollen auch verhaltensbezogene Ziele und ggf. Führungsziele vereinbart werden.

Ziele/Aufgaben	Termin	Unterstützung durch die Führungskraft
Akquisition von 40 Neukunden, Planung, Vorbereitung und Durchführung einer Kunden-informationsveranstaltung zum Thema Euro unter der Berücksichtigung der Ansprache von Nichtkunden.	1. Halbjahr	Vermittlung von Kontakt zu KVW zur Beschaffung von Infomaterial. Absprache des Aktionsplans in 14tägigen Abständen.
Stärkere Berücksichtigung der Bedarfsanalyse im Kundengespräch.	ganzjährig	Durchführung eines Coachings im 1. Quartal
....	....	....

Datum/ Unterschrift Mitarbeiter	Datum/ Unterschrift Führungskraft

Bogen verbleibt bei den Gesprächsteilnehmern

Schritt 4: Datenerhebung

Entsprechend den festgelegten Kriterien, anhand derer die Zielerreichung gemessen wird, sind die jeweiligen Abteilungen gefordert die entsprechenden Daten zu erheben und weiterzuleiten. Daten wie Umsatz, Marktanteil oder Gewinn werden beispielsweise von der Finanzbuchhaltung zur Verfügung gestellt. Aber auch Abteilungen wie Vertrieb oder Personalabteilung können für Datenerhebungen in Form von Kundenumfragen, Umsatzzahlen, Mitarbeiterzufriedenheitswerten etc. herangezogen werden.

Schritt 5: Zielerreichungsgespräch

Im Zielerreichungsgespräch werden die in Schritt 1 erläuterten Fragen besprochen („Wurden die Ziele erreicht?" – „In welchem Umfang wurden sie erreicht?" – „Was waren die Gründe für die Abweichungen?"). Die Führungskraft würdigt die Leistungen des Mitarbeiters oder kritisiert sie, wenn notwendig, und legt Verbesserungsvorschläge dar. Der Mitarbeiter wiederum vertritt seinen Standpunkt bezüglich der Zielerreichung und deren Hintergründe.

Schritt 6: Auszahlung

Die Auszahlung der vereinbarten Prämie hängt vom Grad der Zielerreichung ab und kann entsprechend der arbeitsvertraglichen oder einer sonstigen Regelung vorgenommen werden.

Es ist deutlich geworden, dass ein Zielvereinbarungsgespräch eine hohe soziale Kompetenz von Seiten der Führungskraft, aber auch des Mitarbeiters verlangt. Oft werden Zielvereinbarungsgespräche zu intensiven Mitarbeitergesprächen genutzt, welche über die bloße Zielvereinbarung hinaus, das Verhalten des Mitarbeiters, seine Arbeitssituation, seine Beziehung zum Vorgesetzten, sein Leistungsverhalten sowie geeignete Fort- und Weiterbildungsmöglichkeiten umfassen können. Feedback ist ein wesentlicher Bestandteil eines derartigen Zielvereinbarungs- bzw. Mitarbeitergespräches worauf unter →2.4 Feedback näher eingegangen wird.

Häufig legt man für die Zielvereinbarung einen Zeitraum von einem Kalender- bzw. Geschäftsjahr fest. Dynamische Märkte und Wettbewerbssituationen verlangen eine flexible Zielfestlegung. Es ist sicherzustellen, dass die Ziele immer mit den aktuellen Unternehmenszielen sowie der gegenwärtigen Wettbewerbssituation korrespondieren. Sie müssen deshalb veränderbar bzw. austauschbar sein.

Zielvereinbarungen in Verbindung mit Anreizen

Wie bereits Schritt 6 des Zielvereinbarungsprozesses andeutet, ist es sinnvoll und leistungsfördernd die angestrebten Ziele mit entsprechenden **Konsequenzen in Form von Anreizen bzw. Sanktionen** zu verbinden.

Mit Zielvereinbarungen gekoppelte Anreize können monetärer Art wie zum Beispiel Lohnsteigerungen bzw. nicht monetärer Art wie zum Beispiel Familienurlaub, Sachgegenstände, Beförderung oder Fort- und Weiterbildungsmöglichkeiten sein.

In Verbindung mit Zielvereinbarungen lassen sich zwei Variationsmöglichkeiten bezüglich der Anreizgestaltung unterscheiden (vgl. Bardens, 1998, S.11ff). Zum einen kann der monetäre Anreiz anhand einer mathematischen Funktion variabel gestaltet werden, zum anderen besteht die Möglichkeit den Anreiz anhand einer Digitalentscheidung zu gewähren.

Verbindet man die Zielerreichung mit einer **mathematischen Funktion** so sind folgende Fragen zu beantworten:

- Ab welchem Betrag bzw. Prozentsatz der Zielerreichung soll der Anreiz zum Einsatz kommen? - Die Zielerreichung darunter ist mit dem Grundgehalt abgegolten.

- Bis zu welchem Betrag bzw. Prozentsatz sollen die monetären Anreize steigen? - Es kann zum Beispiel sein, dass Zielüberschreitungen ab einem bestimmten Wert nicht gewollt sind.

- In welcher Beziehung sollen Zielgröße und Anreiz stehen?

- In welcher Höhe soll der Anreiz gewährt werden? – Sowohl für das Unternehmen als auch für den Mitarbeiter muss es lohnend sein das Ziel zu erreichen.

Bei einer **Digitalentscheidung** wird der Anreiz nur gewährt, wenn das Ziel erreicht wurde. Sie entspricht also einer Ja/Nein - Entscheidung. Das erreichte Ziel kann hier anhand monetärer sowie anhand nicht monetärer Anreize entlohnt werden.

Die zu starke Betonung von Anreizen innerhalb des Zielvereinbarungsprozesses birgt jedoch die Gefahr, dass die positiven Aspekte des Führens mit Zielen verfehlt werden und negative Verhaltensweisen wie die Vernachlässigung von Routineaufgaben zu Tage treten. Um dieser Gefahr entgegenzuwirken ist es ratsam nicht das angestrebte Ziel und den damit verbundenen Anreiz in den Vordergrund zu stellen, sondern vielmehr die Gesamtleistung des Mitarbeiters im Fokus der Betrachtungen zu behalten.

Implementierung und Qualitätssicherung

Ein wesentlicher Aspekt bei der Implementierung eines Zielvereinbarungssystems ist seine Akzeptanz bei allen Beteiligten.

Für die Unternehmensleitung steht die Rentabilität des neu eingeführten Führungsinstruments im Vordergrund. Die Mitarbeiter müssen den Nutzen des Führungsinstrumentes für die eigene Position erkennen können und so ihrerseits Vertrauen in dieses System gewinnen, besonders wenn ein variabler Lohnanteil daran geknüpft ist. Im Idealfall entsteht eine win/win-Situation zwischen Unternehmen und Mitarbeiter. Der Mitarbeiter trägt durch das Erreichen der vereinbarten Ziele zum Unternehmenserfolg bei, was das Unternehmen beispielsweise durch ein installiertes Bonussystem honoriert.

Wie bei jedem Veränderungsprozess ist auch bei der Einführung von Zielvereinbarungen eine systematische Vorgehensweise von großer Bedeutung. Erfolg versprechend ist es, einer unternehmensweiten Einführung zunächst eine **Pilotphase** voranzustellen, die in der Unternehmensleitung angesiedelt ist. Diese fungiert somit als Vorbild und kann auftretende Probleme und Verbesserungsmöglichkeiten des neuen Führungsinstrumentes frühzeitig lokalisieren. Für das Gelingen des Projektes ist ein kontinuierlicher Erfahrungsaustausch unumgänglich, damit die Beteiligten des Pilotprojektes notwendige betriebliche Änderungen des Zielvereinbarungssystems vornehmen und es somit an die unternehmensspezifischen Rahmenbedingungen anpassen können.

Um in der Pilotphase bereits die übrigen Unternehmensmitglieder auf die Einführung eines Zielvereinbarungssystems optimal vorzubereiten, ist eine unternehmensweite Veröffentlichung von Informationen über das angelaufene Projekt von großem Nutzen. Nach Abschluss einer erfolgreichen Pilotphase sowie nach Verbesserungen und Anpassungen des getesteten Systems an die vorhandenen Strukturen und Prozesse des Unternehmens, erfolgt die umfassende Einführung des Zielvereinbarungssystems. Dabei können die an der Pilotphase beteiligten Führungskräfte als Trainer eingesetzt werden.

In der Praxis braucht es oft mehrere Jahre bis das neue System die Akzeptanz der Mitarbeiter gewonnen hat. Wie eine erfolgreiche Implementierung in der Praxis vonstatten gehen kann hat beispielsweise die BBV (Bayerische Beamten Versicherung) in Zusammenarbeit mit der Kienbaum Management Consultants GmbH aufgezeigt.

Um das Vertrauen in das neu eingeführte Zielvereinbarungssystem zu erhöhen setzte die BBV auf den **Qualitätscheck von Zielen** (vgl. Hören / Frey-Hilsenbeck, 2006, S. 44ff). So wurden Zielvereinbarungen in Verbindung mit einem Bonussystem eingeführt, das einen variablen Lohnanteil in Abhängigkeit von den erreichten Zielen vorsieht. Die Implementierung erfolgte in der obersten Führungsebene. Neben zahlreichen begleitenden Maßnahmen bei der Einführung, wie zum Beispiel Trainings, war ein zentrales Element für die erfolgreiche Umsetzung des Projektes ein umfassender Qualitätscheck der vereinbarten Ziele. Dieser sollte allerdings nicht die Führungskräfte ihrer Verantwortung entheben, indem sie wussten, dass alle Ziele sowieso nochmals geprüft werden. Vielmehr sollte die Führungskraft in ihrer Rolle gestärkt werden und durch eine beratende Instanz Sicherheit gewinnen. So wurden die im jährlichen Mitarbeitergespräch schriftlich vereinbarten Ziele von der Personalabteilung sowie von einem externen Berater durchgesehen und kommentiert. Zu jedem Einzelziel formulierte man Kommentare und Fragen. Die Kommentierung der Ziele bezüglich ihres Korrekturbedarfes reichte von „gering" über „mittel" bis hin zu „hoch" und „unklar". Die geprüften Ziele bekam anschließend nochmals die Geschäftsleitung zur inhaltlichen Durchsicht und Beurteilung.

Wesentliche Punkte die sich aus dem Qualitätscheck für die Zielqualität ergaben, waren folgende:

- Zielgegenstand können entweder Verbesserungen des Leistungsniveaus im Tagesgeschäft sein, wie zum Beispiel Produktivitätserhöhung oder punktuelle Verbesserunge, wie zum Beispiel die Erschließung neuer Potenziale.

- Ebenso muss der Wert eines Zieles bzw. einer Zielerreichungsstufe geprüft werden, um daraus abzuleiten, ob und in welcher Höhe ein Bonus bei Zielerreichung gerechtfertigt ist.

- Des Weiteren sollte die Formulierung des Zieles eindeutig, handlungsleitend und sein Erreichen ohne Probleme beurteilbar sein.

■ Vor der Zielvereinbarung müssen die notwendigen Voraussetzungen, wie zum Beispiel das Budget oder die erforderlichen Leistungen Dritter geklärt werden.

Abbildung 2-5: *Qualitätscheck von Zielen*

Quelle: vgl. Hören / Frey-Hilsenbeck, 2006, S. 48, Abb.3

Bereich		Positionsinhaber		Vorgesetzter	
Ziel Nr.	**Zieltitel**	**Gewichtung**	**Kommentare**		**Korrekturbedarf**
1	Entwicklung eines XXX-Modells	15%	■ Ist „ein Modell" ausreichend? Besser: „entscheidungsreifes Konzept für..." ■ Ist Termin die einzige Beurteilungsdimension? Keine inhaltlichen Maßstäbe? ■ Ergibt sich durch Terminunterschreitung um weniger als einen Monat ein so starker Zusatznutzen, dass zusätzliche Bonusstufe gerechtfertigt ist? ■ Stufe „annähernd erreicht": Termin liegt im Folgejahr, daher Zielerreichung im termingerechten Gespräch noch nicht feststellbar.		hoch
2	....	....	....		....

Grundsätzlich wurden die Ergebnisse des Qualitätschecks als Lernchance zur kontinuierlichen Verbesserung der Zielvereinbarungsgespräche verstanden. Aus diesem Grund griff man nur bei unzureichenden Zielvereinbarungen ein, bei welchen die daraus resultierenden Probleme als sehr hoch eingeschätzt wurden. In der Praxis erwies sich der Qualitätscheck als sehr gewinnbringend für die erfolgreiche Einführung des Zielvereinbarungssystems.

Rechtliche Aspekte

Die Einführung eines Zielvereinbarungssystems wirft Fragen nach der rechtlichen Handhabung auf. Bezüglich des Individualrechts ist zu klären, wie bei der Vertragsgestaltung vorgegangen wird. In kollektivrechtlicher Hinsicht sind die Rechte des Betriebsrates zu berücksichtigen (vgl. Friedrich, 2006, S. 22ff).

1. Individualrecht

   Da sich Zielvereinbarungen bereits auf sämtliche Arbeitsbereiche erstrecken, wächst ihre Bedeutung für die Vertragsgestaltung immer mehr. Neben dem außertariflichen Bereich erhalten sie nun auch in Flächentarifverträgen ihre rechtliche Wirksamkeit. Bei der vertraglichen Fixierung ist zu beachten, dass Zielvereinbarungen trotz der Verknüpfung von Erfolg und Vergütung, wie sie beim Werksvertrag charakteristisch ist, kein werksvertragliches Element darstellen, sondern vielmehr als fester Bestandteil des vorliegenden Vertrages zu verstehen sind. So schuldet der Werksunternehmer die Zielerreichung, der Arbeitnehmer ist lediglich verpflichtet im Rahmen der Zielvereinbarung tätig zu werden. Hieraus ergibt sich auch, dass eine Abmahnung bzw. Kündigung im Rahmen eines nicht erreichten Zieles nur möglich ist, wenn der Arbeitnehmer hinsichtlich der Zielerreichung nicht tätig wurde. Für die inhaltliche Gestaltung gibt es keine speziellen Regelungen. Die Vertragsparteien können gemäß der Vertragsfreiheit den Inhalt selbst bestimmen. Grenzen werden ihnen jedoch anhand gesetzlicher Bestimmungen, wie zum Beispiel dem Verbot sittenwidriger Rechtsgeschäfte gesetzt.

2. Kollektivrecht

   Beabsichtigt der Arbeitgeber die Einführung von Zielvereinbarungen oder praktiziert er sie bereits, ist er angehalten den Betriebsrat einzubeziehen. Dabei besteht für den Betriebsrat generell ein Mitbestimmungsrecht, wenn ein kollektiver Bezug der Maßnahme vorliegt, das heißt wenn ein Zielvereinbarungssystem eingeführt, geändert oder ausgestaltet wird. Sein Mitbestimmungsrecht erstreckt sich auch auf die Einführung und Anwendung technischer Anlagen, die Kontrollzwecke verfolgen. Dies ist der Fall bei der technischen bzw. elektronischen Erfassung leistungs- und verhaltensrelevanter Daten. Weist das Zielvereinbarungssystem einen Entgeltbezug auf, so hat der Betriebsrat ebenso das Recht bei der Ausgestaltung der Entgeltfragen mitzuwirken. Bei der individuellen Zielfestlegung besteht für den Betriebsrat höchstens ein Informationsrecht über den Inhalt einer Zielvereinbarung, wenn diese an Gehaltsforderungen geknüpft ist. So ist es ihm möglich die Gesetzes- und Tarifkonformität zum Schutze des Arbeitnehmers zu prüfen.

Unabhängig von den behandelten funktionalen, gestalterischen und rechtlichen Fragen eines Zielvereinbarungssystems ist es für den Erfolg eines Unternehmens entscheidend, dass die Potenziale der Mitarbeiter konsequent für die Unternehmensziele eingesetzt werden. Das verlangt ein durchgängiges System. So werden die von der Unternehmenspolitik abgeleiteten Unternehmensziele anhand der Unternehmensstrategie durchgesetzt. Ein zentrales strategisches Führungsinstrument stellt dabei ein **Zielvereinbarungssystem** dar, das die Unternehmensziele stufenweise in die Organisation trägt. Sie werden hierarchisch auf die einzelnen Einheiten wie Bereiche, Abteilungen und Stellen übertragen. Individuelle Einzelziele werden somit den Unternehmenszielen, welche als richtungsweisende Leitlinien betrachtet werden können, angepasst. Dadurch wird gewährleistet, dass jeder Mitarbeiter durch seine individuelle Zielerreichung die erfolgreiche Umsetzung der Unternehmensziele sichert. Abgesehen von den genannten Vorteilen einer zielgerichteten Führung wird jedem Mitarbeiter dadurch deutlich, welchen Beitrag er für das Unternehmen leistet. Dies hilft ihm einen Sinn in seiner Arbeit zu sehen und schult das vernetzte Denken. Die Mitarbeiter lernen den Gesamtzusammenhang zu sehen und sich als Teil eines größeren Ganzen zu begreifen, was wiederum die Bindung an das Unternehmen stärkt.

2.4   Feedback

Feedback gehört als internes und externes Feedback zu den Impulsgebern innerhalb der Einflussgrößen auf das Leistungsverhalten von Mitarbeitern. Darunter versteht sich der regelmäßige Informationsfluss zwischen Leistungsträger (Mitarbeiter) und Führungskraft im Hinblick auf das Leistungsverhalten des Mitarbeiters. Es soll damit einen der folgenden Zwecke erfüllen (Tosti, Feedback, in: Wittkuhn/Bartscher, 2003, S. 167):

▪ Das Feedback bezieht sich auf die **Quantität** der Leistung. Dabei werden Personen angehalten, etwas das sie bereits tun, weiterhin mehr oder weniger zu tun. Feedback, das sich auf die **Quantität** bezieht, wird als summatives (oder evaluierendes) Feedback bezeichnet. Es bewertet Leistung, fasst sie zusammen und hat eine motivierende Wirkung.

▪ Das Feedback bezieht sich auf die **Qualität** der Leistung. Hier werden Personen angehalten, die Art wie sie etwas tun beizubehalten, zu ändern oder etwas ganz anderes zu tun. Feedback, das sich auf die **Qualität** der Leistung bezieht, wird auch als formatives Feedback (oder als Entwicklungsfeedback) bezeichnet. Da es die Art der Leistung verändern will, hat es eine korrigierende Wirkung.

Abbildung 2-6 vergleicht beide Arten des Feedback und ordnet anhand der Elemente entsprechend zu: **Warum?** (Was ist der Zweck des Feedbacks?), **Wer?** (Wer ist der Empfänger?), **Was?** (Was ist die Leistung?), **Wo?** (Welcher Rahmen wird für das Feedback-Geben gewählt – privat oder öffentlich?) und **Wann?** (Wird das Feedback zum richtigen Zeitpunkt gegeben?).

Abbildung 2-6: *Summatives und Formatives Feedback*

Quelle: Tosti, 2001, S. 169.

	Summatives Feedback	Formatives Feedback
Definition	Information für den Empfänger, in der seine Leistung bewertet wird.	Information für den Empfänger, mittels der er erfahren kann, wie er seine Leistung verbessern kann.
Warum Zweck	Die Quantität der Leistung beeinflusst: „Motivieren".	Die Qualität der Leistung beeinflusst: „Entwickeln".
Wer Empfängerbedürfnisse	Muss den motivationalen Bedürfnissen und Erwartungen des Empfängers angemessen sein – seinem Empfinden von Belohnung/Strafe entsprechen.	Muss den Entwicklungsbedürfnissen des Empfängers angemessen sein – seinem Wissen und seinen Fähigkeiten entsprechen.
Was Leistungsbedürfnisse	Muss auf die spezifische Leistung, die Sie beeinflussen wollen, fokussiert sein. Muss der Mühe und/oder dem Wert der Leistung angemessen sein.	Muss auf die spezifische Leistung, die Sie beeinflussen wollen, fokussiert sein.
Wo Ortsbedürfnisse	Kann sowohl unter vier Augen als auch in Gegenwart anderer abgegeben werden; Wirkung ist oft größer, wenn es öffentlich gegeben wird.	Wird am besten unter vier Augen gegeben; die Wirkung wird geringer oder unvorhersehbar sein, wenn es in Gegenwart anderer abgegeben wird.
Wann Zeitbedürfnisse	Meist am effektivsten, wenn es bald nach der Leistung abgegeben wird.	Meist am effektivsten, wenn es kurz vor der nächsten Gelegenheit gegeben wird, die Tätigkeit auszuführen.

Daraus abgeleitet ergeben sich drei Grundprinzipien, die die Effektivität von Feedback sicherstellen:

■ Angemessenheit

Feedback soll den Bedürfnissen und Erwartungen des Empfängers sowie der Leistung angemessen sein.

■ Fokus

Feedback soll sich genau auf die Leistung beziehen und nicht auf etwas anderes.

■ Timing

Feedback soll zum günstigsten Zeitpunkt gegeben werden.

Organisationen tun gut daran, funktionierende **Feedbacksysteme** zu installieren, weil sie so erkennen können, ob ihr Entscheiden und Handeln richtig waren. Ziel eines Feedbacksystems ist es, die Auswirkungen des unternehmerischen Handelns zu erfassen und zu bewerten. Dabei wird einerseits das Feedback gegenüber den Mitarbeitern (internes Feedback) als auch das Feedback der Kunden und sonstiger Akteure (externes Feedback) berücksichtigt. Ein externes Feedbacksystem gibt Antworten auf die folgenden Fragen:

■ Welchen Nutzen erleben unsere Kunden?

■ Wie attraktiv sind wir für unsere Kunden?

■ Was erhalten wir von unseren Kunden (Ertrag)?

■ Welche Fortschritte erzielen wir (Organisationsentwicklung)?

■ Was haben wir erreicht?

■ Welchen Nutzen bieten wir unseren Investoren?

■ Wie attraktiv sind wir für unsere Investoren?

Mit Hilfe des externen Feedbacks ist es für ein Unternehmen möglich, mehr Informationen über seine Attraktivität und seinen Status Quo in Erfahrung zu bringen. Daneben ist es aber auch für die Mitarbeiter von entscheidender Bedeutung Rückmeldung über ihre Leistung zu erhalten. Es gilt dabei, effiziente Rückkopplungsschleifen zwischen Umwelt und Mitarbeiter zu installieren. Es stehen dabei vielfältige **Feedbackinstrumente** zur Verfügung, zu denen Mitarbeiterbefragung, Leistungsbeurteilung, Mitarbeitergespräche, 360-Grad-Feedback sowie Teamfeedback zählen.

Eine **Mitarbeiterbefragung** ist ein Instrument des Personalcontrollings und damit ein Indikator für die Stimmung und Zufriedenheit im Unternehmen in allgemeiner Hinsicht oder bezogen auf eine konkrete Fragestellung. Sie ist aber auch ein Instrument der Qualitätssicherung, der Führungskräfteentwicklung und des Veränderungsmanagements. Als solches fördert sie Mitsprache und Beteiligung der Mitarbeiter, deckt Schwachstellen auf und ist Auftakt für einen gezielten Verbesserungsprozess im Unternehmen. Auch bei Mitarbeiterbefragungen gilt, dass zunächst der Betriebsrat hinzuzuziehen ist.

Eine **Leistungsbeurteilung** dient der leistungsgerechten Vergütung der einzelnen Mitarbeiter und ist im Arbeitsvertrag geregelt. Sie ist Bestandteil eines Zielvereinbarungssystems und entspricht im weitesten Sinne dem dort dargestellten Zielerreichungsgespräch. Leistungsbeurteilungen sind einer gewissen Pro und Contra Diskussion unterworfen. Gegner der Leistungsbeurteilung verweisen darauf, dass Beurteilungen zumeist subjektiv und damit nicht zwangsläufig gerecht und vergleichbar sind. Befürworter unterstreichen jedoch den positiven Effekt ausführlicher Mitarbeitergespräche und die Möglichkeit, auch nicht-messbare Kriterien in die Leistungsbeurteilung mit aufnehmen zu können. Leistungsbeurteilungen haben in der heutigen Personalpolitik einen hohen Stellenwert, denn ihnen wird ein hoher Leistungsanreiz unterstellt. Zu den wichtigen Aufgaben einer Führungskraft gehören **Mitarbeitergespräche**. Wobei wir unter Mitarbeitergesprächen nicht den morgendlichen Plausch in der Kaffeeküche zählen oder die alltägliche Frage „Wie geht es Ihnen?", sondern vielmehr auf die so genannten qualifizierten Mitarbeitergespräche abzielen, die bewusst, geplant und mit einem bestimmten Ziel zwischen Vorgesetztem und Mitarbeiter geführt werden. Sie können einerseits Bestandteil der Leistungsbeurteilung sein, aber auch als qualifizierte Rückmeldegespräche im Sinne eines gezielten Feedbacks, als Kritik- oder Lobgespräche geführt werden. Den Mitarbeitergesprächen kommt unter den Feedbackinstrumenten im betrieblichen Alltag sicher der höchste Stellenwert zu. Beim **360°-Feedback** wird etwa das Verhalten einer Führungskraft aus verschiedenen Perspektiven beurteilt. Während im Rahmen der Leistungsbeurteilung die Rückmeldung durch den direkten Vorgesetzten häufig als unvollständig und lückenhaft empfunden wird, fehlt der Führungskraft meist die Rückmeldung über ihr eigenes Führungsverhalten gänzlich. Das 360°-Feedback ermöglicht Führungskräften, Leistungsrückmeldungen von den verschiedenen Personengruppen, mit denen sie interagieren, einzuholen. Dazu zählen Vorgesetzte, Mitarbeiter, Kollegen und Kunden:

Abbildung 2-7:   *Personenkreis des 360°-Feedback*

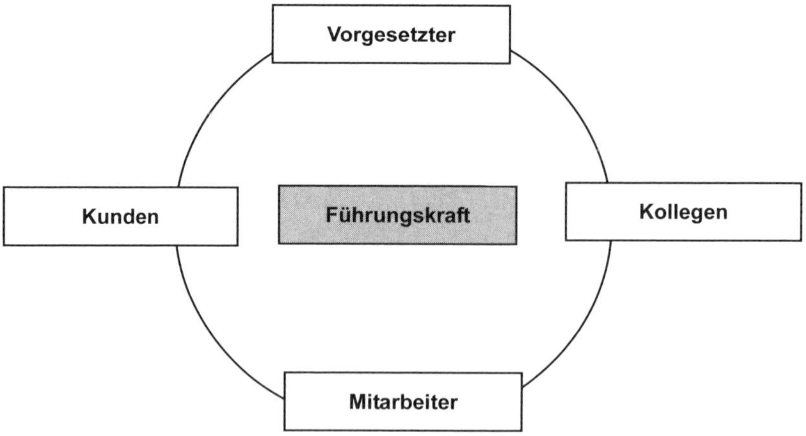

Das 360°-Feedback ist ein Instrument, das gezielt zur Personen- und Personalentwicklung eingesetzt wird, wenn es darum geht Selbstbild und Fremdbild zu spiegeln und so die persönliche Weiterentwicklung der Führungskraft zu forcieren. Letztlich fördert das 360°-Feedback auch die Organisationsentwicklung. Es ist ein sensibles Instrument, das idealer Weise unter fachkundiger Anleitung angewendet wird.

Schließlich bietet das **Teamfeedback** die Möglichkeit, erfolgskritisch Rückmeldungen an Teams über deren Teamarbeit zu geben. Konkret werden die folgenden drei Verhaltensbereiche betrachtet:

- Zusammenarbeit im Team (z.B. Zuverlässigkeit, Kooperation)

- Kommunikation (z.B. Interaktion, Umgang mit Kritik und Konflikten)

- Einstellung zur Teamarbeit (z.B. Eigenverantwortlichkeit, Zielorientierung)

Wie wir bereits festgestellt haben, wird es im Zeitalter der Informationsarbeiter immer häufiger der Fall sein, in immer wieder neu zusammengestellten Teams auch international und über große Distanz hinweg zu arbeiten. Es ist daher umso wichtiger, die persönliche Teamfähigkeit der einzelnen Mitarbeiter gezielt weiterzuentwickeln und ihnen Rückmeldung über ihren jeweiligen Entwicklungsstand zu geben.

Feedback wird zukünftig eines der wichtigsten Werkzeuge sein, die Leistung von Mitarbeitern aufrechtzuerhalten und kontinuierlich zu verbessern. Insbesondere im Zeitalter der Informationsfokussierung wird die Beziehung zwischen Führungskraft und Mitarbeiter durch Feedback gestärkt.

Um jedoch überhaupt bei der Leistungsverbesserung der Mitarbeiter ansetzen zu können, müssen zuerst einmal qualifizierte Mitarbeiter gefunden werden, deren Fähigkeiten und Fertigkeiten weiterentwickelt werden können. Das folgende Kapitel beschäftigt sich unter anderem mit diesem Bereich der Personalwirtschaft.

3 Handlungsfelder der Personalwirtschaft

Unternehmen, die auch zukünftig erfolgreich am Markt bestehen wollen, sollten verstanden haben, dass die Mitarbeiter der Schlüssel zum unternehmerischen Erfolg sind. Da verwundert es, dass bei der Neuanschaffung einer Maschine wochen- oder gar monatelang Angebots-, Preis- und Leistungsvergleiche eingeholt werden, Präsentationen und Messen besucht und umfangreiche Kosten-/Nutzenanalysen, ROI – Berechnungen etc. angestellt werden. Geht es jedoch etwa darum, einen neuen Mitarbeiter zu rekrutieren, entscheidet das in manchen Fällen schnell ein einzelner Mitarbeiter auf der Basis eines oberflächlichen Aktenstudiums (Bewerbungsunterlagen) und eines Vorstellungsgesprächs. Es stellt sich hier die Frage, welche Anforderungen an eine professionelle Personalarbeit zu stellen sind. Nachfolgend werden fünf personalwirtschaftliche Handlungsfelder besprochen, die bereits in Kapitel 2 als besonders relevant herausgestellt wurden.

3.1 Personalplanung

Im täglichen Leben planen wir unseren Tagesablauf, unsere Termine und unseren Jahresurlaub. Warum tun wir das? Eine Antwort ist sicherlich: um wichtige Dinge im Voraus zu analysieren, dabei wesentliche Punkte frühzeitig zu bedenken und so eine gewisse Sicherheit für zukünftige Entwicklungen zu erhalten.

Wenn es schon im täglichen Leben notwendig ist, zu planen, so spielt die Planung in Unternehmen eine ungleich bedeutsamere Rolle. Wir sprechen von der Unternehmensplanung, die mehrere Teilbereiche umfasst. Ein wesentlicher Teilbereich davon ist die Personalplanung, die im Mittelpunkt dieses Abschnitts steht. Zunächst wollen wir uns mit den Grundlagen der Personalplanung auseinandersetzen.

3.1.1   Ziele und Aufgaben der Personalplanung

Einfach formuliert ist die wichtigste Aufgabe von Unternehmen die Erstellung von Produkten und/oder Dienstleistungen. Es werden Einsatzgüter (Input) miteinander kombiniert, in einem geeigneten Produktionsverfahren oder Erstellungsprozess weiterverarbeitet und in Endprodukte (Output), wie zum Beispiel Pkws, Kühlschränke, Friseurdienstleistung, Personenbeförderung usw. umgewandelt. Es wird deutlich, dass diese Vorgänge - also Beschaffung, Verarbeitung/Erstellung, Absatz - sich nicht selbst steuern, „sondern es bedarf einer unternehmerischen Denkleistung, die um ein bewusstes Handeln ergänzt wird" (Mag, 1998). Es ist also zum Beispiel darüber nachzudenken, welche Produkte in welchen Mengen und zu welchem Zeitpunkt nachgefragt werden. Damit ist die Frage verbunden, welche Faktoren (z.B. Personal) das Unternehmen in welcher Quantität und Qualität einsetzen muss, um dieser Nachfrage gerecht zu werden. Kurz: Es ist vorausschauend zu planen.

Zunächst wollen wir uns mit dem Gesamtbegriff „Personalplanung" beschäftigen und uns dabei auch den Zielen der Personalplanung zuwenden.

Insgesamt lassen sich drei Gruppen bestimmen, die ein Interesse an der Personalplanung haben: Unternehmen, Mitarbeiter und Gesellschaft (Staat). Sie verfolgen jeweils unterschiedliche Interessen, wie Abbildung 3-1 zeigt.

Aus den hier skizzierten Interessen lassen sich folgende wichtige Ziele ableiten, die für alle Interessensgruppen von Bedeutung sind:

- Versachlichung der betrieblichen Personalpolitik

  Eine transparente Meinungs- und Entscheidungsfindung wird für Management und Arbeitnehmervertreter möglich.

- Berechenbarkeit von Risiken

  Für die Arbeitnehmer eröffnet die Personalplanung unter anderem eine relative Arbeitsplatzsicherheit. Für das Unternehmen besteht die Möglichkeit, dem absehbaren Personalbedarf qualitativ, quantitativ, räumlich und zeitlich gerecht zu werden und.

  Aus Sicht der Gesellschaft (z.B. Bundesagentur für Arbeit) sind wiederum Schwankungen am Arbeitsmarkt vorausschauend zu berechnen.

Diese Ziele leisten einen wichtigen Beitrag zur Innovationsfähigkeit eines Unternehmens, denn der Ausgleich der internen Interessen sowie die Vermeidung von Engpässen unterstützt die eigentliche Aufgabe der Betriebe: ihrem Kerngeschäft nachzugehen. Die Personalplanung trägt somit auch zur Wettbewerbsfähigkeit der Unternehmen bei.

Abbildung 3-1: Interessenten der Personalplanung

Arbeitgeber	Arbeitnehmer	Gesamtgesellschaft (Staat)
▪ Verfügbarkeit des Produktionsfaktors Arbeit - in der erforderlichen Anzahl - mit den erforderlichen Qualifikationen - zum richtigen Zeitpunkt - am richtigen Ort ▪ Anforderungs- und eignungsgerechter Personaleinsatz ▪ Verbesserung des Qualifikationsniveaus der Mitarbeiter und damit der Innovationsfähigkeit des Unternehmens ▪ Vermeidung von Personalbeschaffungskosten durch Stellenbesetzung „aus den eigenen Reihen" ▪ Motivation der Mitarbeiter ▪ Überschaubarkeit der Personalkostenentwicklung	▪ Sicherheit des Arbeitsplatzes bzw. Vermeidung von Härten bei Um- und Freisetzung ▪ Minderung der Risiken, die sich aus technischem und wirtschaftlichem Wandel ergeben können ▪ Sichere, anforderungs- und leistungsgerechte Arbeitseinkommen ▪ Menschengerechte Arbeitsbedingungen und Vermeidung gesundheitsschädigender Belastungen ▪ Chancen beruflicher Aus- und Fortbildung ▪ Aufstiegschancen im Unternehmen ▪ Schutz besonderer Arbeitnehmergruppen (Ältere, Behinderte, Jugendliche) ▪ Bessere Planbarkeit der eigenen Berufsentwicklung	▪ Vermeidung gesellschaftlicher Belastungen, die auf unzureichend geplanten Personalentscheidungen beruhen (vermeidbare Kündigungen, Inanspruchnahme der Arbeitsgerichte u.a.) ▪ Rechtzeitige Information der zuständigen Arbeitsämter über bevorstehende Nachfrage nach Arbeitskräften oder Entlassungen ▪ Versachlichung der Beziehungen zwischen Arbeitnehmern und Arbeitgebern im Betrieb ▪ Realisierung und Ausfüllen gesetzlicher Vorschriften (§ 92 BetrVG) ▪ Realisierung gesellschaftlicher Zielvorstellungen

Eine Gesamtunternehmensplanung besteht aus unterschiedlichen Teilplanungen. Dazu gehören unter anderem Produktionsplanung, Finanzplanung, Absatzplanung und nicht zuletzt auch die Personalplanung. Schließlich stellt die Ressource „Mensch" einen bedeutenden „Produktionsfaktor" dar. Unternehmen sind dann erfolgreich, wenn ihre Leistung den Anforderungen des Marktes – also den Erwartungen der

Kunden – entspricht. Die Kern-Leistung eines Unternehmens wird von seinen Mitarbeitern getragen. Ziel aller personalwirtschaftlichen Tätigkeit ist es daher, das Leistungsvermögen und das Leistungsverhalten der Mitarbeiter an die Anforderungen der Kunden anzupassen. Mit der Personalplanung wird der dazu notwendige Grundstein gelegt. Der Personalbedarf ist so zu planen, dass beispielsweise am Check-In-Schalter einer Fluggesellschaft genügend qualifiziertes Personal bereit steht, um lange Warteschlangen zu vermeiden. Die einzelnen Bereiche der Unternehmensplanung sind eng mit der Personalplanung verzahnt, wie in → 3.1.2 Verknüpfung von Personal- und Unternehmensplanung deutlich wird. Die Personalplanung ist somit ein integrativer Bestandteil der Gesamt-Unternehmensplanung. Hier erfolgt die Abstimmung zwischen Personal- und Unternehmensplanung sowie zwischen den einzelnen Personalteilplanungen. Als Teilplanungen der Personalplanung sind in diesem Abschnitt insbesondere

- Personalbedarfsplanung,

- Personalbeschaffungsplanung,

- Personaleinsatzplanung,

- Personalanpassungsplanung,

- Personalentwicklungsplanung und

- Personalkostenplanung

berücksichtigt. Diese Teilplanungsbereiche stellen gleichzeitig die Aufgabenfelder der Personalplanung dar. Aufgrund ihres entscheidungsvorbereitenden Charakters nimmt die Personalplanung eine wichtige Rolle im Personalmanagement ein. Sie stellt die Basis für die betriebliche Personalarbeit dar. Hier wird beispielsweise ermittelt, ob in Zukunft ein Bedarf an Arbeitskräften besteht, welche Qualifikationen diese einbringen sollten und an welcher Stelle sie benötigt werden. Darauf aufbauend können Personalbeschaffungs- oder -entwicklungsmaßnahmen geplant werden. Da die Personalplanung eng mit den übrigen Planungsbereichen der Unternehmensplanung verzahnt ist, ist die Kooperation der verschiedenen Unternehmensbereiche notwendig.

3.1.2   Verknüpfung von Personal- und Unternehmensplanung

Es wurde bereits mehrfach erwähnt, dass die Personalplanung eng mit den übrigen Teilbereichen der Unternehmensplanung verknüpft ist. Die Absatzplanung ist beispielsweise die Voraussetzung für die Produktionsplanung, denn die Mengen, die abgesetzt werden sollen, sind natürlich zuerst zu produzieren. Die Produktionsplanung stellt wiederum eine Grundlage für die Personalplanung dar, denn durch die zu produzierende Menge oder Qualität wird deutlich, welche personellen Kapazitäten quantitativ und qualitativ notwendig sind, diese zu erstellen. Auch die Investitions-planung ist eng mit der Personalplanung vernetzt. Werden beispielsweise neue Maschinen angeschafft, ist sicherzustellen, dass auch Mitarbeiter im Hause sind, die diese bedienen können. Hier wird auf die Qualifikation der Mitarbeiter abgestellt. Werden in der Investitionsplanung Rationalisierungsmaßnahmen angedacht, etwa weil die Arbeit von Menschen durch Maschinen ersetzt werden soll, könnte eine Personalabbauplanung notwendig werden. Die Personalplanung ist jedoch nicht nur eine derivative (aus anderen Planungen abgeleitete) Planung, sie hat auch originären (eigenständigen) Planungscharakter. Der geplante Personalbedarf etwa führt zu genau festgelegten Personalkosten, die nochmals Einfluss auf die Finanz- und Kostenplanung haben. Im Überblick zusammengefasst besteht die Unternehmensplanung eines Produktionsbetriebes im Wesentlichen aus folgenden miteinander vernetzten Teilplanungen:

Abbildung 3-2: *Unternehmensteilplanungen in einem Produktionsbetrieb*

Quelle: vgl. RKW, 1996, S. 11 / Beck, 2002

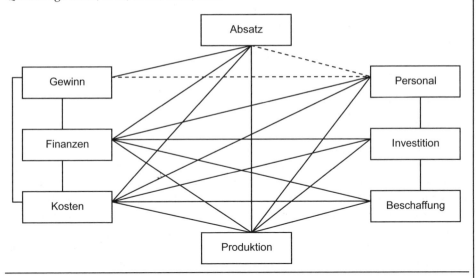

Hier wird besonders deutlich, dass die Teilplanungen in einem gegenseitigen Verhältnis stehen. Auch wenn sich nicht alle Teilbereiche direkt beeinflussen (z.B. Personal – Gewinn / Personal – Absatz), sind sie doch indirekt miteinander verbunden. Die Personalplanung kann nicht isoliert von der Unternehmensplanung betrachtet werden. Die interdependenten Beziehungen zwischen Unternehmens- und Personalplanung werden in den Planungszeiträumen deutlich, die jeweils differenziert betrachtet werden. Man unterscheidet:

- kurzfristige Planung (bis zu einem Jahr),

- mittelfristige Planung (1-3 Jahre),

- langfristige Planung (mehr als 3 Jahre).

Diese Planungszeiträume sind meist in ein mehrstufiges Planungs- und Berichtssystem des Unternehmens eingebettet (vgl. hierzu Maasch, 1996, S. 48). Man unterscheidet zwischen operativer und strategischer Planung, wobei die operative Planung Strategien und Ziele in Einzelmaßnahmen umsetzt und somit die kurz- und mittelfristige Planung beinhaltet.

Die kurzfristige Planung ist in den meisten Fällen auf das Handeln und Entscheiden im laufenden Geschäftsjahr ausgerichtet. Eine ausgeprägte Kostenorientierung steht im Vordergrund. Das heißt vor allen Dingen, dass der optimale Einsatz der finanziellen Ressourcen die kurzfristige Personalplanung bestimmt.

Bei der mittelfristigen Planung werden künftige Entwicklungen stärker als in der Kurzfristplanung berücksichtigt. Die Mittelfristplanung ist somit dynamisch und maßnahmenorientiert. Sie wird von folgenden Größen beeinflusst:

- technische und organisatorische Veränderungen in Produktion und Verwaltung,

- Umstellungen im Produktionsprogramm,

- Veränderungen im Dienstleistungsangebot,

- tarifliche Vereinbarungen,

- Arbeits- und Sozialgesetzgebung.

Die langfristige Personalplanung ist wesentlicher Bestandteil der strategischen Unternehmensplanung. Die Unternehmensplanung ist als ganzheitlicher und die Personalplanung als funktionaler Planungsprozess zu verstehen, die jeweils das Ziel verfolgen, die Wettbewerbsfähigkeit des Unternehmens zu erhalten und dessen Zukunft zu sichern. Ziel der strategischen Planung ist, die Vorgaben aus Unternehmensleitlinien und Unternehmenskultur umzusetzen. Die langfristige Personalplanung stellt den Rahmen dar, innerhalb dessen die operative Personalplanung, aber auch die tägliche Personalarbeit stattfindet. Diese qualitativ ausgerichtete Planung berücksichtigt Ziele, Risiken und Potenziale. Die langfristige Personalplanung ist beispielsweise für die Entscheidung über die Zahl der einzustellenden Führungskräfte wichtig.

Grundsätzlich ist festzuhalten, dass mit wachsenden Planungszeiträumen auch die Unsicherheit der Planung zunimmt, denn die Zahl der veränderlichen Einflussgrößen erhöht sich. Bei kürzeren Zeiträumen können diese als konstant angesehen werden.

Empirische Untersuchungen belegen, dass kurz- und mittelfristige Personalplanungen in der betrieblichen Praxis dominieren, wie Abbildung 3-3 zeigt:

Abbildung 3-3: *Personalplanung in der betrieblichen Praxis*

Quelle: vgl. Gaugler/Wiltz, 1993, S.8 in: Horsch, 2000, S. 12

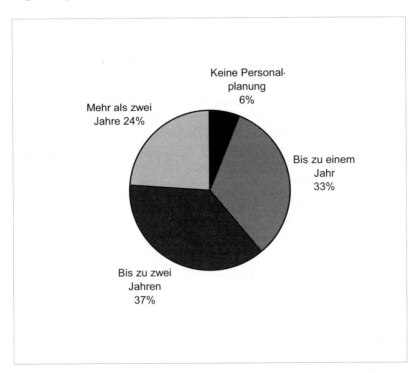

Tatsächlich hängt es von folgenden Rahmenbedingungen ab, ob in einem Unternehmen kurz-, mittel- oder langfristig geplant werden soll (vgl. RKW, S. 81):

▪ Branchenzugehörigkeit

In Wachstumsbranchen ergeben sich leicht Engpässe qualifizierter Mitarbeiter, so dass der Bedarf längerfristig geplant werden muss.

▪ Art der Produktion

Bei Auftragsfertigung ist der Planungszeitraum durch die schon erteilten oder absehbaren Aufträge begrenzt.

▪ Planungszeiträume der übrigen Unternehmensteilplanungen

▩ Arbeitsmarktsituation

Engpässe auf dem Arbeitsmarkt zwingen Unternehmen, ihren Bedarf schon frühzeitig zu planen.

▩ Qualifikationsgruppen

Die Beschaffung beispielsweise qualifizierter Arbeitnehmer nimmt längere Zeit in Anspruch und erfordert somit einen längeren Vorlauf als die Beschaffung ungelernter Kräfte.

Die Notwendigkeit einer Personalplanung und vor allen Dingen einzelner Personalteilplanungen hängt außerdem von der Betriebsgröße eines Unternehmens ab. Je mehr Mitarbeiter ein Unternehmen beschäftigt, umso notwendiger ist eine genaue Planung. Trotz dieser Erkenntnis führen jedoch verschiedene Hemmnisse dazu, dass die Personalplanung in vielen, vor allen Dingen in klein- und mittelständischen Unternehmen, vernachlässigt wird. Zu den Vorbehalten gegenüber der Personalplanung zählen beispielsweise (vgl. RKW, 1996, S. 26 / vgl. auch Marr u.a., 2003):

▩ negative Erfahrungen mit Planung durch zu hohe Erwartungen,

▩ fehlende „Planungsmentalität" bei der Unternehmensleitung,

▩ unzureichende und fehlende Informationen über Personalplanung auf Seite der Unternehmen,

▩ Fehlen sicherer und praktischer Prognosemethoden.

Die Personalplanung ist trotz dieser Vorbehalte ein wichtiges Instrument strategischer Unternehmensführung. Voraussetzung für eine zuverlässige und aussagekräftige Planung sind grundlegende Informationen, deren Bedeutung und Beschaffung im nächsten Abschnitt im Mittelpunkt stehen.

3.1.3   Informationsbedarf der Personalplanung

a)   **Informationsbeschaffung**

Die Informationsgewinnung steht am Beginn des Personalplanungsprozesses. Wenn wir über diese Thematik nachdenken, geht es also zunächst darum, wie sinnvolle und zuverlässige Informationen, das heißt die Personalplanung unterstützende Informationen, generiert werden können.

Um den Rahmen abzugrenzen, innerhalb dessen Personalplanung stattfinden soll, ist es notwendig, die kurz-, mittel- und langfristigen Unternehmensziele zu hinterfragen, um Rückschlüsse auf zukünftige personalwirtschaftliche Aktivitätsfelder ziehen zu können. Hat ein Unternehmen das mittelfristige Ziel, neue Produktionsstandorte zu eröffnen, wird es notwendig sein, ausreichend Mitarbeiter zu beschaffen. Plant ein

Unternehmen langfristig, ein neues Marktsegment zu erschließen, müssen die Mitarbeiter vielleicht weitergebildet werden. Leidet ein Unternehmen unter einer konjunkturellen Auftragsflaute, sind unter Umständen kurzfristige Personalabbaumaßnahmen unumgänglich. All diese Maßnahmen gehören in den Bereich der Personalplanung. Es müssen also Informationen beschafft werden, die solche planerischen Aufgaben fundieren.

Die Deckung des Informationsbedarfs kann im Wesentlichen durch vier Quellen geschehen (vgl. Mag, 1998, S. 19 und die dort angegebenen Literaturhinweise):

■ Arbeitsmarktstudien (Beobachtung und Analyse unternehmensrelevanter interner und externer Arbeitsmärkte gegenwärtig und zukünftig);

■ Personalstudien (Erhebung aller zulässigen Informationen über das Personal);

■ Arbeitsstudien (Untersuchungen über das Umfeld sowie die Eigenschaften und Wirkungen menschlicher Arbeit);

■ Organisationsstudien (Informationen zur Fundierung personalwirtschaftlicher Entscheidungen, z.B. Stellenpläne, Führungskonzeptionen).

Neben diese Quellen liefern alle weiteren Teilplanungen der Unternehmensplanung wichtige Hinweise insbesondere im Hinblick auf die Ziele des Unternehmens.

Ein bedeutendes Instrument zur Erfassung, Speicherung, Verarbeitung und Ausgabe von relevanten Personalinformationen und deren Tätigkeitsbereichen ist das Personalinformationssystem (kurz: PIS). Dieses, in den meisten Fällen EDV-gestützte, System versorgt betriebliche und überbetriebliche Nutzer unter Wahrung des Bundesdatenschutzgesetzes und aller weiterer relevanter Vorschriften mit den Informationen, die zur Wahrnehmung von

■ Planungs-,

■ Entscheidungs-,

■ Durchführungs- und

■ Kontrollaufgaben

notwendig sind (vgl. Mag, 1998, S. 20f). Das PIS ist integrativer Bestandteil eines umfassenden betrieblichen Informationssystems – des Management-Informationssystems (MIS). In diesem ganzheitlichen System werden Informationen für alle relevanten Funktionsbereiche der Unternehmung verarbeitet, wie beispielsweise Beschaffung, Produktion, Absatz oder Personal. Demnach ist das PIS ein Subsystem des MIS. Das PIS besteht im Wesentlichen aus vier Bestandteilen (vgl. Abbildung 3-4).

Abbildung 3-4:   *Aufbau eines Personalinformationssystems*

Quelle: Mag, 1998, S. 23

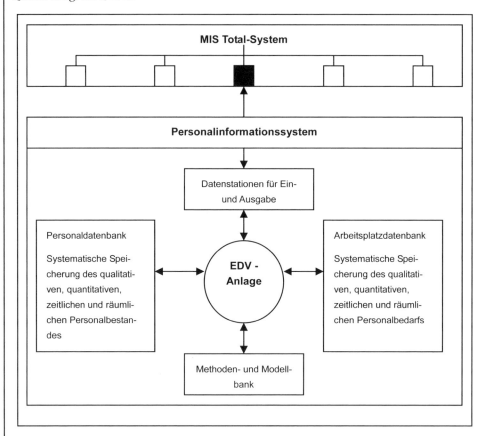

In der Personaldatenbank werden Informationen über den qualitativen, quantitativen, zeitlichen und räumlichen Personalbestand gespeichert. Dazu gehören Daten wie die Qualifikation eines Mitarbeiters, seine bisherigen Aufgabenbereiche oder seine Vergütungsgruppe.

Demgegenüber enthält die Arbeitsplatzdatenbank Informationen zum qualitativen, quantitativen, zeitlichen und räumlichen Personalbedarf, der dem Personalbestand eindeutig zugeordnet werden kann, etwa in Form von Stellenplänen. Besonders relevant sind hier Informationen über die Stellenanforderungen.

In der Methoden- und Modellbank sind Programme enthalten, die Informationen aus Personal- und Arbeitsplatzdatenbank verarbeiten. In der Praxis sind dies in erster Linie Abrechnungsprogramme für Lohn und Abgaben. Für die Personalplanung sind vor allen Dingen Auswertungs- und Prognoseprogramme relevant, die beispielsweise Aussagen zur Altersstruktur im Betrieb treffen oder den Personalbedarf schätzen können.

Das hier beschriebene PIS stellt eine Idealform dar. In der Praxis verfügen Unternehmen häufig nur über einen Teil der Funktionsbereiche.

b) Informationsverarbeitung

Hier wird besonders deutlich, dass Personalverantwortliche mit einer großen Menge von Daten arbeiten, die ohne Computerunterstützung, zum Beispiel über Personalkarteien, unüberschaubar wäre. Die Software kann in diesem Fall in der Personaleinsatz- und -kostenplanung verwendet werden Die eingesetzten Programme sollten natürlich bedarfsgerecht ausgewählt werden, denn abhängig etwa von Betriebsgröße oder Branchenumfeld können spezifische Softwarelösungen erforderlich sein. Im Wesentlichen bringt der EDV-Einsatz folgende Vorteile (vgl. RKW, 1996, S. 685):

- Abbau von Arbeitsspitzen durch Eingabe von Daten mit Gültigkeitsdatum in der Zukunft (Daten werden auf „Wiedervorlage" gelegt);

- Online-Dokumentation sämtlicher Vorgänge;

- Abbau von Datenredundanzen (Doppelpflege);

- Einsparung von Protokollen durch Bildschirmarbeit;

- schnellere Abrufbarkeit von Daten auch in anderen Betriebsteilen.

Diesen Vorteilen steht vor allen Dingen die Angst vor dem „gläsernen Mitarbeiter" gegenüber. Die Speicherung und Verarbeitung von Daten, die weit in den persönlichen Bereich der Mitarbeiter hineinreichen, muss also unter strengster Wahrung des Datenschutzes erfolgen(vgl. Bundesdatenschutzgesetz §§9, 33 - 36, 38). Die Daten sind vor unberechtigten Zugriffen und missbräuchlicher Verwendung zu schützen. Hier kann es sinnvoll sein, den Betriebsrat hinzu zu ziehen und mit ihm zu beraten, inwiefern personalrelevante Daten verarbeitet werden sollen.

3.1.4 Qualitative Personalplanung

Erfolgreiche Unternehmen zeichnen sich dadurch aus, dass ihre Mitarbeiter in besonderem Maße in der Lage sind, die von ihnen geforderte Leistung zu erbringen. Es sind qualifizierte Mitarbeiter, die mit ihren Kenntnissen, Fähigkeiten und Fertigkeiten die Aufgaben, die ihre Tätigkeit an sie stellt, zur Zufriedenheit der Kunden erfüllen. Bereits in der Personalplanung wird der Grundstein für die Gewinnung und Erhaltung qualifizierter Mitarbeiter gelegt.

Im ersten Schritt der Personalplanung wird zunächst festgelegt, welcher Personalbedarf im Unternehmen besteht. Es genügt jedoch nicht, diesen Bedarf zu quantifizieren, etwa indem in der Verkaufsabteilung 10 Mitarbeiter neu eingestellt werden müssen. Es geht vor allen Dingen darum, die notwendige Qualifikation in den Vordergrund zu stellen. Also: Welche Fähigkeiten, Kenntnisse und Fertigkeiten muss ein Mitarbeiter mitbringen, wenn er diese Stelle besetzen soll? In einem Anforderungsprofil werden die Anforderungen zusammengefasst, die eine Position an ihren Inhaber stellt. Dem gegenüber steht das Eignungs- oder Qualifikationsprofil eines Bewerbers bzw. Mitarbeiters. Es enthält die persönlichen Fähigkeiten und Fertigkeiten dieser Person. Durch den Vergleich von Anforderungs- und Eignungsprofil lässt sich feststellen, inwiefern ein Kandidat für eine bestimmte Position geeignet ist.

Der Vergleich ebnet darüber hinaus auch den Weg für weitere personalwirtschaftliche Handlungsfelder: Soll ein Mitarbeiter beispielsweise mittelfristig eine Führungsfunktion übernehmen, sind dazu gewisse Kenntnisse notwendig. Er muss unter Umständen fähig sein, Konfliktgespräche mit seinen Mitarbeitern zu führen oder über Kenntnisse zum Arbeitsrecht verfügen. Durch den Vergleich seines Eignungsprofils mit diesen Anforderungen werden die Punkte deutlich, an denen noch Entwicklungsbedarf besteht – eine wichtige Information für die Personalentwicklungsplanung. Um den Profilvergleich besser zu verstehen, stellen wir zunächst die beiden grundlegenden Instrumente vor.

Das Anforderungsprofil leitet sich aus der Arbeitsplatz- oder Stellenbeschreibung ab, die jeweils die notwendigen Daten enthält. Dabei lassen sich folgende Anforderungsarten unterscheiden (vgl. Mag, 1998, S. 102):

1.) Können im Sinne von

   geistigen und körperliche Anforderungen

2.) Belastung im Sinne von

   geistigen und körperliche Beanspruchung

3.) Verantwortung

4.) Arbeitsbedingungen (Umwelteinflüsse)

Diese Anforderungsarten werden in den Anforderungsprofilen in einzelne Merkmale aufgegliedert und nach ihrer Intensität differenziert. In Abbildung 3-5 ist ein Anforderungsprofil für die Tätigkeit „Call Center Agent" dargestellt:

Abbildung 3-5: *Anforderungsprofil eines Call Center Agenten*

Call Center Agent	Anforderungsintensität				
	1	2	3	4	5
Anforderungsart	gar nicht	gering	mittel	hoch	sehr hoch
Ausdauer				x	
Freundlichkeit					x
angenehme Telefonstimme				x	
PC – Kenntnisse			x		
Englisch - Kenntnisse		x			
dialektfreies Sprechen				x	
zuhören können					x
geistige Belastbarkeit					x
Zuverlässigkeit					x
Konzentration					x
Selbstvertrauen			x		
Flexibilität				x	
Teamfähigkeit					x
Einfühlungsvermögen					x

Aus den einzelnen Anforderungsmerkmalen und deren Intensität lässt sich ein Ideal-profil ableiten, das mit dem Eignungsprofil eines Mitarbeiters verglichen werden kann. Seine erste Verwendung findet das Eignungsprofil beim Personalauswahlverfahren. Hier wird es zum ersten Mal für den Bewerber erstellt und im Falle einer Einstellung laufend verwendet und ergänzt. Analog zum Anforderungsprofil enthält das Eignungsprofil die persönlichen Eigenschaften und Qualifikationen eines Mitarbeiters. Durch den Vergleich beider Profile wird deutlich, ob der Mitarbeiter die Anforderungen über- oder unterdeckt. Angestrebt wird natürlich eine weitgehende Deckung beider Profile. Dieser Idealfall wird jedoch nur sehr selten eintreten. Daher sind Toleranzgrenzen zu setzen, innerhalb deren sich die Abweichungen bewegen dürfen.

3.1.5 Teilbereiche der Personalplanung

Der Verantwortliche für die Personalplanung eines Unternehmens, also zum Beispiel der Personalleiter, hat in diesem Tätigkeitsfeld zahlreiche unterschiedliche Aufgaben. In der Personalplanung werden alle personalwirtschaftlichen Aktivitäten gedanklich vorbereitet und deren Umsetzung organisiert. So wie sich das Personalmanagement in verschiedene Tätigkeitsfelder aufspaltet, besteht auch die Personalplanung aus mehreren Teilbereichen. So ist es die Aufgabe der Personalbedarfsplanung, den zukünftigen personellen Bedarf qualitativ und quantitativ zu ermitteln. Ergibt sich hier ein Personaldefizit, so sind Beschaffungsmaßnahmen zu planen bzw. im Falle eines Personalüberhangs muss über Personalabbau nachgedacht werden.

Aufgabe der Personalkostenplanung ist es beispielsweise, die entstehenden personellen Aufwendungen zu erfassen und zu steuern.

3.1.5.1 Personalbedarfsplanung

Grundlagen der Personalbedarfsplanung

Die Bedarfserhebung steht am Anfang eines jeden Planungsprozesses. So ist die Personalbedarfsplanung notwendiger Bestandteil der Personalplanung, denn ohne Kenntnis des personellen Bedarfs ist weder Beschaffungs-, Einsatz- noch Abbauplanung möglich. Das bedeutet aber auch, dass Planungsfehler beim Personalbedarf negativ auf die übrigen Planungsbereiche ausstrahlen.

Hat ein Unternehmen eine zu knappe Personaldecke, sind folgende Konsequenzen denkbar:

- Die Mitarbeiter sind überlastet, ihnen unterlaufen häufiger Fehler und es kommt zu Qualitätsproblemen.

- Anlagen und Maschinen stehen unnötig still, weil nicht ausreichend Personal vorhanden ist, um sie zu bedienen.

- Das Auftragsvolumen lässt sich mit zu wenigen Mitarbeitern nicht zügig bewältigen. Dadurch entstehen Wartezeiten, die Kunden abschrecken.

- Er bleibt zu wenig Zeit zur Qualifizierung der Beschäftigten. Dies kann sich langfristig bei technischen oder organisatorischen Umstellungen negativ auswirken.

Die Planungsverantwortlichen befinden sich häufig in einem Zielkonflikt zwischen optimaler Leistungserbringung und begrenzten Budgets. Einerseits sollen genügend Mitarbeiter beschäftigt werden, um die Leistungsanforderungen der Kunden zu erfüllen, andererseits lässt eine knappe Kostenplanung nur eine begrenzte Mitarbeiterzahl zu. Um besser zu verstehen, wovon der Personalbedarf im Einzelnen abhängt, wollen wir dessen Einflussfaktoren näher betrachten. Äußere (dem Unternehmen vorgegebene) und innere (im Unternehmen vorhandene) Einflussfaktoren bewirken einen sich ständig ändernden Personalbedarf (vgl. Abbildung 3-6).

Abbildung 3-6: *Einflussfaktoren auf den Personalbedarf*

Quelle: vgl. RKW, 1996, S. 45

äußere Einflussfaktoren	innere Einflussfaktoren
■ Gesamtwirtschaftliche Entwicklung (z.B. Preise und Löhne, Arbeitsmarkt)	■ Geplante Absatzmenge
■ Branchenentwicklung, Marktstrukturveränderungen	■ Geplante Produktionsmittel, Produktionsmethoden, Arbeitsorganisation, Unternehmensorganisation
■ Entwicklung staatlicher Einflüsse (z.B. Gesetzgebung, Außenhandelspolitik)	■ Durchschnittliche Leistung der Arbeitskräfte
■ Veränderungen im Sozial- und Arbeitsrecht	■ Arbeitszeit- und Urlaubsregelung
■ Tarifentwicklung	■ Fehlzeiten
■ Technologische Veränderungen	■ Fluktuation
	■ Interessen und Bedürfnisse der Arbeitnehmer

Hier wird deutlich, dass viele Einflussfaktoren auf den Personalbedarf nicht oder nur bedingt vom Unternehmen gelenkt werden können. Unternehmen sind beispielsweise an gesetzliche oder tarifliche Vorgaben gebunden und müssen ihren Personaleinsatz dementsprechend ausrichten. Im Arbeitszeitgesetz sind zum Beispiel die Bedingungen für die tägliche Arbeitszeit eines Arbeitnehmers geregelt. Bei der Personalplanung ist also unter anderem zu berücksichtigen, dass ein Arbeitnehmer ab einer täglichen Arbeitszeit von sechs Stunden einen Pausenanspruch von 30 Minuten hat. Handelt es sich bei dem betreffenden Mitarbeiter etwa um eine Rezeptionskraft, ist der Personalbedarf so zu planen, dass die Rezeption auch während der Pausenzeit dieses Mitarbeiters besetzt ist. Dies zeigt, dass der Personalbedarf nach verschiedenen Aspekten zu planen ist.

Er ist nach folgenden Gesichtspunkten zu ermitteln:

- qualitativ,

- quantitativ,

- zeitlich und

- räumlich.

Es wird also hinterfragt, welche Anzahl von Mitarbeitern mit welchen Fähigkeiten und Kenntnissen zu welchem Zeitpunkt in einem bestimmten Tätigkeitsbereich benötigt werden. Es sind drei Schritte bei der Bedarfsermittlung zu unterscheiden:

1. Ermittlung des Brutto-Personalbedarfs (gesamter zukünftiger Personalbedarf)

2. Ermittlung des zukünftigen Personalbestands

3. Ermittlung des Netto-Personalbedarfs (Differenz von 1. und 2.).

Abbildung 3-7 stellt diese Schritte genauer dar, die im Folgenden näher beschrieben werden soll.

Abbildung 3-7: Personalbedarfsermittlung

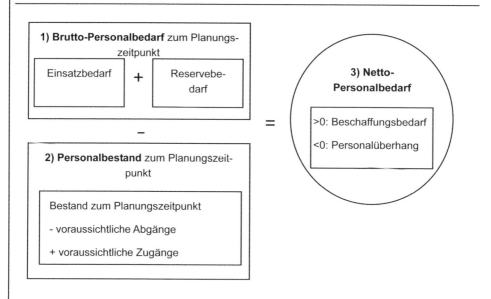

Ermittlung des Brutto-Personalbedarfs

Im ersten Schritt der Personalbedarfsermittlung gilt es, den gesamten zukünftigen Personalbedarf festzustellen. Dabei geht es um die Frage: Wie viele Mitarbeiter mit welchen Qualifikationen werden benötigt, um die Ziele des Unternehmens erfüllen und eine optimale Leistung erbringen zu können?

Diese Zahl, der Brutto-Personalbedarf, setzt sich aus Einsatz- und Reservebedarf zusammen. Der Einsatzbedarf gibt die Zahl von Mitarbeitern an, die ständig verfügbar sein müssen, um den reibungslosen unternehmerischen Ablauf zu gewährleisten. Der Reservebedarf berücksichtigt Personalausfälle, die etwa wegen Krankheit oder Urlaub auftreten. Auch saisonale Arbeitsschwankungen werden über den Reservebedarf einbezogen.

Die genaue Bestimmung des Brutto-Personalbedarfs ist mit Hilfe unterschiedlicher Verfahren möglich:

Abbildung 3-8:   *Verfahren zur Bestimmung des Bruttopersonalbedarfs*

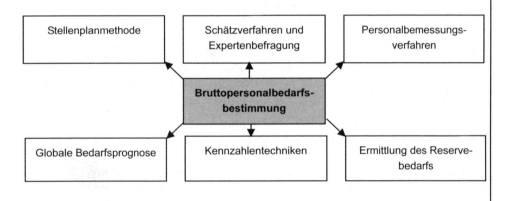

Diese Verfahren werden in der Praxis häufig angewendet, weshalb sie in der Folge ausführlicher dargestellt werden.

Stellenplanmethode

Die Stellenplanmethode nutzt das System der Organisationspläne (Organigramme), die zum Beispiel Hierarchien, Aufgabengliederungen oder Anordnungswege von Unternehmen beinhalten. Organisationspläne stellen also den organisatorischen Aufbau eines Unternehmens bildlich dar. Während sich die Organigramme auf eine größere Gesamtheit, also beispielsweise das ganze Unternehmen oder einen gesamten

Betriebsteil beziehen, bildet ein Stellenplan sämtliche Stellen einer kleineren Einheit, etwa einer Abteilung oder einer Filiale ab (vgl. Abbildung 3-9).

Abbildung 3-9:   *Stellenplan einer Personalabteilung*

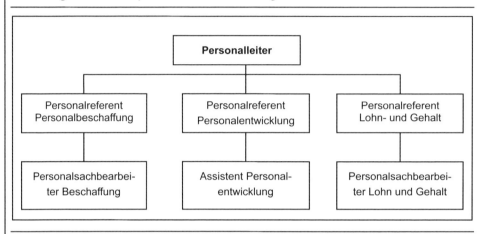

Durch Fortschreibung der Stellenpläne im Hinblick auf die zukünftige Entwicklung eines Unternehmens werden Veränderungen in den einzelnen Stellen deutlich, beispielsweise durch die Schaffung neuer oder den Wegfall bisheriger Stellen (vgl. Abbildung 3-10).

Bei dieser Methode werden auch Veränderungen innerhalb bestehender Stellen sichtbar. So ändert sich das Aufgabenfeld einer Stelle und damit entstehen neue Anforderungen an die Qualifikationen des Stelleninhabers. Der Stellenplan baut auf Stellenbeschreibungen auf, die sich aus Aufgaben, Kompetenzen und Verantwortungsbereichen des Stelleninhabers sowie dem Anforderungsprofil an einen Stelleninhaber zusammensetzen. Soll zum Beispiel der Personalreferent für den Bereich Personalbeschaffung aus Abbildung 3-9 zukünftig auch Aufgaben der Personalplanung übernehmen, erweitert sich sein Aufgabenspektrum und es besteht eventuell Schulungsbedarf für das neue Aufgabenfeld. Die Stellenplanmethode ist daher ein wichtiges Instrument der qualitativen Bedarfsplanung, denn es werden nicht nur zahlenmäßige Veränderungen erfasst, sondern auch qualitative Anforderungen werden verdeutlicht.

Abbildung 3-10: *Stellenplanmethode in einem Fertigungsbetrieb*

Quelle: Bröckermann, 1997, S. 36

	Material-beschaffung	Fertigung	Vertrieb	Gesamt
Stellenbestand 01.01.	013	193	025	231
Einführung Produkt A		+005	+001	+006
Neue Vertriebsniederlassung			+002	+002
Neues Fertigungsverfahren		-010		-010
Zentralisierung der Beschaffung	-002			-002
Stellenbestand 31.12.	011	188	028	227

Schätzverfahren und Expertenbefragung

Für die kurz- und mittelfristige Personalplanung ist es möglich, die zuständigen Führungskräfte oder Experten den zukünftigen Personalbedarf schätzen zu lassen. Deren Schätzung beruht auf Erfahrungswerten. Die Befragung kann mündlich oder schriftlich erfolgen. Die gewonnen Ergebnisse werden zusammengefasst und auf ihre Plausibilität hin geprüft. Aufgrund des starken persönlichen Einflusses der Befragten sind die Befragungsergebnisse eher subjektiv und haben eher den Charakter einer Meinungsumfrage. Diese Methode ist in vielen klein- und mittelständischen Unternehmen verbreitet.

Kennzahlentechniken

Voraussetzung für die Personalbedarfsermittlung nach der Kennzahlenmethode ist eine feste Beziehung zwischen Personalbedarf und dessen Einflussgrößen. Solche Einflussgrößen können beispielsweise Umsatz, Kundenzahl oder Mengenabsatz sein.

Aus der Beziehung zwischen Personalbedarf und der jeweiligen Einflussgröße wird eine Kennzahl formuliert. Verändert sich eine der Bezugsgrößen, schließt man somit auf Veränderungen im Personalbedarf. Eine wichtige Kennzahl ist die Arbeitsproduktivität, zu deren Berechnung eine Ertragsgröße (Umsatz, Absatz) in Relation zum Arbeitseinsatz (Personalkosten, Arbeitszeit) gesetzt wird. Die Berechnung gestaltet sich dann wie folgt:

$$\text{Arbeitsproduktivität} = \frac{X \ (\text{€ Umsatz})}{y \ \text{Beschäftigte}}$$

Der Personalbedarf lässt sich dann ableiten:

$$\text{Brutto-Personalbedarf} = \frac{\text{Künftiger Ertrag}}{\substack{\text{Geschätzte künftige} \\ \text{Arbeitsproduktivität}}}$$

Ein Beispiel verdeutlicht die Berechnung: In der XY AG wird für das kommende Jahr ein Umsatz von 30 Mio Euro geplant. Es ist bekannt, dass ein Verkaufsmitarbeiter pro Jahr 1,5 Mio Euro Umsatz generieren kann. Es sind also 20 Verkaufsmitarbeiter notwendig, um den angestrebten Umsatz realisieren zu können.

Die Kennzahlenmethode ist bei der quantitativen Personalbedarfsplanung einsetzbar. Sie eignet sich besonders für größere betriebliche Einheiten, etwa einem Betriebsteil oder dem gesamten Unternehmen.

Wirtschaftsverbände oder Unternehmensberater, wie zum Beispiel

▪ die Deutsche Gesellschaft für Personalführung (DGFP), www.dgfp.com, oder

▪ die Kienbaum Unternehmensberatung, www.kienbaum.de,

verfügen über Kennzahlenkataloge, die die Unternehmen nutzen können, ohne selbst aufwändige Berechnungen anstellen zu müssen. Eine wichtige Rolle spielen Kennzahlen auch im Personalcontrolling.

Personalbemessungsverfahren

Für die Berechnung des Personalbedarfs kann es unter Umständen hilfreich sein, zu bestimmen, wie viel Zeit die einzelnen Arbeitsgänge einer Aufgabe in Anspruch nehmen.

In den Unternehmen liegen häufig Werte über die Zeit vor, die pro Arbeitsgang benötigt wird. Sie wurden auf der Basis von Zeit- und Arbeitsstudien ermittelt.

Der Einsatzbedarf wird demnach wie folgt berechnet:

$$\text{Einsatzbedarf} = \frac{\substack{\text{Arbeitsmenge x Zeitbedarf} \\ \text{pro Arbeitsgang}}}{\substack{\text{Übliche Arbeitszeit pro} \\ \text{Arbeitskraft}}}$$

Dieses Verfahren beinhaltet im Wesentlichen die folgenden Schritte:

1. Aufgliederung der Ist-Aufgaben an bestimmten Arbeitsplätzen und -bereichen

2. Optimierung dieser Aufgaben durch arbeitsorganisatorische oder technische Änderungen hin zu Standardabläufen

3. Definieren von Standard- bzw. Normzeiten für die Standardabläufe mit Hilfe von Datenermittlungsmethoden (vgl. Horsch, 2000, S. 28ff / RKW, 1996, S. 99ff / Albert, 2000, S. 40f):

■ REFA-Methode

Bei der REFA-Methode wird der gesamte Arbeitsablauf in einzelne Arbeitsvorgänge zerlegt und es werden die zur Erfüllung der einzelnen Aufgaben notwendigen Qualifikationen ermittelt. Im Anschluss werden die Zeiten bestimmt, die für jeden Arbeitsvorgang benötigt werden.

■ Selbstaufschreibung

Die Mitarbeiter schreiben bei dieser Methode über einen längeren Zeitraum die Zeiten auf, die sie für die einzelnen Arbeitsvorgänge benötigen. Danach wird aus den so gewonnenen Daten eine Standardzeit pro Arbeitsvorgang ermittelt.

■ MTM - Methods of Time Measurement

„MTM ist ein Verfahren, mit welchem jede körperliche Arbeit in die Grundbewegungen zerlegt wird, die zu ihrer Ausführung notwendig sind. Jede dieser Grundbewegungen weist es einem vorbestimmten Normalzeitwert zu, welcher durch die Natur der Grundbewegung und die Einflüsse, unter welchen sie ausgeführt wurde, bestimmt ist." (Deutsche MTM-Vereinigung)

■ Vergleichsverfahren

Bei den Vergleichsverfahren werden die in anderen Personalbemessungsverfahren ermittelten Werte mit Normzeiten vergleichbarer Tätigkeiten in anderen Abteilungen, Filialen oder Betrieben verglichen, um so Leistungsunterschiede zu erkennen.

■ Multimomentaufnahme

Bei dieser Methode werden über einen längeren Zeitraum hinweg die anfallenden Tätigkeiten einer Aufgabe unregelmäßig beobachtet. Es wird für jeden Arbeitsvorgang der prozentuale Anteil an der gesamten Aufgabe berechnet, um so den Zeitbedarf für gleiche und ähnliche Tätigkeiten ermitteln zu können.

Am Beispiel der XY AG erläutern wir die Methode der Multimomentaufnahme:

Beobachtungen über einen längeren Zeitraum bei den Vertriebsmitarbeitern der XY AG haben folgende Tätigkeitsübersicht ergeben:

Tätigkeit	Zahl der Beobachtungen	in %
Post bearbeiten	600	10
Angebote schreiben	900	15
Telefonate mit Kunden	900	15
Zeitungen auswerten	300	5
Aufträge überwachen	1.200	20
Verkaufsgespräche führen	1.500	25
Sonstiges	600	10
Gesamt	**6000**	**100**

Zur Personalbedarfsermittlung lassen sich folgende Eckdaten ableiten:

Wenn jeden Tag 32 Stunden Verkaufsgespräche geführt werden und jeder Vertriebsmitarbeiter 25% seiner Arbeitszeit (2 Stunden täglich bei einer 40-Stunden-Woche) für diese Tätigkeit verfügbar hat, sind 16 Vertriebsmitarbeiter erforderlich (vgl. Albert, 2000, S. 40).

■ Ermittlung des Reservebedarfs durch einen Zuschlag

Die Verfahren zur Personalbemessung unterscheiden sich von der Kennzahlentechnik, weil die errechneten Vergangenheitswerte aufgrund von Messungen und Beobachtungen korrigiert werden.

Zeit- und Arbeitsstudien setzen voraus, dass relativ homogene Tätigkeiten ausgeführt werden, die kontinuierlich anfallen. Bei heterogenen oder diskontinuierlichen Tätigkeiten müssen Zeitzuschläge einkalkuliert werden, die die Messergebnisse in Frage stellen.

■ Globale Bedarfsprognose

Zur Bestimmung des mittel- und langfristigen Personalbedarfs eignen sich die Verfahren der globalen Bedarfsprognose. Bei diesen Verfahren werden aus Vergangenheitswerten Prognosen für die Zukunft abgeleitet, um so global künftige Größen zu bestimmen. Voraussetzung für die Anwendung dieser Verfahren sind Statistiken, etwa unternehmensinterne oder diejenigen der Wirtschaftsforschungsinstitute, die Informationen über die zu betrachtenden Größen beinhalten.

Da die hier beschriebenen Verfahren lediglich Vergangenheitswerte berücksichtigen, ist deren Zuverlässigkeit umstritten. Wenn jedoch vorausgesetzt werden kann, dass die Größen, die die Entwicklung in der Vergangenheit beeinflusst haben, auch in der Zukunft Bestand haben werden, sind diese Verfahren trotzdem anwendbar. Sie dienen vor allen Dingen der langfristigen strategischen Unternehmensplanung. Dies bringt mit sich, dass die Bedarfsprognosen nicht für einzelne Beschäftigten- oder Qualifikationsgruppen erstellt werden können und somit lediglich grobe Richtwerte für die Personalbedarfsermittlung darstellen.

Die folgenden Verfahren werden für die globale Bedarfsprognose angewendet:

- Trendverfahren

  Bei der Bedarfsbestimmung mit Hilfe des Trendverfahrens werden Größen, die Einfluss auf den Personalbedarf nehmen, etwa die technologische oder gesamtwirtschaftliche Entwicklung, beobachtet und dokumentiert. Man verfolgt die Entwicklung dieser Größen von der Vergangenheit in die Gegenwart und schreibt die Entwicklung dieses Trends für die Zukunft fort. Man bedient sich mathematischer Verfahren, um die Trends zu ermitteln. Voraussetzung für die Gültigkeit des so ermittelten Bedarfs ist der Fortbestand der Rahmenbedingungen der Vergangenheit in der Zukunft. Ändern sich zum Beispiel rechtliche oder tarifliche Bestimmungen, müssen die Berechnungen dementsprechend angepasst werden.

- Regressions- und Korrelationsrechnung

  Mit Hilfe von Regressions- und Korrelationsrechnungen lassen sich statistische Verfahren weiter verfeinern. Bei der Regressionsrechnung wird versucht, eine Größe (z.B. den Personalbedarf) durch eine oder mehr Größen zu erklären. So kann bei der Einfach-Regression der Personalbedarf durch eine Größe, wie beispielsweise die Absatzmenge, erklärt werden (vgl. hierzu Mag, 1974, S. 72ff).

- Ermittlung des Reservebedarfs

  Einige der hier beschriebenen Verfahren beziehen bei der Brutto-Personalbedarfsermittlung sowohl den Einsatz- als auch den Reservebedarf ein, wie beispielsweise die globale Bedarfsprognose oder die Kennzahlentechniken. Andere, wie etwa die Personalbemessungsverfahren, berechnen den Einsatzbedarf und berücksichtigen den Reservebedarf mit einem Zuschlag. Dieser Zuschlag muss jedoch genau ermittelt werden, da sonst aufgrund der Schätzwerte ein ungenaues Ergebnis entsteht, das die gesamte Personalbedarfsberechnung in Frage stellt.

  Was bedeutet nun Reservebedarf? Ein Arbeitnehmer, der eine Stelle im Unternehmen innehat, steht nicht zwangsläufig mit seiner Arbeitskraft zur Verfügung. Er kann zum Beispiel erkranken, in Urlaub gehen, zum Wehr- oder Zivildienst einberufen oder als Aushilfe an anderer Stelle benötigt werden. Hinzu kommen vielleicht noch ein unregelmäßiger Arbeitsanfall mit Auftragsspitzen, die ebenfalls zu bewältigen sind oder ein Arbeitnehmer, der per Tarifvertrag verpflichtet ist, seine Überstunden in einem bestimmten Rahmen „abzufeiern". Die Konsequenz daraus ist, dass bei der Personalbedarfsermittlung auch immer ein gewisser Reservebedarf zu berücksichtigen ist. Abbildung 3-11 stellt die Ermittlung des Reservebedarfs beispielhaft dar. In der Abbildung wird deutlich, dass die durchschnittlichen Abwesenheitswerte (z.B. 15 Tage abwesend wegen Arbeitsunfähigkeit) auf Erfahrungswerten der Vergangenheit beruhen. Je zuverlässiger ein Unternehmen diese Werte in der Vergangenheit beobachtet und dokumentiert hat, zum Beispiel durch Auswertung der Fehlzeitenstatistik, desto verlässlicher ist der als Reservebedarf ermittelte Wert.

Abbildung 3-11: *Bestimmung des Reservebedarfs*

1. Ermittlung der jährlichen Betriebszeiten		
365	Tage im Jahr	
52	Sonntage	
52	Samstage	
9	Feiertage	
ergibt 252 potentielle Arbeitstage = 100%; 1 Tag = 0,4%		
2. Ermittlung des Reservebedarfs		
Tage		Prozent
30	Tarifurlaub	+ 11,9
1	unbezahlter Urlaub	+ 0,4
0,5	sonstiger Urlaub (z.B. für Schwerbehinderte)	+ 0,2
0,5	Mutterschutzurlaub/Erziehungsurlaub	+ 0,2
0,5	Zivildienst	+ 0,2
1	Weiterbildung/Bildungsurlaub	+ 0,4
2,5	nicht besetzte Arbeitsplätze	+ 1,0
15	Arbeitsunfähigkeit	+ 6,0
0,5	Freistellung für Betriebsräte und Vertrauensleute	+ 0,2
52,5	Tage durchschnittlicher Abwesenheit; Reservebedarf beträgt	+ 20,5

Ermittlung des zukünftigen Personalbestands

Im zweiten Schritt der Personalbedarfsermittlung (vgl. Abbildung 3-7) geht es darum, den zukünftigen Personalbestand zu fixieren. Dazu ist zunächst der aktuelle Personalbestand zu bestimmen und dann um die zu erwartenden Personalveränderungen zu aktualisieren.

Es scheint recht einfach, den aktuellen Personalbestand zu ermitteln. Doch das reine „Abzählen der Köpfe" reicht für eine qualifizierte Personalbestandsermittlung nicht aus. Zunächst ist festzulegen, was unter einer Arbeitskraft eigentlich zahlenmäßig zu verstehen ist. Zählt etwa eine Teilzeitkraft als volle Arbeitskraft oder nur gemäß ihrem Arbeitsanteil an der üblichen Wochenarbeitszeit entsprechend, also zum Beispiel mit 50% einer Vollzeitkraft? Für welche Berechnungsgrundlage sich ein Unternehmen entscheidet, ist letztendlich an den Entscheidungsvorgaben der Verantwortlichen zu orientieren. Relevant ist die Kontinuität, mit der ein gewähltes Modell verfolgt wird, denn nur wenn die gewählte Berechnungsbasis beibehalten wird, sind vergleichbare und zuverlässige Ergebnisse zu erwarten.

Neben den unterschiedlichen Beschäftigungsmodellen spielen hier auch die Beschäftigungszustände eine wichtige Rolle. Wie wir bereits bei der Ermittlung des Reservebedarfs erläutert haben, können Arbeitnehmer durch verschiedene Gründe verhindert sein, ihrer Aufgabe nachzukommen. Auch diese Beschäftigungszustände sind bei der Ermittlung des Personalbestandes mit einzukalkulieren.

Auf der Basis dieser Erkenntnisse ist es möglich, den aktuellen Personalbestand zu bestimmen. Für die Ermittlung des künftigen Personalbestandes gilt es nun, die Veränderungen des aktuellen Personalbestandes zu prognostizieren. Diese kommen durch

- Personalzugänge und
- Personalabgänge

zustande.

Personalabgänge können beispielsweise verursacht werden durch

- Pensionierung
- Beförderung
- Entlassung
- Einberufung zu Wehr- oder Zivildienst
- Versetzung in eine andere Abteilung
- Beurlaubung
- Tod

■ Arbeitnehmerkündigung

■ Mutterschutz oder Erziehungsurlaub.

Demgegenüber stehen mögliche **Zugänge** bedingt durch

■ Rückkehr aus Wehr- oder Zivildienst

■ Rückkehr aus Beurlaubung

■ Rückkehr aus Mutterschutz oder Erziehungsurlaub

■ Rückkehr aus der Weiterbildung

■ Versetzung in die Abteilung

■ sonstige Einstellungen.

Der künftige Personalbestand zum Zeitpunkt t_x lässt sich vom aktuellen Personalbestand zum gegenwärtigen Zeitpunkt t_0 wie folgt ableiten:

Personalbestand t_0

- Personalabgänge innerhalb des Prognosezeitraums

+ Personalzugänge innerhalb des Prognosezeitraums

= Personalbestand t_x

Als Prognosezeitraum wird in der Regel das Geschäfts- oder Kalenderjahr gewählt. Dann werden zum Beispiel die voraussichtlichen Personalzu- und -abgänge vom 01.01. bis 31.12. eines Jahres betrachtet. Natürlich lassen sich besonders Personalabgänge nur bedingt planen. Unvorhersehbare Ereignisse wie die Erkrankung oder der plötzliche Tod eines Arbeitnehmers sind nicht planbar.

Um schließlich neben der quantitativen auch eine qualitative Personalbedarfsplanung vornehmen zu können, ist bei der Bestimmung des zukünftigen Personalbestandes auch eine genaue Segmentierung der Beschäftigten vorzunehmen. Hier geht es darum, die Qualifikationsstruktur des Unternehmens zu planen. So kann die Gesamtbelegschaft in Teilgruppen zerlegt werden wie Hilfsarbeiter, Arbeiter, Angestellte oder Führungskräfte. Auch die jeweiligen Qualifikationsprofile sind in diese Überlegungen mit einzubeziehen. Ausbildung, Leistungspotenzial, Fähigkeiten, Fertigkeiten und Kenntnisse sind mögliche Segmentierungskriterien.

Ermittlung des Netto-Personalbedarfs

Wir orientieren uns weiterhin an der Systematik in Abbildung 3-7 und wenden uns dem abschließenden Schritt zu: Der Ermittlung des Netto-Personalbedarfs.

Nachdem der Personalbestand zum Stichtag ermittelt werden konnte, ist als abschließender Schritt der Personalbedarfsermittlung die Differenz aus Brutto-Personalbedarf und zukünftigem Personalbestand zu bilden.

Diese Differenz stellt den Netto-Personalbedarf und damit den tatsächlichen Personalbedarf eines Unternehmens dar. Es sind dabei drei Personalbedarfsarten zu unterscheiden:

1. Ersatzbedarf

   Es sind sichere Personalabgänge zu erwarten, die ersetzt werden müssen.

2. Neubedarf

   Es sind über den Ersatzbedarf hinaus weitere Neueinstellungen notwendig.

   = personelle Unterdeckung

3. Freistellungsbedarf

   Es besteht ein Personalüberhang, der abgebaut werden muss.

   = personelle Überdeckung.

Orientiert am spezifischen Unternehmensbedarf, kann die Netto-Personalbedarfsermittlung auch quartals- oder monatsweise erfolgen. Dann wird besonders deutlich, in welchem Zeitraum ein bestimmter Bedarf auftritt. So kann etwa bei Saisonbetrieben im Fremdenverkehr ein besonders hoher Personalbedarf in den Sommermonaten auftreten, während in der Winterzeit Freistellungsbedarf besteht. In solchen Betrieben würde das Ergebnis einer Ganzjahresrechnung wenig aussagekräftig sein.

Darüber hinaus genügt es nicht, nur den quantitativen Bedarf festzustellen. Auch der qualitative Bedarf muss berücksichtigt werden. Die zentrale Frage lautet dann: Wie viele Mitarbeiter mit welchen Qualifikationen müssen wir neu einstellen? Oder: An welchen Stellen müssen wie viele Mitarbeiter abgebaut werden?

Jede der hier dargestellten Bedarfsarten zieht also andere Maßnahmen nach sich. Ein Neubedarf erfordert beispielsweise Personalbeschaffungsmaßnahmen, während ein Freistellungsbedarf zu Personalfreisetzungen führt. Diese Maßnahmen gehören ebenfalls zur Personalplanung und werden daher in den einzelnen Personalteilplanungen genauer betrachtet.

3.1.5.2 Personaleinsatzplanung

Die Personaleinsatzplanung ist eines der wichtigsten Aufgabenfelder des strategischen Personalmanagement. Sie stellt das Kernstück eines Personalplanungssystems dar und ist eine bedeutende Schnittstelle zu den anderen Bereichen der Unternehmensplanung. Die Personaleinsatzplanung trägt in besonderem Maße dazu bei, dass ein Unternehmen die von den Kunden geforderte Leistung erbringen kann. Sie verfolgt das Ziel der wechselseitigen Anpassung der Beschäftigten an die Arbeitsanforderungen, im Sinne von Personalentwicklung, und der Arbeitsanforderungen an die Beschäftigten, im Sinne von Arbeitsstrukturierung.

Den Beschäftigten sollen Aufgaben zugewiesen werden, die ihren Fähigkeiten und Neigungen entsprechen. Es sollen Möglichkeiten zur persönlichen Entwicklung gegeben werden und die Arbeitsbedingungen sollen so gestaltet sein, dass sie die optimale Leistungserbringung unterstützen und fördern.

Beim Personaleinsatz stehen die Gestaltung der Arbeitszeit, des Arbeitsplatzes und die Flexibilisierung der Arbeitsinhalte im Vordergrund.

Bedingt durch die Globalisierung oder steigende Kundenanforderungen sehen sich viele Unternehmen in der Situation, ihre Öffnungs- und Betriebszeiten und damit auch die Arbeitszeiten der Beschäftigten den Kundenwünschen anzupassen. Das gilt zum Beispiel für einen Automobilzulieferer, dessen Abnehmer eine Just-in-Time Lieferung fordert. Der Zulieferer muss seinen Personaleinsatz so flexibel gestalten, dass immer dann genügend Beschäftigte arbeiten, wenn der Kunde eine Lieferung benötigt. Produziert der Kunde seine Fahrzeuge rund um die Uhr, so wird auch der Zulieferer Schichtarbeit einführen müssen.

Ein Call Center Agent etwa, der für die Kunden eines Kreditinstitutes Aktien via Telefon handelt, muss auch an deutschen Feiertagen arbeiten, weil die Börse in New York oder Tokio auch an diesen Tagen geöffnet ist.

Die Gestaltung der Arbeitszeit ist somit eine zentrale Aufgabe der Personaleinsatzplanung, da sie letztlich einen starken Einfluss auf die Kundenzufriedenheit und damit die Kundenbindung nimmt. Ein Supermarkt, der bereits um 18.00 Uhr seine Türen schließt, wird vermutlich viele Kunden an die Konkurrenz verlieren, die bis 20.00 Uhr geöffnet hat.

Neben der Gestaltung der Arbeitszeit nimmt die Gestaltung des Arbeitsplatzes einen hohen Stellenwert im Personaleinsatz ein. Arbeitsplätze sollen ergonomisch optimal gestaltet sein. Dahinter verbirgt sich die Idee, durch die Gestaltung des Arbeitsplatzes direkten Einfluss auf die Zufriedenheit und damit die Motivation der Mitarbeiter zu nehmen. In den folgenden Gestaltungsbereichen sind Anpassungen denkbar:

- anthropometrische Gestaltung

- physiologische Gestaltung

■ psychologische Gestaltung

■ informationstechnische Gestaltung

■ Arbeits- und Gesundheitsschutz.

In der psychologischen Arbeitsplatzgestaltung etwa wird versucht, eine angenehme Arbeitsumwelt zu schaffen. Arbeitsplätze und -mittel sollen außerdem physiologisch gestaltet werden. Darunter versteht sich die Anpassung der Arbeitsmethoden und -umgebung an den menschlichen Körper. Lärm, Staub und Luftverschmutzung sollen so weit wie möglich vermieden werden, um den menschlichen Organismus nicht unnötig zu belasten.

Neben den Gestaltungsmöglichkeiten des Arbeitsplatzes ist die Flexibilisierung der Arbeit und ihrer Inhalte ein weiteres Themengebiet des Personaleinsatzes. Die inhaltliche Gestaltung der Arbeit soll einerseits die Beschäftigten motivieren und andererseits die Kunden zufrieden stellen. Aus dieser Motivation heraus wurden Arbeitsformen geschaffen, die diesen Ansprüchen gerecht werden: **job rotation, job enrichment** und **job enlargement**. Bei diesen Arbeitsformen steht entweder die Erweiterung der Aufgabenvielfalt, der Kompetenzen oder der Aufgaben im Vordergrund. Daneben nimmt die Gruppenarbeit einen wichtigen Platz im Personaleinsatz ein, wobei die Vorteile der Arbeit in Gruppen genutzt werden, um unter anderem zentrale menschliche Bedürfnisse, wie beispielsweise das Bedürfnis nach sozialen Kontakten zu erfüllen.

Aus den beschriebenen Anforderungen des Personaleinsatzes lässt sich ableiten, dass der Personalplaner in diesem Planungsbereich vielfältige Aufgaben hat. Er ist unter anderem an der Entwicklung eines geeigneten Planungsinstrumentariums beteiligt und verantwortlich für die Beschaffung und Auswertung von Informationen über die einzelnen Arbeitsplätze mit ihren jeweiligen Anforderungen, das im Unternehmen vorhandene Qualifikationspotenzial und die Entwicklungsfähigkeit und -bereitschaft der Mitarbeiter. Er ist außerdem zuständig für die kurz-, mittel- und langfristige Stellenbesetzungsplanung.

Wesentlich für die Tätigkeit des Personalplaners bei der Personaleinsatzplanung ist die enge Zusammenarbeit mit den übrigen Unternehmensbereichen. Die Informationen aus der Produktionsplanung etwa sind die Basis für die Planung des Arbeitseinsatzes im Produktionsbereich. Hier erfährt er unter anderem welche Mengen in welchem Zeitraum produziert werden sollen und kann so ableiten, wie der Personaleinsatz geplant werden muss.

Wir haben bisher die Aufgaben der Personaleinsatzplanung grundsätzlich und idealtypisch beschrieben. Wie gestaltet sich nun die konkrete Personaleinsatzplanung?

Um diese Frage beantworten zu können, fassen wir im ersten Schritt die Einflussfaktoren zusammen, die bei der Personaleinsatzplanung in jedem Fall zu beachten sind.

Abbildung 3-12: Einflussfaktoren der Personaleinsatzplanung

Quelle: Kador/Kempe/Pornschlegel 1989, S. 88

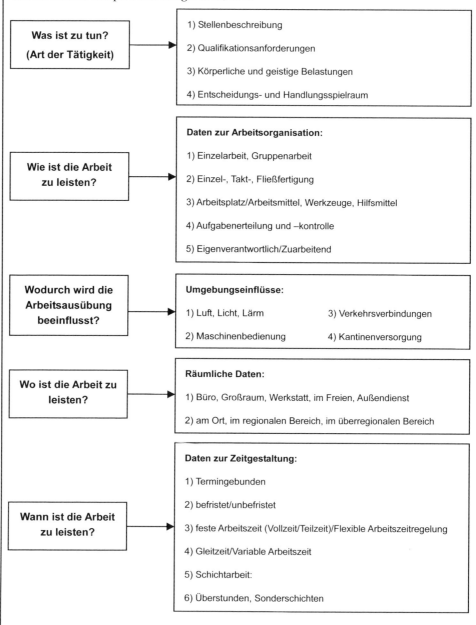

Was ist zu tun?

(Art der Tätigkeit)

1) Stellenbeschreibung

2) Qualifikationsanforderungen

3) Körperliche und geistige Belastungen

4) Entscheidungs- und Handlungsspielraum

Wie ist die Arbeit zu leisten?

Daten zur Arbeitsorganisation:

1) Einzelarbeit, Gruppenarbeit

2) Einzel-, Takt-, Fließfertigung

3) Arbeitsplatz/Arbeitsmittel, Werkzeuge, Hilfsmittel

4) Aufgabenerteilung und –kontrolle

5) Eigenverantwortlich/Zuarbeitend

Wodurch wird die Arbeitsausübung beeinflusst?

Umgebungseinflüsse:

1) Luft, Licht, Lärm   3) Verkehrsverbindungen

2) Maschinenbedienung   4) Kantinenversorgung

Wo ist die Arbeit zu leisten?

Räumliche Daten:

1) Büro, Großraum, Werkstatt, im Freien, Außendienst

2) am Ort, im regionalen Bereich, im überregionalen Bereich

Wann ist die Arbeit zu leisten?

Daten zur Zeitgestaltung:

1) Termingebunden

2) befristet/unbefristet

3) feste Arbeitszeit (Vollzeit/Teilzeit)/Flexible Arbeitszeitregelung

4) Gleitzeit/Variable Arbeitszeit

5) Schichtarbeit:

6) Überstunden, Sonderschichten

Wir wenden uns zunächst den Maßnahmen der kurzfristigen Personaleinsatzplanung zu, die vor allen Dingen den quantitativen Einsatz steuert. Hier geht es darum, die vorhandene personelle Kapazität an den auftretenden Arbeitsanfall anzupassen. Dabei soll die Personaleinsatzplanung ausgleichend wirken, also dazu beitragen, dass Überstunden und einseitige Belastungen vermieden werden. Sie soll außerdem eine Steuerfunktion übernehmen und damit die bedarfs- und eignungsgerechte Einteilung der Arbeitskräfte sicherstellen. Zwei ausgewählte Tools, die die quantitativen Planungsaufgaben unterstützen, stellen wir nachfolgend dar.

Schichtpläne

In einem Schichtplan ist die Schichtreihenfolge für einen einzelnen Arbeitnehmer oder eine Gruppe von Arbeitnehmern geregelt. Die Schichten werden meist in wochenweisem Zyklus durchlaufen. Schichtpläne sind in den Betrieben notwendig, deren Betriebszeit die Arbeitszeit überschreitet, etwa weil die Kundenbedürfnisse dies verlangen oder maschinelle Anlagen im Dauerbetrieb laufen müssen. Schichtpläne sind vorteilhaft, weil sie übersichtlich und leicht zu handhaben sind (vgl. Abbildung 3-13).

Abbildung 3-13:   *Schichtplan im Drei-Schicht-System*

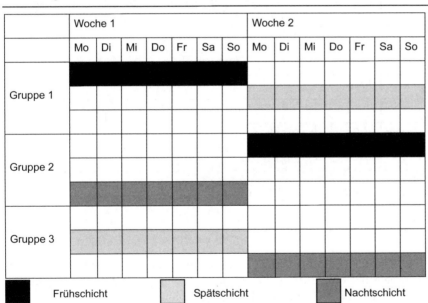

Ein Schichtplan kann auf Monate im Voraus erstellt werden, so dass die Arbeitnehmer ihre persönliche Zeitplanung danach ausrichten können.

Dienstpläne

Ein Dienstplan ähnelt in seiner Art dem Schichtplan. Bei der Erstellung eines Dienstplanes ist zunächst der betriebliche Besetzungsbedarf zu ermitteln. Anhand von Besetzungsprofilen kann die Soll-Besetzung der Arbeitsplätze dargestellt werden (vgl. Abbildung 3-14). Die Beschäftigten können dann untereinander entscheiden, wer welchen Dienst versehen wird.

Abbildung 3-14: *Dienstplan einer Arztpraxis*

---

a) Montag bis Donnerstag

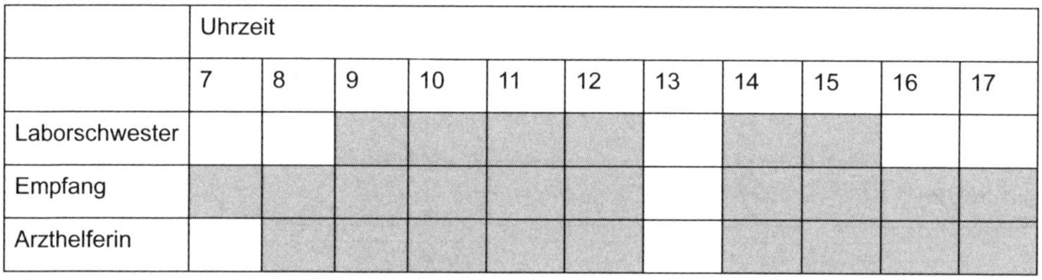

	Uhrzeit										
	7	8	9	10	11	12	13	14	15	16	17
Laborschwester			▓	▓	▓	▓	▓	▓	▓		
Empfang	▓	▓	▓	▓	▓	▓	▓	▓	▓	▓	▓
Arzthelferin		▓	▓	▓	▓	▓		▓	▓	▓	▓

b) Freitag

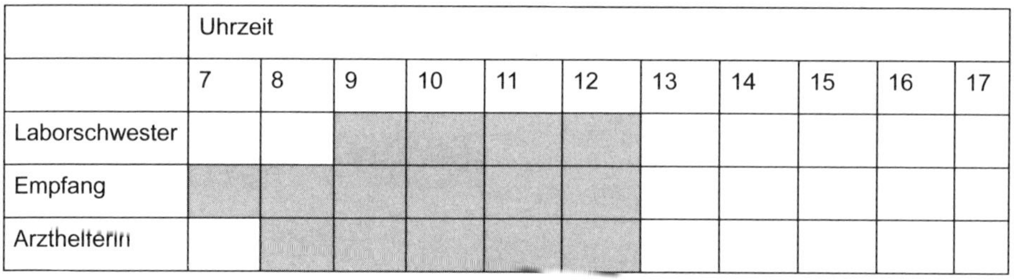

	Uhrzeit										
	7	8	9	10	11	12	13	14	15	16	17
Laborschwester			▓	▓	▓	▓					
Empfang	▓	▓									
Arzthelferin		▓	▓	▓							

Im hier dargestellten Dienstplan werden die unterschiedlichen Soll-Besetzungen der einzelnen Arbeitsplätze deutlich. Während das Labor erst ab 09:00 Uhr morgens besetzt sein muss, ist es notwendig, den Patientenempfang bereits ab 07:00 Uhr zu öffnen. Der Dienstplan könnte in der folgenden Woche schon wieder anders zu gestalten sein, etwa weil das Praxisteam Wochenendbereitschaft hat.

Urlaubs- und Vertretungsplan

Zur Personaleinsatzplanung gehört auch, die Vertretungen für abwesende Mitarbeiter zu organisieren. Die Stellen der Mitarbeiter, die beispielsweise krank, auf Weiterbildung oder im Urlaub sind, müssen auch während deren Fehlzeiten besetzt werden. Um einen reibungslosen Arbeitsablauf zu gewährleisten, kann ein Urlaubsplan erstellt werden, der zum Beispiel den Jahresurlaub aller Beschäftigten enthält. So wird sichergestellt, dass lange Fehlzeiten im Voraus berücksichtigt werden können, etwa durch Einplanen einer Personalreserve (vgl. Abbildung 3-15).

Im hier dargestellten Urlaubsplan der Abteilung Versuchsbau haben die Mitarbeiter die Vorgabe, ihren Jahresurlaub in den Monaten Juli und August einzubringen, wobei nicht mehr als zwei Mitarbeiter zum gleichen Zeitpunkt in Urlaub gehen dürfen. Indem die Mitarbeiter ihren jeweiligen Urlaubsbedarf in den Urlaubsplan eintragen, wird überschaubar, wann Personalengpässe eintreten werden.

In einigen Fällen, wie etwa in Unternehmen, die während des Jahres eine gleichmäßige Besetzung der Arbeitsplätze benötigen, bietet sich auch ein Betriebsurlaub an, bei dem das gesamte Unternehmen in Betriebsruhe geht.

Die bis hier beschriebenen Einsatzplanungstools Schichtplan, Dienstplan und Urlaubs-/Vertretungsplan zielen auf eine eher quantitativ ausgerichtete Personaleinsatzplanung ab.

Daneben verfolgt die mittel- und langfristige Personaleinsatzplanung die qualitative Planung personeller Kapazitäten.

Die mittel- und langfristige Personaleinsatzplanung leistet einen wichtigen Beitrag dafür, dass das Unternehmen auch in der Zukunft erfolgreich wirtschaften kann. Die zentrale Frage dabei lautet: Wer kann welche Aufgabe zu welchem Zeitpunkt wo erfüllen? So ist etwa die Altersstrukturanalyse der Belegschaft ein wichtiges Instrument für die Personaleinsatzplanung, weil sie Hinweise auf zukünftig frei werdende Stellen, bedingt etwa durch Pensionierung, gibt und damit deutlich macht, dass qualifizierte Mitarbeiter nachfolgen können. Ein Mitarbeiter, der aufgrund seiner Qualifikation und seines Leistungsverhaltens für eine Führungsposition im Unternehmen geeignet ist, muss in der Einsatzplanung besonders berücksichtigt werden. Kurz- und mittelfristig ist bei ihm mit Fehlzeiten durch Weiterbildungsmaßnahmen zu rechnen. Natürlich wird er auch seinen bisherigen Aufgaben nicht mehr nachkommen können, da er in Zukunft eine Führungsaufgabe wahrnehmen wird. Dementsprechend ist für die bisherige Aufgabe ein Mitarbeiter einzuplanen, der diese adäquat erfüllen kann. Dieser Bereich der Nachfolgeplanung verknüpft die Personaleinsatzplanung eng mit der Personalentwicklungsplanung. So ist ein entsprechendes Management-Development-Programm notwendig, um den Mitarbeiter auf seine neuen, erweiterten Aufgaben vorzubereiten.

Abbildung 3-15: *Urlaubsplanung der Abteilung Versuchsbau*

Monat Juli

	01	02	03	04	05	06	07	08	09	10	11	12	13	14	15	16	17	18
Buchner, Klaus	■	■	■	■	■	■	■	■	■	■	■	■	■					
Müller, Peter								■	■	■	■	■	■	■	■	■	■	■
Schulz, Thomas																		
Paulsen, Brigitte																		
Völler, Maria																		

Monat August

	01	02	03	04	05	06	07	08	09	10	11	12	13	14	15	16	17	18
Buchner, Klaus																		
Müller, Peter																			
Schulz, Thomas					■	■	■	■	■	■	■	■	■	■	■	■	■	■
Paulsen, Brigitte	■	■	■															
Völler, Maria																■	■	■

Eine wichtige Rolle bei der qualitativen Einsatzplanung spielt das Eignungsprofil, das mit dem Stellenprofil abgeglichen wird. Dies ist beispielsweise dann der Fall, wenn bei der Einführung einer neuen Softwarelösung geprüft werden muss, ob die Mitarbeiter anhand ihrer bisherigen Kenntnisse in der Lage sind, diese zu bedienen. Auch hier sind eventuell Schulungsmaßnahmen erforderlich, um die Kenntnisse der Beschäftigten auf den neuesten Stand zu bringen.

Wir haben bisher die Aufgaben der Personaleinsatzplanung unter dem Aspekt der Teilung in kurz-, mittel- und langfristige Planung betrachtet. Daneben gibt es in diesem Planungsbereich einige Sonderaufgaben, die wir im Folgenden betrachten wollen.

Es gilt die Tatsache, dass die Personaleinsatzplanung einige Personengruppen besonders berücksichtigen muss, etwa weil besondere gesetzliche oder tarifliche Vorschriften dies verlangen. Im Speziellen wollen wir auf die Besonderheiten der Personaleinsatzplanung für ältere Arbeitnehmer, Frauen sowie schwerbehinderte und gesundheitlich beeinträchtigte Arbeitnehmer eingehen.

Ältere Arbeitnehmer

Für die Personaleinsatzplanung ist zu beachten, dass sich das Leistungsvermögen eines Menschen im Laufe seines Lebens ändert. Dabei geht es nicht etwa darum, dass die Qualität der Leistung mit zunehmendem Alter abnimmt. Das Gegenteil ist der Fall: Bedingt durch ein hohes Maß an Erfahrung erbringen ältere Arbeitnehmer eine qualitativ hochwertige Leistung. Es ist vielmehr zu berücksichtigen, dass mit zunehmendem Alter körperliche Schwächen eintreten, die in vielen Fällen vom Arbeitnehmer selbst gar nicht bemerkt werden. So nimmt bei den meisten Menschen altersbedingt die Sehkraft ab, so dass etwa das Tragen einer Zwei-Stärken-Brille erforderlich ist. Bestimmte Tätigkeiten, beispielsweise mechanische Feinarbeiten, können durch diese Sehhilfe allerdings erschwert werden. Es kann zum Leistungsabfall und Fehlern kommen. Für den betroffenen Arbeitnehmer ist also ein Tätigkeitsfeld zu suchen, das seinen Schwächen und vor allen Dingen seinen Stärken entspricht.

Angesichts der demographischen Entwicklung in Deutschland nimmt die Thematik der älteren Arbeitnehmer einen immer breiteren Stellenwert ein. Es wird in Zukunft immer weniger junge und immer mehr ältere Menschen und somit auch Arbeitnehmer geben.

Frauen und Männer

Eine besondere Aufgabe, die sich der Personaleinsatzplanung stellt, ist es die Vereinbarung von Beruf und Familie zu unterstützen. Hier sind in erster Linie Frauen betroffen, die, oft allein erziehend, eine Balance zwischen dem Berufs- und Familienleben finden müssen. Außerdem wollen verstärkt Männer ihre Rolle in der Familie wahrnehmen. Die Personaleinsatzplanung kann diesem wachsenden Bedürfnis durch angepasste Personaleinsatzmodelle gerecht werden, die beispielsweise flexible Arbeitszeiten, Teilzeitarbeit oder Telearbeit (Arbeit von zu Hause aus) ermöglichen.

Schwerbehinderte und gesundheitlich beeinträchtigte Arbeitnehmer

Für diesen Personenkreis geht es in der Personaleinsatzplanung vor allen Dingen darum, den besonderen körperlichen Bedürfnissen gerecht zu werden. Je nach Art der Behinderung sind bestimmte bauliche Gegebenheiten notwendig, wie beispielsweise ein Aufzug für Rollstuhlfahrer. Ein Gebäude, in dem es nur Treppen gibt, wäre für einen solchen Mitarbeiter nicht geeignet. Es geht aber auch darum, Aufgaben und Arbeitsplätze so zu gestalten, dass sie den speziellen Ansprüchen schwerbehinderter oder gesundheitlich beeinträchtigter Mitarbeiter genügen. Das könnte beispielsweise ein Lichtsignal sein, mit dem ein gehörloser Mitarbeiter vor eventuellen Gefahren gewarnt wird.

3.1.5.3 Personalentwicklungsplanung

Es ist Aufgabe der Personalentwicklungsplanung, Maßnahmen zur Qualifizierung der Mitarbeiter gedanklich vorzubereiten und durchzuführen. Im Mittelpunkt steht die Aus- und Fortbildung der Mitarbeiter, mit dem Ziel, den mittel- und langfristigen Bildungsbedarf eines Unternehmens in Abstimmung mit dem Qualifikationspotenzial der Mitarbeiter zu decken. Unter Berücksichtigung der individuellen Entwicklungspläne der Mitarbeiter ist die Personalentwicklungsplanung ausgerichtet auf die Anpassungs- und Aufstiegsqualifizierung. Die wesentlichen Handlungsfelder der Personalentwicklung sind betriebliche Bildungsmaßnahmen, Laufbahn- und Nachfolgeplanung sowie die Management-Entwicklung (Abbildung 3-16). In der Planung der betrieblichen Bildungsmaßnahmen wird zwischen der beruflichen Ausbildung und der allgemeinen Weiterbildung unterschieden. In der Ausbildungsplanung steht die Versorgung des Betriebes mit qualifiziertem Nachwuchs im Vordergrund. Im Rahmen der allgemeinen Weiterbildungsplanung sollen fachliche und soziale Qualifikationen an Mitarbeiter vermittelt werden, die bereits eine Weiterbildung absolviert haben. Wie auch in der allgemeinen Personalplanung lassen sich drei Planungshorizonte unterscheiden:

- kurzfristige Entwicklungsplanung

  Hier werden kurzfristig auftretende Bildungsdefizite während des Jahres beseitigt.

- mittelfristige Entwicklungsplanung

  In der jährlichen Bildungsplanung sollen neben individuellen Bildungsplänen auch Berufsgruppenpläne sowie Karriere- und Nachfolgepläne umgesetzt werden.

- langfristige Entwicklungsplanung

  Geplante Veränderungen etwa im technischen oder organisatorischen Bereich werden in der langfristigen Entwicklungsplanung antizipativ vorbereitet. Vor allem wenn mit den geplanten Veränderungen auch eine Neuausrichtung der personalpolitischen Strategie einhergeht, ist langfristig zu planen. Will zum Beispiel ein Industrieunternehmen zukünftig auch spezialisierte Dienstleistungen anbieten, sind die Mitarbeiter dementsprechend zu qualifizieren.

Abbildung 3-16: Handlungsfelder der Personalentwicklung

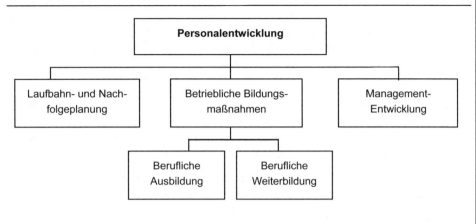

In der Personalentwicklung geht es also darum, die Qualifikationsstruktur des Unternehmens planmäßig, zielorientiert und systematisch zu entwickeln, etwa durch Management-Entwicklung oder -Qualifizierung. Hierfür ist die Abstimmung mit den mittel- und langfristigen Unternehmenszielen unabdingbar. Plant das Unternehmen etwa, mittelfristig durch den Zukauf von Tochterunternehmen zu expandieren, werden gleichzeitig neue Führungskräfte benötigt. Es gilt im Rahmen der Personalentwicklungsplanung diese Ziele zu quantifizieren und die Personalentwicklung dementsprechend auszurichten. In der Personalentwicklungsplanung sind nicht nur die unternehmerischen Ziele von Bedeutung, sondern auch und vor allem die individuellen Mitarbeiterziele. Die Qualifizierung eines Mitarbeiters kann nur dann sinnvoll sein, wenn sich dieser auch qualifizieren möchte. Der ständige Dialog zwischen dem Unternehmen, etwa in Person des Vorgesetzten, und dem Mitarbeiter ist also unabdingbare Voraussetzung für eine erfolgreiche betriebliche Bildungsarbeit.

Wie sich unter anderem dieser Dialog und die gesamte Personalentwicklungsplanung gestalten lassen, wird in diesem Kapitel dargestellt. Zunächst wird jedoch der Ablauf der Personalentwicklungsplanung skizziert. Anschließend werden die Besonderheiten der Management-Entwicklungsplanung erläutert.

Bei der Personalentwicklungsplanung sind im Wesentlichen vier Fragen zu beantworten:

1. Ist Personalentwicklung die richtige Maßnahme?

In vielen Unternehmen herrscht die Meinung vor, dass Leistungsdefizite des Mitarbeiters ausschließlich durch Weiterbildung behoben werden können. Diese Annahme beinhaltet auch, dass nur der Mitarbeiter selbst Ursache und Verursacher des Leistungsdefizits ist. Dies ist jedoch nicht der Fall, wie schon in Kapitel 2 unter Verweis auf die Definition des Verhaltenswissenschaftlers Kurt Lewin aufgezeigt wurde (vgl. →2 Das personalwirtschaftliche Leistungssystem). Das Ergebnis seiner Untersuchungen war, dass eigentlich jeder Mensch ein Interesse daran hat zu zeigen, was in ihm steckt. Weicht ein Mitarbeiter von diesem Verhalten ab, ist die Ursache dafür nicht nur bei ihm selbst, sondern auch in seinem Umfeld, also den Organisationsstrukturen, Prozessen und Aufgabenstellungen, in die er eingebettet ist, zu suchen.

So wird ein Elektriker etwa, dem das notwendige Werkzeug fehlt, die Kunden nicht zufrieden stellend bedienen können. Hier wäre es also völlig verfehlt, den Elektriker auf einen Workshop zu schicken, bei dem ihm die notwendigen Fertigkeiten vermittelt werden. Das auftretende Leistungsdefizit ließe sich am einfachsten dadurch beheben, den Elektriker mit dem notwendigen Werkzeug auszustatten.

Es ist zunächst zu untersuchen, ob Weiterbildung überhaupt die richtige Lösung darstellt. Weiterbildung ist dann eine geeignete Maßnahme, wenn durch Weiterbildung der Leistungserstellungsprozess förderlich beeinflusst wird und das Verhältnis von Aufwand zu Ertrag günstiger ist als vergleichbare andere Maßnahmen.

2. Welcher Qualifikationsbedarf besteht?

Zunächst ist zu definieren, welcher Entwicklungsbedarf bei welchen Mitarbeitern oder Mitarbeitergruppen besteht. Dazu ist mit Hilfe von Verfahren der Bedarfsanalyse zu ermitteln, welche Entwicklungsziele verfolgt werden. Mit Personalentwicklung will die fachliche und soziale Kompetenz der Mitarbeiter steigern.

Folgende Ziele stehen dabei im Vordergrund:

- Mehrung des Wissens
- Erweiterung des Könnens
- Verhaltensänderung.

Mit welchen Methoden kann ermittelt werden, welcher konkrete Bedarf besteht?

Dazu gibt die folgende Abbildung eine Übersicht:

Abbildung 3-17: *Instrumente der Personalentwicklungsbedarfserhebung*

Quelle: vgl. Horsch, 2000, S. 198

Methode	Vorgehensweise mit Beispiel
▨ **Unternehmensplanung**	Schlussfolgerungen aus Unternehmensplanung für Personalentwicklung, z.B. Einführung ISO 9000ff.
▨ **Expertenbefragung**	vorausschauende Berücksichtigung von Veränderungen in Umwelt und Unternehmen, z.B. verstärktes Engagement im Ausland
▨ **Anforderungsprofil**	Konkretisierung von Aufgaben, Befugnissen und Anforderungen, z.B. neue Aufgabe wegen geplanter Versetzung
▨ **Personalakte**	Datenerhebung auf Grundlage dieser Karteien, z.B. Fremdsprachenkenntnisse
▨ **Mitarbeiterbeurteilung**	Erstellen eines Stärken-/Schwächenprofils, z.B. Führungsverhalten
▨ **Workshop/Gruppengespräch**	gemeinsame Erarbeitung des Bildungsbedarfs, z.B. Umgang mit Konflikten
▨ **Mitarbeitergespräch**	Bestimmungen von Interessen und Vorstellungen des Mitarbeiters über seine Entwicklung, z.B. Auslandseinsatz
▨ **Assessment Center/Potenzialbeurteilung**	Potenzialfeststellung und Förderung, z.B. Führungskompetenz

Mit Hilfe der hier dargestellten Methoden lassen sich Handlungsfelder ableiten, in denen Entwicklungsbedarf besteht. Durch Vergleich der zukünftigen Qualifikationsanforderungen mit dem derzeitigen Qualifikationsstand der Mitarbeiter kann der Entwicklungsbedarf genau quantifiziert werden. Diese Informationen stellen die Basis für die weitere Vorgehensweise dar.

3. Wie lässt sich der ermittelte Entwicklungsbedarf decken?

Im nächsten Schritt geht es darum, bedarfsgerechte Maßnahmen auszuwählen, die den Zielen des Unternehmens und der Mitarbeiter gerecht werden. Bei der Auswahl dieser Maßnahmen ist vor allen Dingen zu entscheiden, in welcher Form diese stattfinden sollen:

- on-the-job Maßnahmen

  finden in direktem Zusammenhang mit der Aufgabe am Arbeitsplatz und im Vollzug mit der Arbeit statt.

- off-the-job Maßnahmen

  zeichnen sich durch inhaltliche, räumliche oder zeitliche Distanz zur Aufgabe oder zum Arbeitsplatz aus.

- near-the-job Maßnahmen

  haben enge inhaltliche, räumliche oder zeitliche Nähe zur Aufgabe.

Ein Beispiel für **on-the-job Maßnahmen** ist die Anleitung und Beratung des Mitarbeiters durch den Trainer. Hier führt der Teilnehmer die Aufgabe selbst aus, wobei ihm der Trainer beratend zur Seite steht.

Eine mögliche **off-the-job Maßnahme** ist ein Rollenspiel, bei dem die Teilnehmer im Rahmen eines Seminars, also entfernt vom Arbeitsplatz, aufgabenspezifisches Wissen erarbeiten.

Wenn es darum geht, Personalentwicklung planerisch vorzubereiten, ist unter anderem zu entscheiden, ob die Maßnahmen als Einzel- oder Gruppentraining stattfinden sollen. Wesentlich für das Behalten der trainierten Inhalte ist auch die Frage, ob die Teilnehmer aktiv oder passiv an der Maßnahme mitwirken sollen. Ein Lehrvortrag stellt beispielsweise eine passive Methode dar, bei der die Teilnehmer lediglich zuhören. Der Behaltensgrad der so vermittelten Inhalte ist jedoch bei aktiven Maßnahmen, wie zum Beispiel einem Rollenspiel, wesentlich höher. Die Lehrinhalte bleiben auf diesem Weg länger im Gedächtnis verankert.

Der Personalentwicklungsplaner muss auch entscheiden, ob die Maßnahmen extern oder intern stattfinden sollen. Bei internen Maßnahmen findet das Training im Hause statt, wobei unternehmenseigene oder -fremde Trainer gewählt werden können. Demgegenüber werden externe Trainings außerhalb des Unternehmens abgehalten. Hier kann ein externer Bildungsträger gewählt werden, der für Durchführung und Konzeption der Maßnahmen verantwortlich ist.

Ziel der sorgfältigen Vorbereitung und Planung von Personalentwicklungsmaßnahmen ist unter anderem, dass die vermittelten Inhalte auch zu einer signifikanten Leistungsverbesserung führen. Im nächsten Schritt wird erläutert, wie diesbezüglich eine Erfolgskontrolle stattfinden kann.

4. Wie erfolgreich waren die Entwicklungsmaßnahmen?

Ohne eine Kontrolle des Maßnahmenerfolgs wäre es einerseits schwierig, den finanziellen und zeitlichen Aufwand zu rechtfertigen, andererseits kann nur durch die Erfolgskontrolle eine kontinuierliche Verbesserung der durchgeführten Maßnahmen sichergestellt werden.

Es geht nicht nur darum, dass die Teilnehmer das im Gedächtnis behalten, was im Training vermittelt wurde. Vielmehr soll das Gelernte in Handlungen umgesetzt werden, die einen wertvollen Beitrag zur Leistungsverbesserung erbringen. Das Umsetzen erlernter Inhalte auf ähnliche und andere Situationen wird als Transfererfolg bezeichnet.

Für die Personalentwicklungsplanung liefert die Erfolgskontrolle wichtige Hinweise für die Vorbereitung zukünftiger Maßnahmen. So können erfolgreiche Maßnahmen erneut angewendet und verbesserungsbedürftige Maßnahmen korrigiert und ergänzt werden. Es entsteht ein beständiger Kontrollkreislauf, der zur ständigen Qualitätsverbesserung beiträgt.

Jeder Planungsprozess der Personalentwicklung läuft idealtypisch nach den hier beschriebenen Schritten ab. Unter Umständen sind sie zuweilen mehr, zuweilen weniger ausgeprägt. Das Einhalten dieses Ablaufs unterstützt eine bedarfsgerechte Personalentwicklung.

Eingangs haben wir darauf hingewiesen, dass neben dem Ablauf der Personalentwicklungsplanung die Planung der **Management-Entwicklung** einen hohen Stellenwert für Unternehmen hat.

Bei der Management-Entwicklung soll sichergestellt werden, dass das Unternehmen jederzeit auf qualifizierte Führungskräfte zurückgreifen kann. Dabei soll einerseits fähiger Führungsnachwuchs beschafft und qualifiziert werden und andererseits sollen die bereits im Unternehmen tätigen Führungskräfte ein gleichmäßig hohes Leistungsniveau erbringen können. Der Schwerpunkt der Management-Entwicklung ist somit auf die Kontrolle und die Verbesserung des Führungsverhaltens fokussiert. So kann beispielsweise in einem Workshop für Führungskräfte zunächst das Anforderungsprofil einer Führungskraft erarbeitet werden. In einem weiteren Schritt können dann durch Einschätzung des eigenen Führungsverhaltens Mängel aufgedeckt werden. An diesen kann etwa in Führungsseminaren weiter gearbeitet werden. Die Aufgabe des Personalentwicklungsplaners besteht hier darin, die Management-Entwicklung langfristig zu planen und vorzubereiten. Es ist dabei vor allen Dingen die Entwicklungsplanung der Führungsnachwuchskräfte, die einen langen Vorlauf benötigt. Im Rahmen der Laufbahnplanung kann so eine Führungskraft vom Eintritt ins Unternehmen bis zu ihrem Austritt durch die Personalentwicklung begleitet werden.

3.1.5.4 Personalkostenplanung

Die Personalkostenplanung beschäftigt sich damit, die Kosten zu prognostizieren, die aus personalwirtschaftlichem Planen und Handeln entstehen. Für viele Unternehmen machen die Personalkosten einen bedeutenden Anteil an den Gesamtkosten aus: Er schwankt zwischen 15% und 60%. Wenn es um die Planung der Personalkosten geht, müssen die folgenden Fragen beantwortet werden:

- Welche Kosten werden in den einzelnen Unternehmensbereichen in der Planperiode entstehen?

- Wie werden sich diese Kosten entwickeln bzw. im Vergleich zur Vorperiode verändern und worin liegen die Ursachen dafür?

- Welche maßgeblichen Einflussfaktoren bestimmen die Veränderung und welcher Trend ist dafür ausschlaggebend?

- Korrespondieren die geplanten Personalkosten mit den geplanten Mengenzielen?

- Ist sichergestellt, dass die geplanten Personalkosten die Wirtschaftlichkeit nicht beeinträchtigen?

Um die Personalkosten transparenter gestalten und aussagekräftig erfassen zu können, ist eine sinnvolle Gliederung der Personalkosten notwendig. Eine mögliche Variante könnte sein, die anfallenden Kosten den einzelnen personalwirtschaftlichen Handlungsfeldern zuzuweisen:

- Personalbeschaffung

- Personaleinsatz

- Personalentwicklung

- Personalanpassung.

Bei dieser Vorgehensweise werden die Kosten in den Bereichen geplant, in denen sie jeweils anfallen werden. Der Begriff „Personalkosten" wird hier erweitert. Während der enge Personalkostenbegriff lediglich Personalgrundkosten und Personalnebenkosten enthält, werden hier auch die Kosten in den einzelnen personalwirtschaftlichen Handlungsfeldern berücksichtigt.

a) Kostenplanung der Personalbeschaffung

Bei der Personalbeschaffung können Kosten in den folgenden Bereichen auftreten:

- Arbeitsmarktanalyse (z.B. Kosten für externe Arbeitsmarktstudien);

- Personalwerbung (z.B. Kosten für Inserate in der Tageszeitung);

- Personalbeurteilung und -auswahl (z.B. Porto- und Telefonkosten);

■ Personaleinstellung und -einführung/-einarbeitung (z.B. kalkulatorische Kosten der Mitarbeiter, die an der Einarbeitung beteiligt sind).

Bei der Planung der Beschaffungskosten sind immer die Situation auf dem Arbeitsmarkt und der Spezialisierungsgrad der Aufgabe von Bedeutung. Besteht zum Beispiel ein Arbeitskräftemangel wird es schwierig sein, qualifizierte Bewerber zu finden. Bei Aufgaben, die eine hohe Spezialisierung erfordern, reicht es unter Umständen nicht aus, nur regional zu suchen. Eine überregionale Suche ist jedoch kostenintensiv.

b) Kostenplanung des Personaleinsatzes

Die Kosten des Personaleinsatzes sind mit den Personalkosten im engen Sinn gleichzusetzen. Es handelt sich hier um die Kosten, die für den jeweiligen Arbeitnehmer bei seinem Einsatz anfallen. Es lassen sich Personalgrundkosten und Personalnebenkosten unterscheiden:

Abbildung 3-18: *Personalkostenarten*

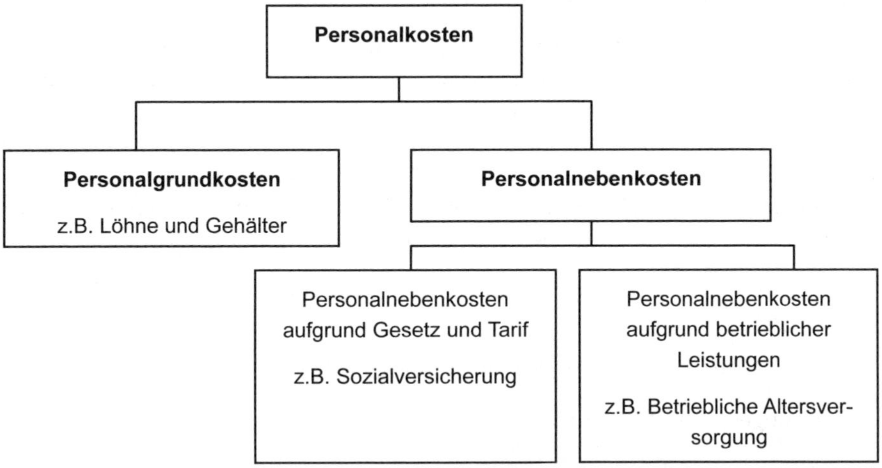

Aufgabe der Personaleinsatzkostenplanung ist es, die Höhe und Entwicklung der Personalkosten im Planungszeitraum abzuschätzen und zu überwachen. Ein Teil der Personalkosten kann nicht vom Arbeitgeber beeinflusst werden, weil er gesetzlichen und tariflichen Vorschriften unterworfen ist.

c) Kostenplanung der Personalentwicklung

Bei der Planung der Personalentwicklungskosten geht es darum, die Kosten für Aus- und Weiterbildung sowie für die Management-Entwicklung zu ermitteln. Hier können insbesondere die folgenden Kosten anfallen:

- Kosten für externe Seminare,
- Kosten für Schulungsmaterialien (Video, Lehrbücher, Flipchart, Overheadprojektor usw.) und
- Ausfallkosten bei Teilnahme der Mitarbeiter an externen Seminaren.

Es entstehen also nicht nur Kosten für die Weiterbildungsmaßnahme an sich (z.B. Trainerhonorar, Raummiete), sondern auch für den Ausfall der Arbeitskraft. Die Zeit, in der der Mitarbeiter durch die Maßnahme gebunden ist, muss seine Arbeit vielleicht von einem Kollegen erledigt werden. Dabei können Überstunden anfallen, die beispielsweise durch einen Überstundenzuschlag kostenintensiver sind als die regulären Arbeitsstunden.

d) Kostenplanung der Personalanpassung

Auch im Bereich der Personalanpassung kann eine Kostenplanung notwendig sein. Insbesondere wenn es darum geht, nachteilige Folgen für die Betroffenen finanziell zu mindern, sind Kosten einzuplanen. Den Arbeitnehmern stehen im Falle einer Entlassung unter Umständen Ansprüche aufgrund eines Gesetzes oder eines Tarifvertrages zu, die mit erheblichen Kosten für den Arbeitgeber verbunden sein können. Es sind aber auch freiwillige Zahlungen denkbar, mit denen das Unternehmen den Mitarbeiter unterstützt. Solche Kosten können zum Beispiel sein:

- Zahlung einer Abfindung in Abhängigkeit von Alter und Dauer der Betriebszugehörigkeit;
- Überbrückungszahlungen als Einkommensausgleich;
- Zahlungen von Vorruhestandsgeld;
- Abgeltung bestehender Urlaubsansprüche;
- Ansprüche aus betrieblicher Altersversorgung.

Nur kalkulatorisch berechnet werden kann dagegen der Know-How-Verlust, der immer dann eintritt, wenn ein Mitarbeiter das Unternehmen verlässt. Jeder Mitarbeiter kann als Know-How-Träger verstanden werden, dessen Fortgang eine Lücke im Unternehmen hinterlässt.

3.2 Personalauswahl

Die Personalbeschaffung lässt sich auf unterschiedliche Weise gestalten und wird von verschiedenen Faktoren beeinflusst. So ist unter anderem entscheidend, für welche Position Mitarbeiter gesucht werden, ob ein momentaner Arbeitskräftemangel am externen Arbeitsmarkt besteht und mit welcher Dringlichkeit die Personalvakanz besetzt werden muss.

Im Folgenden sollen die verschiedenen Möglichkeiten, neue Mitarbeiter zu gewinnen, beschrieben werden. Abbildung 3-19 verdeutlicht zunächst die grundsätzlichen Beschaffungswege mit ihren jeweiligen Instrumenten:

Abbildung 3-19: *Möglichkeiten der Personalbeschaffung*

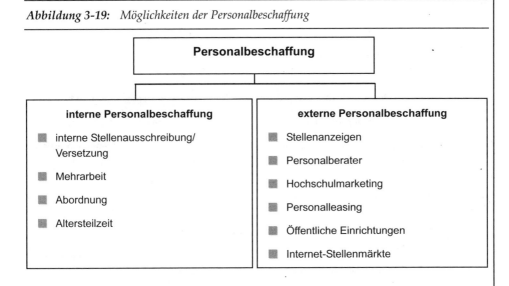

Interne Personalbeschaffung

Neues Personal am externen Arbeitsmarkt zu rekrutieren ist immer mit umfangreichen Beschaffungsmaßnahmen verbunden, die für das suchende Unternehmen sowohl kostenintensiv als auch ressourcenbindend sind. Daher sollte zunächst geprüft werden, ob nicht das bereits vorhandene Personal für die zu besetzende Position geeignet wäre.

Besonders für größere Unternehmen eignet sich die interne Personalbeschaffung, da hier eine reelle Möglichkeit für die Mitarbeiter besteht, sich in einer neuen Position zu verwirklichen. Aufgrund der Strukturen klein- und mittelständischer Betriebe sind hier die Möglichkeiten für eine Versetzung beschränkt. Während man innerhalb eines international agierenden Konzerns zu den unterschiedlichen Standorten versetzt werden kann, haben Klein- und Mittelständler oft nur einen Standort. Dort existiert dann nicht die Vielzahl an Abteilungen und Personal, die nötig wäre, um Versetzungen generell zu ermöglichen. Für klein- und mittelständische Unternehmen eignet sich deshalb zum Beispiel das Modell der job rotation. Der Wechsel der Arbeitsaufgaben führt zu einer häufigen Konfrontation mit ständig neuen Anforderungen und Problemen und damit zu erhöhter Flexibilität der Mitarbeiter. Job rotation gehört zu den modernen Formen der Arbeitsorganisation und kann besonders bei monotonen Aufgabenstellungen wesentlich zu einem interessanten und anspruchsvollen Arbeitsalltag beitragen.

Abbildung 3-20 vergleicht Vor- und Nachteile der internen und der externen Personalbeschaffung.

Abbildung 3-20: *Interne und externe Personalbeschaffung*

	Interne Personalbeschaffung	**Externe Personalbeschaffung**
Vorteile	▨ Anreizfaktor für Mitarbeiter	▨ neue Ansichten und Impulse
	▨ Kenntnis des Unternehmens, dadurch kürzere Einarbeitungszeit	▨ Profitieren von bisherigen Erfahrungen
	▨ kostengünstige Variante	
Nachteile	▨ Betriebsblindheit	▨ längere Einarbeitungsphase
	▨ Enttäuschung beim bisherigen Vorgesetzten	▨ kosten- und zeitintensive Variante
	▨ Fortloben von schlechten Mitarbeitern	▨ Enttäuschung bei mangelnder Eignung
	▨ fehlende neue Impulse	

Die interne Personalbeschaffung bietet hohes Rekrutierungspotenzial. Die Mitarbeiter haben aus ihren alltäglichen Erfahrungen oft konkrete Verbesserungsvorschläge, die sehr realistisch sind. Die Einarbeitungszeiten sind wesentlich kürzer, da umfangreiche Kenntnisse über das Unternehmen bereits vorhanden sind. Da keine externen Beschaffungsbemühungen angestrengt werden müssen, sind interne Beschaffungsmaßnahmen die kostengünstigere Variante.

Interne Rekrutierung kann darüber hinaus Motivator und Anreizfaktor sein. Den Mitarbeitern wird verdeutlicht, dass im Unternehmen Möglichkeiten zur Veränderung bestehen, dass es sich lohnt, engagiert zu arbeiten, um weitere Tätigkeitsbereiche kennen zu lernen.

Die Gefahr der internen Personalbeschaffung liegt insbesondere in der Betriebsblindheit. Besonders Mitarbeitern die lange Zeit im Unternehmen tätig sind, fehlen oft der Vergleich mit anderen Unternehmen und der Blick für notwendige Veränderungen.

Der bisherige Vorgesetzte könnte unter Umständen enttäuscht sein über den Fortgang seines Mitarbeiters. Zweifel an der eigenen Führungsqualität sind denkbar. Dazu besteht die Gefahr des Fortlobens von eigentlich schlechten Arbeitnehmern.

Einer eingeschworenen Belegschaft fehlen oftmals neue Impulse, die durch neue Mitarbeiter automatisch ins Unternehmen kommen.

Externe Personalbeschaffung

Beschäftigen wir uns nun mit der externen Personalbeschaffung. Ein wesentlicher Erfolgsfaktor bei der Personalbeschaffung ist das Personalimage des Unternehmens. Als Personalimage wird die Wahrnehmung des Unternehmens als attraktiver Arbeitgeber bezeichnet. Der Begriff beinhaltet vor allen Dingen eine wertmäßige Einschätzung des Unternehmens als Arbeitgeber.

Beeinflusst wird das Personalimage von unterschiedlichen Faktoren wie zum Beispiel Standort, angebotene Produkte oder Dienstleistungen, praktizierte Personalpolitik und der Auftritt in der Öffentlichkeit. Das Personalimage ist eine subjektive Wahrnehmung. Auch das Image der Branche, in der das Unternehmen tätig ist und die Verdienstmöglichkeiten beeinflussen das Personalimage. Das Personalimage ist jedoch keine Konstante. Es wird von negativen Ereignissen beeinflusst, wie beispielsweise von Kündigungswellen oder von Produktfehlern, die in der Presse publiziert werden, wie dies bei Rückrufaktionen von Kraftfahrzeugen in der Automobilbranche üblich ist. Die Attraktivität eines Unternehmens schwankt also. Am Personalimage muss immer wieder gearbeitet werden, um die Wirkung des Unternehmens nach außen zu verbessern.

Je attraktiver ein Unternehmen am Arbeitsmarkt wahrgenommen wird, desto wahrscheinlicher ist es, dass potenzielle Mitarbeiter sich bei dem jeweiligen Unternehmen bewerben. Besonders für den Weg der externen Personalbeschaffung ist diese Erkenntnis relevant.

Die Vorteile der externen Personalbeschaffung wurden bereits in Abbildung 3-20 verdeutlicht. Jedes Unternehmen, das einen neuen Mitarbeiter einstellt, profitiert in bestimmter Weise von dessen bisherigen Erfahrungen in anderen Unternehmen. Stammt ein neuer Mitarbeiter von einem Konkurrenzunternehmen oder einem Unternehmen, das dem eigenen sehr ähnelt, entstehen wesentliche Synergieeffekte, die über die Besetzung einer offenen Position weit hinausgehen. Der neue Mitarbeiter lässt seine

Erfahrungen gewollt oder ungewollt in die neue Tätigkeit einfließen. Dabei geht es darum, einen direkten Vergleich zwischen dem bisherigen und dem derzeitigen Arbeitgeber zu haben. Verbesserungsmöglichkeiten können aufgedeckt und neue Impulse gewonnen werden.

Die Nachteile der externen Personalbeschaffung sind vor allen Dingen der oftmals lange Zeitraum, den der gesamte Beschaffungsprozess einnimmt, und die damit verbundenen hohen Kosten. Externe Bewerber benötigen im Allgemeinen eine längere Einarbeitungsphase, um sich mit dem Unternehmen und seiner Kultur vertraut zu machen. Stellt sich während oder nach der Einarbeitung heraus, dass der lang gesuchte Bewerber doch nicht die benötigte Qualifikation mitbringt, ist die Enttäuschung groß.

Aufgabe der Führungskräfte bei interner und externer Personalbeschaffung ist es, die Bewerber zu identifizieren, die einerseits genau die fachlich-methodischen Kompetenzen mitbringen, die die Stelle verlangt, und andererseits sozial zum bestehenden Team bzw. in die gesamte Unternehmenskultur passen. Insbesondere Bewerber, die Schnittstellenfunktionen wahrnehmen sollen, müssen unter anderem ein hohes Maß an sozialer Kompetenz, Liebe zum Mitmenschen und zur Aufgabe sowie Kommunikationsfähigkeit mitbringen. Über einen strukturierten Auswahlprozess ist es möglich, den geeigneten Mitarbeiter zu bestimmen (Abbildung 3-21).

Abbildung 3-21: *Ablauf eines strukturierten Personalauswahlprozesses*

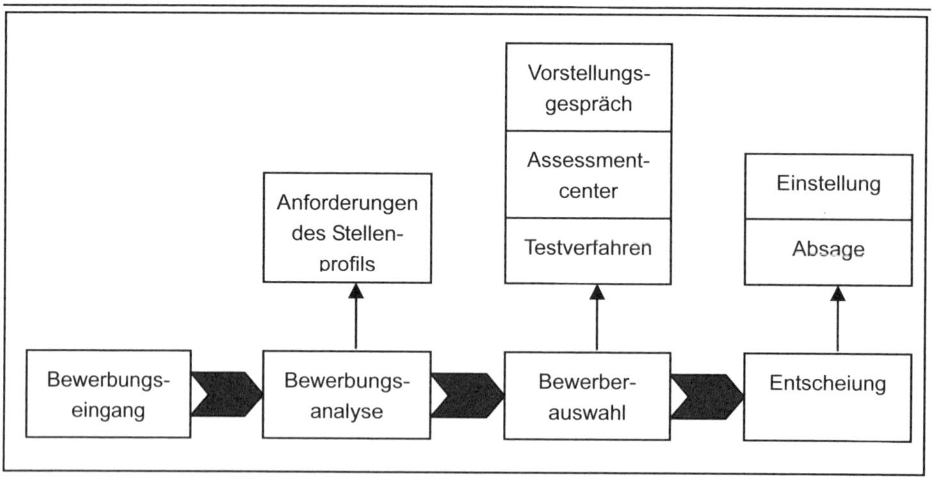

Dieser Prozess beginnt mit dem Bewerbungseingang, setzt sich mit der Analyse der Bewerbung auf Basis des Stellenprofils fort sowie mit der eigentlichen Bewerberauswahl mit Hilfe von Vorstellungsgesprächen, Assessmentcentern oder Testverfahren. Schließlich ist es möglich, eine Entscheidung über die Einstellung des jeweiligen Bewerbers zu fällen.

Die Aufgabe der Personalbeschaffung bzw. Personalauswahl kann nicht von der Personalabteilung allein übernommen werden. Vielmehr kommt ihr in diesem Zusammenhang eine unterstützende Funktion zu, die bei entsprechendem Personalbedarf (der durch die Führungskraft gemeldet wird) eine geeignete Stellenanzeige in der Zeitung schaltet oder einen Personalberater mit der Personalsuche beauftragt. Der eigentliche Selektionsprozess wird vollständig von der Führungskraft begleitet. Nur sie kann feststellen, ob der Mitarbeiter zum Team passt oder die „Chemie" zwischen ihnen beiden stimmt. Das Vorurteil, Führungskräfte müssten völlig neutral mit allen ihnen zugeteilten Mitarbeitern gleich gut auskommen, wird insbesondere in Zeiten verstärkter Beziehungsorientierung widerlegt. Natürlich müssen Führungskräfte in der Lage sein, im Sinne eines wertschätzenden Führungsverhaltens (vgl. →2.2.5 Wertschätzendes Führungsverhalten) mit unterschiedlichen Charakteren umzugehen und Diversity zuzulassen. Trotzdem muss die Führungskraft bei Neueinstellungen oder Versetzungen ein Veto- und Mitspracherecht haben, denn: Wem nützt es, wenn die Beziehung zwischen Führungskraft und Mitarbeiter von vornherein zum Scheitern verurteilt ist?

Es stellt sich nun die Frage, welche Kompetenzen, Fähigkeiten und Fertigkeiten Mitarbeiter zukünftig mitbringen müssen, um für die Zukunft gerüstet zu sein.

In erster Linie werden dies persönliche Fähigkeiten wie Kommunikationsfähigkeit, Kommunikationsfreude, Flexibilität, Disziplin, Leidenschaft für die Aufgabe und Verantwortungsbewusstsein sein. Mitarbeiter müssen in der Lage sein, selbstständig zu arbeiten, ihren Standpunkt zu überprüfen und unternehmerisch zu denken und zu handeln. Da Probleme ganzheitlich gelöst werden müssen, nimmt der Bedarf an spezialisierten Facharbeitern ab. Es wird Generalisten brauchen, die an Schnittstellen arbeiten können, wie zum Beispiel an der Schnittstelle von Gesundheit und Management, Technik und Informatik oder Management und Psychologie. Dadurch wird es zukünftig kaum noch Menschen mit identischen Qualifikationen geben, das heißt Mitarbeiter werden immer weniger austauschbar.

Mitarbeiter werden zukünftig aufgefordert sein, sich selbst zu organisieren und auf die Balance zwischen Arbeits- und Berufsleben zu achten, quasi sich Freizeit zu erwirtschaften. So ist es möglich, für seelische und körperliche Gesundheit zu sorgen – eine der Grundvoraussetzungen für einen effizienten Informationsarbeiter. Die Gesundheit der Mitarbeiter ist somit ausschlaggebend für die (wirtschaftliche) Gesundheit des Unternehmens. Nicht zuletzt darum wird das Thema „Gesundheit" eines **der** Managementthemen der nächsten Jahre sein.

Die Führungskräfte, die die Zukunft verlangt, sind Beziehungsmanager und Leistungsermöglicher. Kurz: Manager werden zu Dienstleistern ihrer Mitarbeiter. Deshalb müssen diese Führungskräfte Menschen sein, die mit Mitarbeitern verschiedener Hierarchieebenen auf gleicher Augenhöhe zusammenarbeiten, von diesen Rat- und Vorschläge annehmen und qualifiziertes Feedback (vgl. →2.4 Feedback) geben können. Verantwortung wird nach unten delegiert werden, wo sich die Mitarbeiter selbst organisieren müssen.

Unternehmen sind schon heute aufgefordert, bei ihrer Führungskräfteauswahl auf diese persönlichen Fähigkeiten zu achten bzw. im Rahmen ihrer Management-Entwicklungsprogramme diesen Kompetenzbereich zu fokussieren.

3.3 Personalentwicklung

Standardisierte Mitarbeiter mit standardisierten Qualifikationen – das werden Unternehmen zukünftig nicht mehr benötigen. So wie sich die Anforderungen an das Unternehmen ändern, ändern sich auch die Anforderungen an die Mitarbeiter. Personalentwicklung umfasst eine Palette von Konzepten, Instrumenten und Maßnahmen zur Bildung, Steuerung und Förderung personeller Ressourcen von Organisationen. Im Mittelpunkt steht, diese Vielzahl von Konzepten, Instrumenten und Maßnahmen zu planen, umzusetzen und zu evaluieren (vgl. Wunderer, 2000, S. 410).

Woher weiß man jedoch, ob Personalentwicklungsbedarf in einem Unternehmen besteht und wie sich dieser Bedarf konkret gestaltet?

Ältere Denkmodelle der Personalentwicklung setzen primär beim Mitarbeiter (Performer) an. Auftretende Performance-Probleme werden auf Defizite beim Mitarbeiter zurückgeführt. Trainings- und Entwicklungsmaßnahmen sollen dazu beitragen, diese Defizite zu beseitigen, um so eine verbesserte Performance sicherzustellen. Diese Denkmodelle vernachlässigen die übrigen Komponenten der Aufgabenebene:

Eine derartige Denkweise genügt jedoch nicht mehr. Es darf nicht nur der Mitarbeiter betrachtet werden. Vielmehr ist eine ganzheitliche Betrachtung notwendig, die sein Umfeld mit allen auftretenden Einflüssen berücksichtigt (**Abbildung 2-1**). Erfolgversprechende Personalentwicklungsmaßnahmen setzen ihren Schwerpunkt nicht nur beim Mitarbeiter, sondern beziehen auch die übrigen Einflussgrößen mit ein.

Die Einflussgrößen auf der Aufgabenebene sind Ziele, Feedback, Konsequenzen, Performer, Input, Unterstützung, Design und Ressourcen, Output, Management und Kunde. Folgende Leitfragen beschreiben diese Einflussgrößen näher:

1. Ziele

■ Gibt es eine Beschreibung der Ziele?

■ Kennt der Mitarbeiter diese Ziele?

2. Feedback

■ Bekommt der Mitarbeiter regelmäßig Informationen über den aktuellen Stand seiner Leistung?

■ Sind diese Informationen aktuell, präzise und verlässlich?

3. Konsequenzen

■ Gibt es positive Konsequenzen für das Erreichen vereinbarter Leistungen?

■ Gibt es negative Konsequenzen für das Nicht-Erreichen vereinbarter Leistungen?

■ Kennt der Mitarbeiter diese Konsequenzen?

4. Mitarbeiter (Performer)

■ Verfügt der Mitarbeiter über die zur Leistung notwendigen Fähigkeiten, Kenntnisse, Wissen und Erfahrungen?

5. Input

■ Entspricht der Input den Qualitätsanforderungen?

■ Kann der Input ohne zusätzlichen Aufwand weiterbearbeitet werden?

6. Umfeld (Unterstützung)

■ Unterstützt das Umfeld des Arbeitsplatzes die Leistungserbringung?

7. Design

■ Unterstützt das Design des Arbeitsplatzes die Leistungserbringung?

8. Ressourcen

■ Stehen dem Mitarbeiter die benötigten Ressourcen zur Verfügung, um den gewünschten Output zu erzielen?

■ Wird der Mitarbeiter ausreichend durch das Management unterstützt?

Eine Betrachtung dieser Einflussgrößen gibt Aufschluss über die Notwendigkeit von Personalentwicklungsmaßnahmen. So kann die Analyse der Aufgabenebene zum Beispiel ergeben, dass das Umfeld des Arbeitsplatzes die Leistungserstellung nicht hinreichend unterstützt, etwa weil ein hoher Lärmpegel herrscht, die Tätigkeit jedoch Ruhe und Konzentration erfordert. Eine Trainingsmaßnahme wäre hier fehl am Platz, weil das Problem damit nicht aus der Welt geschafft würde. Eine sinnvolle Maßnahme wäre demgegenüber die Verlagerung des Arbeitsplatzes in einen anderen Raum, der ruhiges und konzentriertes Arbeiten unterstützt.

Eine weitere Schwachstelle können fehlende Ressourcen sein. Stehen dem Mitarbeiter zum Beispiel nicht die benötigten Ressourcen zur Verfügung, wird er nicht in der Lage sein, eine adäquate Leistung zu erbringen. Seine Zeit wird dann beispielsweise dadurch gebunden, dass er sich notwendige Materialien oder Softwareprogramme besorgen muss. Würde man zum Beispiel einen Computertechniker zum Kunden schicken, ohne dass er einen Notebook-Computer und die entsprechende Software dabei hat, ist die Leistungserstellung für ihn geradezu unmöglich. Auch hier führen Personalentwicklungsmaßnahmen nicht zum Erfolg. Im Gegenteil – auch Personalentwicklungsmaßnahmen binden Zeit, die später wieder fehlt, wobei das eigentliche Problem noch nicht behoben ist.

Wann sind dann eigentlich Personalentwicklungsmaßnahmen sinnvoll? Sie sind dann sinnvoll, wenn die Analyse der Aufgabenebene Lücken in der Mitarbeiterqualifikation ergibt, wenn Wissensdefizite festgestellt werden. So kann eine Mitarbeiterbefragung zum Beispiel ergeben, dass ein kürzlich eingeführtes Softwareprogramm noch nicht verstanden wurde und daher auch nicht hinreichend genutzt wird. Hier scheint eine Trainingsmaßnahme sicherlich zweckmäßig. Sie kann helfen, die Kenntnisse der Mitarbeiter hinsichtlich der neuen Software zu vergrößern. Dabei wird von der Annahme ausgegangen, dass die Lernenden die neuen Informationen dauerhaft im Gedächtnis speichern und später in Praxissituationen anwenden können. Das Gelernte wird aber nur dann behalten, wenn es immer wieder angewendet wird. Was nicht angewendet wird, das wird vergessen. Auch Trainingsmaßnahmen zur Auffrischung der Lerninhalte und ausgeklügelte Lernmethoden lösen das Problem nicht. Die Verwendung von Arbeitshilfen (Job Aids, Arbeitsreferenzen, Anleitungen, Leistungshilfen) kann als Gedächtnisstütze dienen. Eine Arbeitshilfe, die zum Beispiel die wichtigsten Lerninhalte einer Schulung noch einmal zusammenfasst, ist gleichzeitig eine Gedächtnishilfe. Arbeitshilfen können aber auch Checklisten, Verzeichnisse oder Handbücher sein. Sie können jedoch Trainingsmaßnahmen nicht in jedem Fall ersetzen, aber stets unterstützen. Bezogen auf das oben angeführte Beispiel können die wichtigsten Funktionen der neuen Software in einer „Flipcard"[4] abgebildet werden, die der Benutzer dann bei Bedarf jederzeit zu Rate ziehen kann.

Trainingsmaßnahmen sind auch dann zweckmäßig, wenn die Persönlichkeitsentwicklung eines einzelnen Mitarbeiters oder einer Gruppe von Mitarbeitern unterstützt werden soll, beispielsweise wenn es darum geht, die Teambildung zu fördern.

Hat die Analyse also ergeben, dass Personalentwicklungsmaßnahmen zweckmäßig sind, um die vorhandene Leistungslücke zu schließen, steht eine Vielzahl von Maßnahmen zur Verfügung.

---

[4] Der Begriff Flipcard ist eine eingetragene Handelsmarke der Firma Leftcoast Interactive, Inc. Flipcards können am Monitor eines PC befestigt werden und beinhalten in übersichtlicher Darstellung die wichtigsten Funktionen beispielsweise eines Softwareprogramms.

Es werden hauptsächlich on-the-job, off-the-job, near-the-job und into-the-job Maßnahmen unterschieden:

▨ Unter **on-the-job** Maßnahmen versteht man das Lernen am Arbeitsplatz. Die Qualifizierung erfolgt direkt am Arbeitsplatz durch Einweisung beispielsweise in Form von job rotation oder durch das Erlernen einer neuen Software.

▨ **Off-the-job** Maßnahmen finden in räumlicher, inhaltlicher oder zeitlicher Distanz zur Arbeit statt. Hier steht insbesondere Wissensvermittlung oder Verhaltensschulung im Vordergrund, zum Beispiel im Rahmen von Lehrgängen, Vorträgen, Planspielen oder Fallstudien.

▨ Finden Trainingsmaßnahmen in enger räumlicher, zeitlicher oder örtlicher Nähe zum Arbeitsplatz statt, werden diese als **near-the-job** bezeichnet, wie zum Beispiel Qualitätszirkel.

▨ Als **into-the-job** Maßnahmen werden alle aufgabenvorbereitenden Schritte bezeichnet, die unternommen werden, um einen Mitarbeiter auf zukünftige Aufgabenstellungen hinzuführen, wie etwa Einarbeitung, Nachwuchsförderungsprogramme oder Coaching-Prozesse.

Die aufgezeigten Maßnahmen machen deutlich: Der Arbeitsplatz und die Aufgabe spielen tragende Rollen, wenn es um Personalentwicklung geht. Hier trägt die Führungskraft eine besondere Verantwortung, denn durch ihren Führungsstil kann sie bereits einen wichtigen Beitrag zur Personalentwicklung leisten. Sie kann durch ihr Führungsverhalten Denkansätze und Arbeitsweisen aufzeigen. Die Führungsaufgabe beinhaltet damit gleichzeitig eine Personalentwicklungsfunktion (vgl. Wunderer, 2000, S. 416). Von besonderer Bedeutung ist hier auch die Fähigkeit der Führungskraft, Aufgaben verantwortungsvoll an die Mitarbeiter zu delegieren. Durch das Übertragen von Verantwortung wird den Mitarbeitern Vertrauen von Seiten der Führungskraft signalisiert. Dies ist ein wesentlicher Beitrag zum Empowerment (Selbstermächtigung) der Mitarbeiter.

3.4   Personaleinsatz

Die wichtigste Aufgabe des Personaleinsatzes ist die ideale Eingliederung der Mitarbeiter in den betrieblichen Leistungsprozess (Vgl. Freund, F., Personalwirtschaft, 1993, S. 100). Die Mitarbeiter sollen in der bestmöglichen Art den verfügbaren Stellen zugeordnet werden. Dies beinhaltet einerseits die Anpassung des Menschen an die Arbeit und andererseits die Anpassung der Arbeit an den Menschen (Vgl. Freund, F., Personalwirtschaft, 1993, S. 100 ff.).

3.4.1   Aufgaben, Ziele und Phasen des Personaleinsatzes

Ein leistungsfördernder Personaleinsatz zielt auf die Gestaltung einer Umwelt ab, die die Arbeitnehmer zu Leistung motiviert und die Leistungserstellung sichert.

Der Leistungswille und die Leistungsfähigkeit werden in hohem Maße von den Rahmenbedingungen der Arbeit wie Arbeitszeit, Arbeitsort und Arbeitsorganisation beeinflusst. Je mehr diese „Stellschrauben" den Personaleinsatz unterstützen, desto mehr wird die Leistung der Mitarbeiter gefördert.

Der Personaleinsatz kann als Zuordnung der Mitarbeiter zu den im Unternehmen verfügbaren Stellen beschrieben werden.

Diese Zuordnung geschieht in vier Dimensionen:

Abbildung 3-22: Dimensionen des Personaleinsatzes

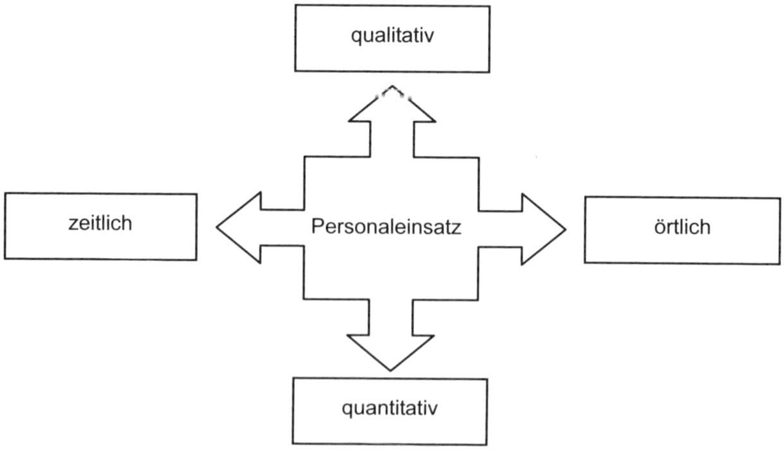

Die qualitative Dimension des Personaleinsatzes zielt auf das Anforderungsprofil der Stelle ab. Hier geht es darum, den Mitarbeiter einzusetzen, der diesen Anforderungen entspricht.

Die quantitative Dimension hingegen vergleicht die Anzahl der vorhandenen Stellen mit der Anzahl der vorhandenen, potenziell geeigneten Mitarbeiter. Ergebnis dieses Vergleichs können beispielsweise Einstellungsmaßnahmen oder Versetzungen aus anderen Abteilungen im Falle einer Unterdeckung oder aber Versetzungen in andere Abteilungen oder Kündigungen im Falle einer Überdeckung sein.

Die zeitliche Dimension des Personaleinsatzes befasst sich unter anderem mit Eintrittsterminen, Schichtarbeitsmodellen oder Teilzeitregelungen.

Die räumliche Dimension verweist darauf, dass die Mitarbeiter beispielsweise in der richtigen Niederlassung oder Abteilung tätig werden. Aber auch Auslandseinsätze gehören zur räumlichen Dimension des Personaleinsatzes.

Wie bereits erwähnt: Personaleinsatz beinhaltet einerseits die Anpassung des Menschen an die Arbeit und andererseits die Anpassung der Arbeit an den Menschen (Vgl. Freund, F., Personalwirtschaft, 1993, S. 100), wie in Abbildung 3-23 deutlich wird.

Abbildung 3-23: *Wechselseitige Anpassung von Mensch und Arbeit*

Zur Anpassung des Menschen an die Arbeit gehören einerseits die Einführung und Integration von Mitarbeitern und andererseits die Qualifizierung der Mitarbeiter.

Die Anpassung der Arbeit an den Menschen äußert sich in den verschiedenen Modellen zur Flexibilisierung der Arbeit, wie etwa dem job enrichment oder dem job enlargement. Dazu gehören aber auch die verschiedenen Arbeitszeitmodelle, wie beispielsweise Gleitzeit- oder Teilzeitarbeit sowie Jahresarbeitszeitkonten.

Eine weitere Dimension der Anpassung der Arbeit an den Menschen wird unter dem Begriff der „Humanisierung der Arbeit" diskutiert. Dazu gehören alle Maßnahmen, die dazu beitragen, die Arbeit menschenwürdig zu gestalten. Die ergonomische Gestaltung des Arbeitsplatzes ist ein Beispiel, mit dessen Hilfe sich die Humanisierungsbemühungen sehr anschaulich verdeutlichen lassen. Neben der Gestaltung des Arbeitsplatzes spielt auch der Arbeitsort eine wesentliche Rolle. Das Einrichten von Heimarbeitsplätzen beispielsweise stellt eine eindeutige Anpassung der Arbeit an den Menschen dar. Möchte etwa eine Mutter arbeiten und gleichzeitig die Betreuung ihres Kindes übernehmen, so können diese Wünsche durch die Einrichtung eines Heimarbeitsplatzes erfüllt werden.

Die Wechselwirkung der beschriebenen Anpassungen geht über die reine Erfüllung der Arbeit weit hinaus. Sicherlich ist es ein kurzfristiges Ziel, die offenen Stellen optimal zu besetzen und damit sicher zu stellen, dass die Aufgaben erfüllt werden. Ein weiteres Ziel muss jedoch auch sein, die Rahmenbedingungen unter denen die Mitarbeiter arbeiten, so zu gestalten, dass sie diese motivieren. Die Stimmigkeit des Arbeitsumfeldes hat einen erheblichen Einfluss auf die Motivation der Mitarbeiter. An dieser Stelle werden wir jedoch nicht ausführlich auf die Bedeutung und Einflussfaktoren der Mitarbeitermotivation eingehen (Vgl. Martin, A., Personal, 2001, S. 208 ff.). Es soll allerdings deutlich werden, dass neben anderen Variablen, wie beispielsweise dem Führungsstil oder dem Entlohnungssystem, die Gestaltung der Arbeit wesentlichen Einfluss auf die Motivation der Mitarbeiter hat. Es ist selbstverständlich, dass die Mitarbeiter mehr Freude an der Arbeit haben, wenn ihr Arbeitsplatz sauber und hell ist oder ihre Freizeit nicht durch unzählige Überstunden beeinträchtigt wird. Hier liegen auch konkrete Anknüpfungspunkte des Personaleinsatzes und seiner Gestaltungsmöglichkeiten.

Personaleinsatz lässt sich in drei Stufen beschreiben (Vgl. Olfert, K., Personalwirtschaft, 1998, S. 194):

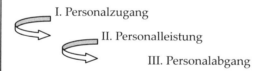

I. Personalzugang

II. Personalleistung

III. Personalabgang

Die Phase des Personalzugangs knüpft direkt an die Personalbeschaffung an. Im Mittelpunkt steht hier ein neuer Mitarbeiter, der ins Unternehmen kommt oder ein Mitarbeiter, der aus einer anderen Division, Abteilung oder Unternehmenseinheit versetzt wird. Es geht in dieser Phase vor allen Dingen um die Einführung und Integration dieses Mitarbeiters in ein für ihn neues Aufgaben- und Umfeld.

In der Phase der Personalleistung steht der Mitarbeiter mit seiner vollen Arbeitskraft zur Verfügung. Gestaltungsmöglichkeiten des Arbeitsplatzes oder der Arbeitszeit sind in dieser Phase zu betrachten.

In der letzten Stufe des Personaleinsatzes, dem Personalabgang, steht die Trennung des Mitarbeiters vom Unternehmen im Vordergrund. Gründe für den Personalabgang können sein: Kündigung, Eintritt ins Rentenalter, Tod, Krankheit oder Vertragsablauf.

3.4.2 Die Aufnahme einer neuen Tätigkeit

Ist der Arbeitsvertrag unterschrieben, steht dem Arbeitsantritt nichts mehr im Wege. Oder vielleicht doch?

Immerhin bedeutet ein neuer Arbeitsplatz für den Mitarbeiter auch ein völlig neues Umfeld, unbekannte Kollegen und Unsicherheit, ob die Anforderungen der Vorgesetzten erfüllt werden können. Der neue Mitarbeiter sieht sich einer Vielzahl von Unsicherheitsfaktoren gegenüber. Umso wichtiger ist es, den „Neuen" willkommen zu heißen, ihn sorgfältig einzuarbeiten und nicht zuletzt ihn zu integrieren.

In diesem Abschnitt erfahren Sie, wie die Einführung neuer Mitarbeiter gestaltet werden kann und warum die Integration der Mitarbeiter eine wesentliche Aufgabe eines erfolgreichen Personalmanagements ist.

a) Einführung neuer Mitarbeiter

„Der erste Eindruck ist entscheidend." Darum sollte dieser erste Eindruck, den der neue Mitarbeiter von seinem Arbeitgeber bekommt, so positiv wie möglich sein.

Der erste Kontakt zwischen dem neuen Mitarbeiter und seinem zukünftigen Arbeitsumfeld wird als Konfrontationsphase bezeichnet. In dieser Phase ist der neue Mitarbeiter einer enormen Belastung ausgesetzt. Doch nicht nur er ist unsicher, auch seine zukünftigen Kollegen und sein Vorgesetzter müssen einen Weg zu ihm finden. Das gegenseitige kennen lernen ist ein Gewöhnungsprozess, der nicht in wenigen Tagen abgeschlossen ist.

Abhängig von der Betriebsgröße können unterschiedliche Hilfestellungen die Einführung neuer Mitarbeiter unterstützen. Dazu gehören (Vgl. Olfert, K., Personalwirtschaft, 1998, S. 198 f.):

- Einführungscheckliste

  Sie enthält alle wichtigen Punkte, die bei der Einarbeitung beachtet werden müssen. Dazu gehört die Begrüßung, die Vorstellung der Kollegen und des Arbeitsplatzes, ein persönliches Gespräch, um offene Fragen abzuklären sowie das Überlassen notwendiger Unterlagen (Lohnsteuerkarte, Mitgliedsbestätigung einer Krankenkasse, Sozialversicherungsausweis von Seiten des Arbeitnehmers; Visitenkarten, Unternehmensinformationen, Einführungsbroschüre, etc. von Seiten des Arbeitgebers.

- Welcome Package

  Ein Welcome Package bietet sich vor allen Dingen bei Mitarbeitern der mittleren und höheren Hierarchien an. Dazu kann ein Blumenstrauß am Arbeitsplatz genauso gehören wie die Vorstellung in der Betriebszeitung.

■ Einführungsbroschüre

Besonders große Unternehmen werden ihren neuen Mitarbeitern eine Einführungsbroschüre zur Verfügung stellen. Die erfahrungsgemäß wichtigsten Fragen der neuen Mitarbeiter werden hier beantwortet. Der Mitarbeiter hat mit einer Einführungsbroschüre die Gelegenheit, sich in Ruhe mit dem Unternehmen auseinander zu setzen. So gehen wichtige Informationen nicht in einer Fülle von neuen Eindrücken verloren. Die Einführungsbroschüre kann beispielsweise auch ein Organigramm des Betriebes oder eine Übersicht zu den Tochterunternehmen oder Außenstellen enthalten.

■ Patenprogramm

In Paten- und Mentorenprogrammen wird den neuen Mitarbeitern ein Pate zur Seite gestellt. Der Pate ist der Ansprechpartner für den Mitarbeiter in fachlichen Fragen. Paten werden meist aus der gleichen Hierarchieebene gewählt. Mentoren dagegen übernehmen zusätzlich eine beratende Funktion und stehen hierarchisch über dem Mentoree. Die Gefahr von Patenprogrammen besteht in der Übernahme einer Vorgesetztenfunktion durch den Paten, die diesem eigentlich nicht zusteht.

Ein idealer Einführungstag beginnt mit der Begrüßung durch den direkten Vorgesetzten und einem Rundgang durch die Räumlichkeiten. Dabei sollten Orte wie die Kantine oder das Lager für Büromaterial nicht vergessen werden. Ein anschließendes persönliches Gespräch, das in ungestörter, angenehmer Atmosphäre stattfinden sollte, gibt Raum für Fragen wie beispielsweise der Pausenregelung und schafft eine erste Beziehung. Danach kann der Arbeitsplatz präsentiert werden, auf dem ein Blumenstrauß bereit stehen kann, aber auf jeden Fall alle notwendigen Arbeitsmaterialien. Am ersten Tag sollten zunächst nur die direkten Kollegen vorgestellt werden, da bei dieser Flut von Informationen Namen nur schwer in Erinnerung bleiben. Dem neuen Mitarbeiter sollte dann etwas Zeit gegeben werden, um ein erstes Gefühl für seinen Arbeitsplatz zu bekommen. Ein wichtiger Beitrag zu seiner Eingewöhnung ist die Anwesenheit des zukünftigen Vorgesetzten – und zwar den ganzen Einführungstag über, soweit dies organisatorisch möglich ist. Auch die Unterrichtung der Kollegen des „Neuen" spielt in der Einführungsphase eine wichtige Rolle. Sie sollten informiert werden, wer als neues Mitglied in ihr Team kommt und welche Aufgaben derjenige übernehmen wird.

Damit der Mitarbeiter sein neues Aufgabenfeld kennen lernt, muss auf die Einführung die Einarbeitung folgen. Im Zusammenhang mit der leistungswirtschaftlichen Betrachtung ist es notwendig, die Einarbeitung an den Anforderungen der Kunden- respektive Markterwartungen zu orientieren. Dazu müssen die Mitarbeiter Sinn und Zweck ihrer Aufgabe verstehen und ihren Beitrag an der Gesamtleistung des Unternehmens kennen. Wenn dem Mitarbeiter bewusst ist, warum er diese Aufgabe auf eine bestimmte Art zu erfüllen hat, nämlich weil der Markt bzw. die Kunden diese Leistung so einfordern, wird er eher bereit sein, seine Leistung zu erbringen.

Eine Unterstützung für die Einarbeitung stellt ein Einarbeitungsplan dar, in dem alle notwendigen Schritte der Einarbeitung dargestellt und zeitlich definiert sind. Abbildung 3-24 zeigt einen möglichen Einarbeitungsplan, in dem zusätzlich noch die Personen bestimmt sind, die für den jeweiligen Schritt verantwortlich sind. Auch die jeweils zur Verfügung stehenden Informationsmittel sind berücksichtigt.

Feedback ist im gesamtem Einführungs- und Einarbeitungsprozess wichtig. Der neue Mitarbeiter bekommt damit wichtige Hinweise, inwiefern seine Arbeit den Anforderungen entspricht und in welchen Punkten noch Verbesserungspotenzial vorhanden ist. Feedbackschleifen sollten jedoch auch im Verlauf der gesamten Personalleistung installiert werden. Die Mitarbeiter bekommen damit kontinuierlich Rückmeldung zu ihrer Arbeit und können im Rahmen der Personalentwicklung gezielt Schulungs- oder Trainingsbedarf feststellen.

Die hier dargestellten Maßnahmen zeigen dem neuen Mitarbeiter, dass er willkommen ist und tragen zu einer schnelleren Eingewöhnung bei. Umso eher ist er in der Lage, die ihm überantworteten Aufgaben optimal zu erfüllen.

b) Integration von Mitarbeitern

Die Einarbeitung neuer Mitarbeiter zielt auf die rein fachliche Seite ab, die Vermittlung von stellenspezifischem Wissen. Daneben gilt es aber auch die emotionale Seite zu berücksichtigen. Darum müssen Mitarbeiter nicht nur eingeführt und eingearbeitet, sondern auch integriert werden.

Die Einführung und Einarbeitung spielen sich zum großen Teil zwischen dem „Neuen" und seinem Vorgesetzten bzw. seinem Paten ab. Der Kreis der Kollegen bleibt dabei weitgehend unberücksichtigt. Einen Mitarbeiter zu integrieren heißt jedoch, ihn in eine bestehende Gruppe aufzunehmen und einzufügen. Hier sind die Kollegen von entscheidender Bedeutung. Das Ziel der Integration ist, dass sich die Mitarbeiter als ein Teil des Unternehmens fühlen. Es soll ihnen gezeigt werden, dass ihre Arbeit erheblich zum Erfolg des Unternehmens, aber auch zum Misserfolg beitragen kann, wenn ihre Leistung dauerhaft nicht den Erwartungen der Kunden entspricht. Zur Integration von Mitarbeitern gehört die Verwirklichung ihrer Verbesserungsvorschläge genauso wie regelmäßige Feedbackgespräche. Sie sollen einerseits in ihr Team und andererseits ins Unternehmen integriert sein.

Abbildung 3-24: *Zeitplan zur Einführung von Mitarbeitern*

Quelle: in enger Anlehnung an: Freund, F., Personalwirtschaft, 1993, S. 101

+ am ersten Tag, ++in den ersten zwei Monaten, +++in den ersten sechs Monaten	Personal-abteilung	Vorgesetzter	Kollegen	„Paten"	Org.Anw. Org.Plan	Rundschreiben Aushang	Tarifvtrertrag Betriebsord.	Wegweiser	Merkzettel	Film, Dia
a) Arbeitsgruppe (Kollegen, „Paten")		+								
nächster Vorgesetzter		++								
sonstige Mitarbeiter, mit denen er Kontakt haben wird		++			++					
Umgangsformen, Gruppennormen (Grüßen, Anrede, Türklopfen)	+	+	+	+						
Kontrolle										
b) Arbeitsaufgabe										
Arbeitsplatz, Sinn und Zweck der Aufgabe		+	+		+	+				
Arbeitsmittel			+		+					
Kompetenzen (z.B. Unterschriftsberechtigung)		++			++		++			
Unfallverhütung	+					+	+			+
Kommunikationswege, -stellen, -mittel			++	++	++					
Schweigepflicht	+	+							+	
Kontrolle										
c) örtliche Betriebseinheit										
Betriebsrundgang				++						
Betreten- und Verlassen des Betriebes	+					+	+			
Betriebsrat	+							+		
Werkschutz	++					++	++	++		
Verbesserungsvorschlagswesen	++							++	++	
Verkehrssituation (Parkplätze)	++			++		++		++		
zuständige Mitarbeiter der Personalabteilung	+								+	
Kontrolle										

+ am ersten Tag, ++ in den ersten zwei Monaten, +++ in den ersten sechs Monaten	Personal-abteilung	Vorgesetzter	Kollegen	„Paten"	Org.Anw. Org.Plan	Rundschrei-ben Aushang	Tarifvtrertrag Betriebsord.	Wegweiser	Merkzettel	Film, Dia
d) Sozial- und Bildungseinrichtungen										
Kantine, Essensmarken	+			+		+		+	+	
Sozialberatung	++			++		++		++		
Bezug von Firmenerzeugnissen	++					++			.	++
Werkzeitschrift	++			++				++		
Weiterbildungsveranstaltungen	+++					+++		+++		
Kontrolle										
e) Unternehmen										
Organisation		+++			+++	+++				+++
Produktspektrum		+++								+++
Rechtsform, Besitzverhältnisse										
Unternehmensziele		+++								
wirtschaftliche Lage (Markt, Ertrag); Führungsstil		+++				+++				
Kontrolle										
f) Rechtsverhältnis des neuen Mitarbeiters										
Tarifvertrag und Firmenrichtlinien	++						++			
Arbeitszeit, Pausen				++			++			
Urlaub und andere Ansprüche aus dem Rechts-verhältnis						++				

Die Integration eines neuen Mitarbeiters wird unterstützt durch die rechtzeitige Information der Kollegen, dass ein neuer Arbeitnehmer in ihre Abteilung oder in ihr Team kommt. So fühlen sie sich in den Informationsfluss mit einbezogen und nicht übergangen.

Die Integration endet jedoch nicht zeitgleich mit der Einarbeitungsphase, sondern stellt einen kontinuierlichen Bestandteil verantwortungsvoller Führungs- und Personalarbeit dar.

3.4.3 Flexibilisierung der Arbeitsinhalte

Die Geschäftsleitung der XY GmbH bemerkte seit einiger Zeit eine erhöhte Ausschussquote in der Produktionsabteilung. Bei der letzten Betriebsversammlung wurde mit den Abteilungsleitern vereinbart, der Ursache für die fehlerhaften Produkte auf den Grund zu gehen. In diesem Zusammenhang wurde eine Mitarbeiterbefragung unter den Mitarbeitern der Produktionsabteilung durchgeführt. Das Ergebnis dieser Befragung zeigte eine deutliche Unzufriedenheit in der Belegschaft. In persönlichen Gesprächen mit den einzelnen Mitarbeitern wurde schließlich deutlich, dass die Mitarbeiter ihre Tätigkeit als monoton empfanden. Nach Aussage der Mitarbeiter fehlte ihnen das Gefühl, einen wichtigen Beitrag für den unternehmerischen Erfolg zu leisten, einige Mitarbeiter bezeichneten ihre Arbeit gar als sinnlos. Die Mitarbeiter forderten größere Verantwortungsbereiche und vielfältigere Aufgaben.

Die klassischen Formen der Arbeitsorganisation stellten die Arbeitsteilung und Spezialisierung in den Vordergrund. Den Prinzipien des Taylorismus (Vgl. Taylor, F.W., The Principles of Scientific Management, 1911) und des damit verbundenen Scientific Management „liegt die vordergründig einsichtige Überlegung zugrunde, Spezialisierungsvorteile zu nutzen und so rationeller zu produzieren" (Liebel, H./Oechsler, W., Handbuch HRM, 1994, S. 114). Diese Prinzipien führten zur Fließ- und Bandarbeit in der industriellen Produktion und damit zur Monotonisierung der Arbeit. Auch in den Verwaltungstätigkeiten zeigte sich dieser Trend, bedingt durch die klassischen Arbeitsorganisationsformen.

Aus der absoluten Arbeitsteilung und Spezialisierung resultierte ein hoher Grad an Monotonie, der zu Unzufriedenheit und Frustration führte. Hackman/Oldham sprechen in diesem Zusammenhang von fünf Kerndimensionen der Arbeit, die von Martin auf drei Dimensionen vereinfacht werden (Vgl. Martin, A., Personal, 2001, S. 209 f.):

Die Kerndimension der Bedeutsamkeit umfasst dabei drei weitere Teildimensionen. So zielt die Vielfalt der geforderten Fähigkeiten auf die Herausforderung ab, die an die Tätigkeit an sich gestellt werden.

Abbildung 3-25: *Kerndimensionen der Arbeit*

Quelle: Vgl. Martin, A., Personal, 2001, S. 209 f nach: Hackman, J.R./Oldham, G.R., Work Redesign, 1980

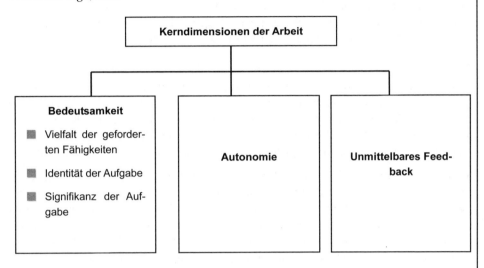

Die Tatsache, ob nur Teilstücke einer Arbeit verrichtet werden oder ob eine Aufgabe von Anfang bis zum Ende von einem Mitarbeiter bearbeitet wird, beeinflusst die Identität einer Aufgabe. Die Signifikanz der Aufgabe bezieht sich auf die Bedeutung, die sie in der Gesellschaft innehat. So ist die Entschlüsselung der menschlichen Genome von höherer Signifikanz als das Lackieren eines Autos.

Je mehr der Mitarbeiter selbst über die Art und Weise der Erfüllung einer Aufgabe bestimmen kann, desto autonomer ist die Aufgabe. Als dritte Kerndimension der Arbeit lässt sich das Feedback ableiten, also die Rückmeldung über die erzielten Leistungen.

Die drei Kerndimensionen der Arbeit, Bedeutsamkeit, Autonomie und Feedback, ergeben so das Motivationspotenzial der Aufgabe. Ist eine der Dimensionen schwach ausgeprägt, so hat dies durch die multiplikative Verknüpfung ein entsprechend niedriges Motivationspotenzial zur Folge.

Bei den Taylor'schen Prinzipien ist vor allen Dingen die Bedeutsamkeit sehr schwach ausgeprägt, da aufgrund der Spezialisierung nur wenige Fähigkeiten gefordert sind und durch die Arbeitsteilung die Aufgabe von geringer Signifikanz ist.

Das Motivationspotenzial ist somit entsprechend niedrig.

Aus diesem Grund wurde die Forderung nach größeren Handlungsspielräumen und Eigenverantwortung der Mitarbeiter laut. Die inhaltliche Gestaltung der Aufgaben sollte einerseits die Mitarbeiter motivieren und andererseits den Bedürfnissen der Kunden gerecht werden. Dies führte zur Entwicklung flexibler Arbeitsformen. In diesem Abschnitt lernen Sie einige dieser Arbeitsformen kennen: job rotation, job enlargement, job enrichment, und die gruppenbezogenen Einsatzprinzipien der teilautonomen Arbeitsgruppen, des Qualitätszirkels und der Lernstatt.

a) Job rotation

Job rotation ist eine quantitative Erweiterung des Arbeitsinhaltes wobei der Arbeitsplatz wechselt. Dieser Wechsel kann planmäßig erfolgen, beispielsweise wenn die Mitarbeiter eines Supermarktes abwechselnd für einen Monat das Auffüllen der Regale übernehmen und anschließend für einen Monat an der Kasse arbeiten. Er kann jedoch auch spontan erfolgen, beispielsweise im Rahmen einer Krankheitsvertretung.

Job rotation kann vor allen Dingen bei hoch standardisierten, monotonen Tätigkeiten Abwechslung in den Arbeitsalltag bringen. Bezogen auf die Kerndimensionen der Arbeit wird hierbei vor allen Dingen die Vielfalt der Tätigkeit erhöht. Damit geht jedoch nicht zwangsläufig eine Erhöhung der Autonomie oder vermehrtes Feedback einher, so dass nur bedingt Motivationspotenzial vorhanden ist. Die in Abbildung 3-26 genannten Vor- und Nachteile kennzeichnen das Prinzip des job rotation.

Abbildung 3-26:   *Vor- und Nachteile von job rotation*

Quelle: Olfert, K., Personalwirtschaft, 1998, S. 204

Vorteile	Nachteile
▨ Abbau einseitiger Belastungen	▨ Erhöhter Einübungsaufwand
▨ Mehr Interesse an den Arbeitsaufgaben	▨ Integrationsprobleme
▨ Höhere Arbeitszufriedenheit	▨ Erhöhter Planungsaufwand
▨ Abbau sozialer Isolierung	▨ Mindestzahl von Rotationskandidaten nötig
▨ Höhere Anpassungsfähigkeit	▨ Stockungen möglich
▨ Bessere Kenntnis der Arbeitszusammenhänge	▨ ggf. ablehnende Haltung des Vorgesetzten
▨ Neue Herausforderungen	
▨ Neue Ideen / Standpunkte	
▨ Mehr Kooperations / Delegationsbereitschaft	

Vor allen Dingen der erhöhte Planungs-, Einarbeitungs- und Organisationsaufwand, der durch job rotation verursacht wird, trägt dazu bei, dass diese Arbeitsform selten angewendet wird. Manche Arbeitnehmer empfinden das ständige Wechseln des Arbeitsplatzes als Belastung.

b) Job enlargement

Herr Meier möchte seinen Personalausweis bei der zuständigen Behörde erneuern lassen. Dazu muss er zunächst einen Antrag in der Antragsabteilung abholen und ihn ausfüllen. Anschließend ist die Gebühr für den neuen Personalausweis bei der Kasse, die sich im benachbarten Gebäude befindet, zu entrichten. Nach einiger Wartezeit kann Herr Meier den ausgefüllten Antrag und den Einzahlungsbeleg dem zuständigen Beamten übergeben.

Bei diesem Prozess hatte Herr Meier drei verschiedene Ansprechpartner (Antragsabteilung, Kasse, Übergabe der Unterlagen). Daher musste er auch dreimal Wartezeiten in Kauf nehmen. Eine Reorganisation des Prozesses könnte zum Ergebnis haben, dass der Bürger bei der Beantragung eines Personalausweises von einem Beamten durch den gesamten Antragsprozess begleitet wird. Dieser Beamte könnte sowohl den Antrag aushändigen als auch die Einzahlung empfangen und abschließend den Antrag wieder zurücknehmen. Er würde somit die Aufgabe vom Anfang bis zum Ende betreuen.

Beim job enlargement, der Erweiterung der Aufgaben, bekommt der Arbeitnehmer zusätzliche gleichartige und -rangige Aufgaben. Es findet also eine horizontale Erweiterung des Aufgabenumfangs statt.

Diese quantitative Vergrößerung des Arbeitsfeldes macht die Arbeitszerlegung rückgängig und fasst gleichartige Arbeitselemente verschiedener Arbeitsplätze in einem zusammen. Der Arbeitnehmer betreut somit eine komplette Aufgabe.

Die Vor- und Nachteile dieses Modells werden in der Tabelle in Abbildung 3-27 deutlich.

Abbildung 3-27: *Vor- und Nachteile von job enlargement*

Quelle: Olfert, K., Personalwirtschaft, 1998, S. 205.

Vorteile	Nachteile
▓ Höhere Arbeitszufriedenheit	▓ Notwendigkeit vermehrter Fortbildung
▓ Kostensenkung	▓ Unfähigkeit zum Wachsen an der Aufgabe
▓ Anstieg der Arbeitsqualität	▓ Anpassung an vermehrte Pflichtenschwierig
▓ Anstieg der Arbeitsquantität	
▓ Verminderung der Monotonie	▓ Widerstände gegen Veränderungen
▓ Senkung des Spezialisierungsgrades	
▓ Interessantere Aufgaben	

Job enlargement wird vor allen Dingen deshalb kritisiert, weil es keine qualitative Veränderung der Arbeitssituation bringt, sondern lediglich eine quantitative.

Hinsichtlich der Erweiterung der Motivation auf Basis der Kerndimensionen der Arbeit bietet job enlargement nur bedingt Potenzial. Durch die Betreuung einer Aufgabe vom Anfang bis zum Ende wird auf jeden Fall die Identität der Aufgabe erhöht. Unter Umständen bekommt der Mitarbeiter durch die Erweiterung der Aufgaben auch unmittelbares Feedback über seine Leistung.

c) Job enrichment

Die Lukrativ GmbH produziert Cockpits für einen Automobilhersteller. Als Materialien werden verschiedene Kunststoffe und Leder verwendet. Die Produktionsmitarbeiter der Lukrativ GmbH verarbeiten die Materialien und geben sie in den Versand. Der Produktionsleiter bemängelt jedoch, dass seine Materialanforderungen oft zu spät bearbeitet und bestellt werden. Er hat nicht die Möglichkeit, kurzfristige Bestellungen auszulösen, da der Weg von der Anforderung bis zur Bestellung intern ca. drei Tage in Anspruch nimmt.

Eine Möglichkeit, dieses Problem zu lösen, kann die Erweiterung der Kompetenzen des Produktionsleiters sein, indem er beispielsweise Bestellungen grundsätzlich selbst auslösen kann, ohne vorher Rücksprache halten zu müssen.

Job enrichment stellt eine Bereicherung der Arbeitsinhalte dar. Das Aufgabenfeld wird bei dieser Arbeitsform qualitativ vergrößert. Wurden einer Aufgabe bislang rein ausführende Tätigkeiten zugeordnet, so vergrößert sich der Handlungsspielraum beim job enrichment beispielsweise um Planungs-, Entscheidungs- oder Kontrollkompetenzen.

Es handelt sich um eine vertikale Erweiterung der Aufgaben. Job enrichment bedeutet somit auch eine strukturelle Änderung der Arbeitssituation.

Da der Mitarbeiter neue Handlungsspielräume übernimmt, ist auch eine Höherqualifizierung notwendig. Die neue Herausforderung an den Mitarbeiter trägt zur Persönlichkeitsentwicklung und Selbstverwirklichung bei.

Abbildung 3-28 zeigt wiederum Vor- und Nachteile des job enrichment auf.

Abbildung 3-28: Vor- und Nachteile von job enrichment

Quelle: Olfert, K., Personalwirtschaft, 1998, S. 206

Vorteile	Nachteile
■ Höhere Arbeitszufriedenheit	■ Unzufriedenheit bei Überforderung
■ Verminderung der Monotonie	■ Notwendigkeit vermehrter Fortbildung
■ Senkung des Spezialisierungsgrades	■ Begrenzte Möglichkeiten durch Besitzstände
■ Interessante Aufgaben	
■ Entwicklung des Mitarbeiters	

Das Motivationspotenzial der Aufgabe steigt vermutlich, da sowohl die Vielfalt der Tätigkeiten als auch die Identität der Aufgabe verstärkt wird. Da, bezogen auf oben genanntes Beispiel, der Produktionsleiter selbst entscheiden kann, wann oder wie häufig Bestellungen ausgelöst werden, erhöht sich auch der Autonomiegrad der Aufgabe. Unter Umständen bekommt ein Mitarbeiter sogar ein Feedback, etwa weil die Kundenzufriedenheit durch die Einhaltung der Lieferzeiten steigt.

d) Gruppenbezogene Einsatzprinzipien

Die Thematik der Gruppenarbeit nimmt in der Literatur einen breiten Raum ein. (Vgl. Gebert, D./Rosenstiel, L.v., Organisationspsychologie, 1996, S. 1442f., Vgl. auch: Weinert, A.B., Organisationspsychologie, 1987, S. 320, 335, Vgl. auch: Staehle, W.H., Management, 1999, S. 285). Die Frage nach der wirtschaftlichen und sozialpsychologischen Effizienz wird immer wieder gestellt. So bietet die Arbeit in Gruppen die Erfüllung zentraler menschlicher Bedürfnisse wie demjenigen nach Nähe, Sicherheit, Anerkennung und sozialen Kontakten. (Vgl. Berthel, J., Personal-Management, 2000, S. 363) Die Erfüllung dieser Bedürfnisse fördert die Zufriedenheit der Mitarbeiter und motiviert sie zur optimalen Leistungserstellung. So kann beobachtet werden, dass die Krankheitsquote in Gruppen niedriger ist, weil die Mitarbeiter zumindest bei leichteren Erkrankungen die Gruppenmitglieder nicht im Stich lassen wollen und trotz Krankheit zur Arbeit erscheinen.

In diesem Abschnitt lernen Sie gruppenbezogene Einsatzprinzipien kennen, die sich die Vorteile der Gruppenarbeit zu Nutze machen. Dabei handelt es sich um die teilautonomen Arbeitsgruppen und die Lernstatt.

Teilautonome Arbeitsgruppen

Die bisher behandelten arbeitsplatzspezifischen Veränderungsmöglichkeiten wurden lediglich auf Einzelarbeitsplätze bezogen. Es ist jedoch auch möglich, die Kompetenzen gruppenbezogen zu erweitern, wie beispielsweise mit Hilfe der teilautonomen Arbeitsgruppen. Das „sind selbständig arbeitende Teams von Mitarbeitern ohne formellen Führer, denen eine zusammenhängende Aufgabe übertragen worden ist." (Gonschorrek, U., Personalmanagement, 1997, S. 282). Hier zeigt sich der Gedanke des job enrichment, da planende, ausführende und kontrollierende Kompetenzen auf die Gruppe übergehen. Dabei unterscheiden sich die teilautonomen Arbeitsgruppen durch den Grad der Autonomie, der ihnen durch die übertragenen Kompetenzen zu Teil wird.

Abbildung 3-29:   *Autonomiegrade teilautonomer Arbeitsgruppen*

Quelle: Berthel, J., Personal-Management, 2000, S. 283, nach Staehle, W.H., Management, 1987, S. 471

Entscheidungsobjekt	Autonomiegrad
Die Gruppe hat Einfluss auf die qualitativen Ziele.	hoch
Die Gruppe hat Einfluss auf die quantitativen Ziele.	
Die Gruppe entscheidet mit über externe Führungsaufgaben	
Die Gruppe entscheidet über die Übernahme zusätzlicher Aufgaben.	
Die Gruppe entscheidet, wann sie arbeitet.	
Die Gruppe entscheidet über die Produktionsmethode.	
Die Gruppe regelt die interne Aufgabenverteilung.	
Die Gruppe entscheidet darüber, wer Mitglied wird.	
Die Gruppe entscheidet über interne Führungsfragen.	
Die Gruppenmitglieder entscheiden selbst über ihre individuelle Aufgabenbewältigung.	niedrig

Die Besonderheit der teilautonomen Arbeitsgruppen äußert sich in der ganzheitlichen Aufgabenbewältigung. Die Nachteile der teilautonomen Arbeitsgruppen liegen vor allen Dingen in der Gefahr des Mobbings. Versuchen einzelne Mitarbeiter mit ihrem Leistungsniveau von dem der Gruppe nach oben abzuweichen, ist mit ihrer Bestrafung durch die Kollegen zu rechnen. Die Gruppenmitglieder versuchen, das Niveau der Gruppe wie gewohnt zu behalten und sehen diejenigen, deren Leistung über dem Gruppenniveau liegt, als Konkurrenten an. Diese zwischenmenschlichen Differenzen gehen dann zu Lasten der gesamten Gruppe. Die unbegrenzte Erhöhung des Leistungsdrucks innerhalb der Gruppe kann zu Frustration und Versagensängsten führen. Diesen Gefahren kann jedoch mit entsprechenden Maßnahmen gegengesteuert werden. Außerdem ist mit höheren Kosten für die Technik und für Qualifizierungsmaßnahmen zu rechnen. Die Leistungszurechnung auf die einzelnen Gruppenmitglieder kann sich ebenfalls schwierig gestalten und damit auch die Entlohnung. Deshalb ist in diesem Modell ein Entlohnungsmaßstab zu suchen, der die individuellen Leistungsbeiträge berücksichtigt und honoriert.

Teilautonome Arbeitsgruppen finden sich vor allen Dingen in Unternehmen mit einem hohen Anteil an Projektarbeit. So sind beispielsweise die Mitarbeiter von Call Centern in Arbeitsgruppen mit einem Gruppenleiter organisiert. Die Gruppe kann den Schichtplan selbst erstellen oder die Aufgaben innerhalb der Gruppe nach eigenem Ermessen verteilen. Bei entsprechender Qualifizierung des Gruppenleiters können Vorstellungsgespräche geführt und anschließend mit der Gruppe entschieden werden, ob ein Bewerber eingestellt werden soll. Der Autonomiegrad einer solchen Gruppe liegt im mittleren Bereich (vgl. Abbildung 3-29).

Lernstatt

Die Idee der Lernstatt stammt aus der Ausbildung der Nachwuchskräfte in Großunternehmen. Sie wird auf den Arbeitsalltag übertragen und hat folgende Zielsetzungen (Vgl. Stelzer-Rothe, T., Personalwirtschaft, 2001, S. 167f. nach: Berthel, J., Personal-Management, 1997, S. 318 f.):

- Erweiterung des Grundwissens der Mitarbeiter;

- Erfahrungsaustausch;

- Kommunikationsförderung.

Die besonderen Merkmale der Lernstatt liegen vor allen Dingen in ihrer zeitlichen Begrenzung und dem freiwilligen Zusammenschluss der Teilnehmer. Unterstützt von einem Moderator werden entweder selbst gestellte oder von außen vorgegebene Themen bearbeitet. Nach deren Abschluss wird die Lernstatt aufgelöst.

Diese Art der Personalentwicklung ist dadurch gekennzeichnet, dass Fachwissen oder weitere Kompetenzen erweitert werden aufgrund von Eigeninitiative. Vor dem Hintergrund von Gruppen- und Teamarbeit gewinnt die Fähigkeit zur Selbstreflexion und zur Teamkompetenz immer mehr an Bedeutung. Die Mitarbeiter werden durch die

Förderung ihrer Potenziale motiviert. Aus diesem Grund ist die Idee der Lernstatt als Möglichkeit der Personalentwicklung sehr zu empfehlen. Sie wird aber bislang nur von wenigen deutschen Unternehmen genutzt.

3.4.4   Dimensionen der Arbeitsgestaltung

Die Leistung eines Mitarbeiters ist unter anderem abhängig von seinen Fähigkeiten und Fertigkeiten, der Gestaltung seines Arbeitsplatzes, den Arbeitsinhalten und den zur Verfügung stehenden Ressourcen wie Arbeitszeit oder Arbeitsmittel. Es ist eine leistungsfördernde Arbeitsumgebung zu schaffen, die sich an den Bedürfnissen der Mitarbeiter orientiert. Bei der Analyse der drei Ebenen (Organisations-, Prozess- und Aufgabenebene), auf denen das Leistungsvermögen von Organisationen beeinflusst wird, wird deutlich, dass die Anknüpfungspunkte für die Überlegungen zum Personaleinsatz auf der Aufgabenebene liegen. Von den in **Abbildung 2-1** dargestellten Bestimmungsfaktoren der Aufgabenebene sind bei der Erörterung der Dimensionen des Personaleinsatzes vor allen Dingen die Ausgestaltung der Ressourcen (z.B. Arbeitszeit) und des Designs (Arbeitsplatz und Arbeitsinhalte) sowie die Potenziale der Performer (Mitarbeiter) relevant. In diesem Abschnitt steht daher die Gestaltung der Arbeitszeit und des Arbeitsplatzes im Vordergrund.

3.4.4.1   Arbeitszeit

Kaum eine andere Variable des Personaleinsatzes ist so diversifiziert wie die Arbeitszeit. Unterschiedliche Aufgaben, Produkte oder Dienstleistungen erfordern jeweils angepasste Arbeitszeiten. Schwankungen in der Kundennachfrage erfordern markt- und kundenorientierte Arbeitszeiten. Daraus resultiert eine Vielzahl unterschiedlicher Arbeitszeitmodelle, die Sie in Punkt a) kennen lernen werden.

a) Arbeitszeitmodelle

In der industriellen Fertigung ist es mit enormen Kosten verbunden, Maschinen abzustellen, da sie Stunden brauchen, um wieder auf normalem Leistungsniveau zu laufen. Die Ausfallzeiten der Maschinen sollten deshalb so gering wie möglich gehalten werden. Ideal wäre es, die Maschinen 24 Stunden am Tag durchlaufen zu lassen. Sie müssen jedoch von Menschen bedient werden, deren Arbeitszeit aufgrund rechtlicher Restriktionen und unter Beachtung der persönlichen Leistungsfähigkeit nicht ohne weiteres erhöht werden kann. Es ist also ein Arbeitszeitmodell zu finden, mit dessen Hilfe der kontinuierliche Maschinenbetrieb gewährleistet ist.

Hier werden zunächst die verschiedenen Typen der Arbeitszeitflexibilisierung dargestellt (vgl. Abbildung 3-30). Demnach ist eine Unterscheidung zwischen dem Volumen und dem Einsatz der Arbeitszeit denkbar. Das Volumen der Arbeitszeit kann einerseits reduziert (Teilzeitarbeit) und andererseits voll ausgeschöpft sein. Der Einsatz der Arbeit kann variabel (flexible Arbeitszeit) oder zu festen Zeiten (klassische Arbeitszeit-modelle) erfolgen.

Abbildung 3-30: *Typologie der Arbeitszeitflexibilisierung*

Quelle: Gutmann, J., Individualisierung der Arbeitszeit in: Gutmann, J., Arbeitszeit-modelle, 1999, S. 44

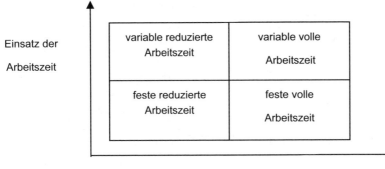

Es bestehen drei Dimensionen, in denen eine Flexibilisierung der Arbeitszeit stattfin-den kann Vgl. Stelzer-Rothe, T., Personalwirtschaft, 2001, S. 98):

- Die Dauer bzw. das Volumen der Arbeitszeit kann variieren.

- Die Verteilung bzw. die Lage der Arbeitszeit ist anpassbar.

- Die Dauer und die Lage der Arbeitszeit können gemeinsam angepasst werden.

Aus diesen grundsätzlichen Überlegungen lassen sich verschiedene Arbeitszeitmodel-le ableiten. Abbildung 3-31 gibt diesbezüglich einen Überblick.

Abbildung 3-31: *Praktizierte Arbeitszeitmodelle*

Quelle: Vgl. Bröckermann, R., Personalwirtschaft, 1997, S. 144

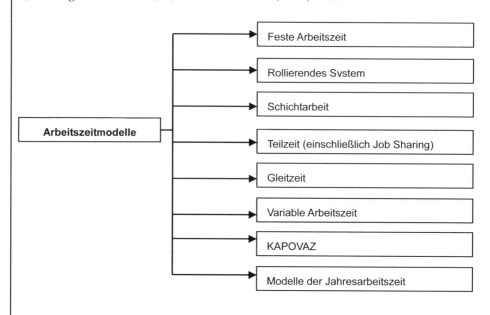

Die hier dargestellten Arbeitszeitmodelle werden in der Folge erläutert:

Feste Arbeitszeit

Arbeitsbeginn, -ende und –pausen sind festgelegt. Man spricht daher von starrer Arbeitszeit. Feste Arbeitszeiten sind teilweise noch in der Verwaltung zu finden.

Rollierendes System

In diesem Modell haben beispielsweise fünf Arbeitnehmer vier Stellen inne. In einer Sechs-Tage-Woche ergeben sich für jeden Arbeitnehmer fünf Arbeitstage (auch: rollende Woche). Dieses Modell findet sich beispielsweise in der Fertigung von Automobilherstellern.

Schichtarbeit

Bei diesem Modell wechseln sich mindestens zwei Arbeitnehmer mit ein und derselben Aufgabe ab, wobei der eine Arbeitnehmer arbeitet, während der andere arbeitsfreie Zeit hat.

Schichtarbeit kann

- vollkontinuierlich,

- teilkontinuierlich oder

- im Zwei-, Drei- oder Vierschichtsystem erfolgen.

Vollkontinuierliche Schichtarbeit findet an 24 Stunden am Tag sieben Tage die Woche 365 Tage im Jahr statt. Teilkontinuierliche Schichtarbeit findet beispielsweise von Montag bis Freitag statt. Mehrschichtsysteme beinhalten Früh-, Spät-, Nacht- oder Zwischenschichten. Dieses Modell ist in vielen Produktionsbetrieben vorzufinden.

Teilzeit

Die Teilzeitarbeit weicht in ihrem Volumen von der Arbeitszeit der Vollzeitbeschäftigten nach unten ab.

Sie kann in starren Formen stattfinden, zum Beispiel 20 Wochenstunden werden von Montag bis Freitag in jeweils vier Stunden abgeleistet.

Teilzeitarbeit kann jedoch auch in flexiblen Formen angewendet werden, wie beispielsweise in den unten erläuterten Formen der kapazitätsorientierten variablen Arbeitszeit oder in Gleitzeit. Das Teilzeit- und Befristungsgesetz (TzBfG) regelt die Rahmenbedingungen der Teilzeitarbeit.

Job Sharing stellt eine Sonderform der Teilzeitarbeit dar, bei der sich zwei oder mehr Beschäftigte einen Arbeitsplatz teilen. Diese Form der Teilzeitarbeit stammt aus den USA. Dort wird der Arbeitsvertrag zwischen dem job sharing Team und dem Arbeitgeber abgeschlossen. Das Team entscheidet, welche Aufgaben von wem erledigt werden. Sie verpflichten sich gegenüber dem Arbeitgeber lediglich zur Erledigung der anfallenden Arbeiten.

Im Gegensatz dazu wird beim deutschen Modell des job sharing der Arbeitsvertrag zwischen den einzelnen Arbeitnehmern und dem Arbeitgeber abgeschlossen. Sie verpflichten sich, nach den zeitlichen Vorgaben des Arbeitgebers zu arbeiten.

Gleitzeit

Gleitzeitmodelle bieten Voll- und Teilzeitbeschäftigten ein gewisses Maß an Flexibilität, da die Arbeitnehmer den Beginn der Arbeitszeit selbst bestimmen können. Es werden verschiedene Formen praktiziert:

▨ Grundform ohne Zeitausgleich

   Die Arbeitnehmer bestimmen einmalig ihren individuellen Beginn der Arbeitszeit und halten sich in der Folge daran.

▨ Einfache gleitende Arbeitszeit ohne Zeitausgleich

   Die Arbeitnehmer können jeden Tag erneut entscheiden, wann sie mit der Arbeit innerhalb eines definierten Zeitrahmens beginnen. Die Dauer der Arbeitszeit wird vom Arbeitgeber respektive von den arbeitsvertraglichen Regelungen vorgegeben.

▨ Beschränkte Gleitzeit

   Bei dieser Form der Gleitzeitarbeit müssen die Arbeitnehmer ihr Zeitguthaben oder -defizit innerhalb eines bestimmten Zeitrahmens ausgleichen.

▨ Unbeschränkte Gleitzeit

   Ein Zeitguthaben oder -defizit kann übertragen werden.

Meist existieren so genannte Kernzeiten bei Gleitzeitmodellen. In diesen Zeiten müssen die Arbeitnehmer anwesend sein. Ist der Arbeitsbeginn einer Vollzeitkraft bei einem Gleitzeitmodell beispielsweise von 7.30 Uhr bis 8.30 Uhr möglich, liegt die Kernzeit von 8.30 Uhr bis 16.00 Uhr (inklusive einer halben Stunde Pause gemäß § 4 Arbeitszeitgesetz (ArbZG)).

Variable Arbeitszeit

Der Mitarbeiter kann bei diesem Modell über Dauer und Lage seiner Arbeitszeit selbst bestimmen, es gibt keinerlei Vorgaben wie Kernzeiten etc. Typisch ist bei diesem Modell eine ausgeprägte Ergebnisorientierung. Es ist den Mitarbeitern selbst überlassen, wie viel Zeit sie benötigen, um ein bestimmtes Ergebnis zu erbringen. Den Mitarbeitern wird damit ein hohes Maß an Eigenverantwortung übertragen.

KAPOVAZ

Hinter diesem Kürzel verbirgt sich die so genannte kapazitätsorientierte variable Arbeitszeit. Mit dem Arbeitnehmer wird eine Sollarbeitszeit pro Monat oder Jahr vereinbart. Die tatsächlich abzuleistende Arbeitszeit wird jedoch kurzfristig vereinbart. Die so genannte „Arbeit auf Abruf" wird in Deutschland sehr selten praktiziert, wohl auch weil sie durch § 4 Beschäftigungsförderungsgesetz (BeschFG) recht restriktiv in Bezug auf Mindestarbeitszeit und Vorankündigung geregelt ist.

Modelle der Jahresarbeitszeit

Diese Modelle haben als Bezugsrahmen nicht die Woche sondern das Jahr. Bei einem Jahresarbeitszeitmodell werden die gesamten Jahresarbeitsstunden auf ein Jahresarbeitszeitkonto übertragen. Entweder kann der Mitarbeiter selbst entscheiden, in welchem Zeitraum er die Sollstunden ableisten möchte oder der Arbeitgeber bestimmt die Zeiten, in denen, beispielsweise aufgrund der hohen Nachfrage, zu arbeiten ist. Gängig ist dies zum Beispiel bei Tourismusbetrieben, in denen es notwendig ist, dass die Mitarbeiter im Sommer kontinuierlich arbeiten. Dafür sind sie im Winter ohne Beschäftigung, stehen aber nach wie vor in einem Arbeitsverhältnis.

Bei den hier beschriebenen Arbeitszeitmodellen wird deutlich, dass unterschiedliche Formen der Arbeitszeitgestaltung bestehen. Die Entscheidung für ein Arbeitszeitmodell ist von den unternehmensindividuellen Anforderungen abhängig. Ein Call Center, das in der Betreuung von Kreditkarten tätig ist, wird ein Arbeitszeitmodell wählen, das einen Rund-um-die-Uhr-Service ermöglicht, da Kunden, die zu anderen Kontinenten reisen aufgrund der Zeitverschiebung auch rund um die Uhr betreut werden möchten. Ein anderes Call Center, das im Direct Brokerage, das heißt dem Aktienhandel via Telefon, aktiv ist, hat sich nach den Börsenzeiten zu richten.

Die unterschiedlichen Produkte und Dienstleistungen erfordern angepasste Arbeitszeitmodelle.

b) Erholungszeiten

Bis hierher konnten Sie sich einen Überblick über unterschiedliche Möglichkeiten der Arbeitszeitgestaltung verschaffen. Bei den Überlegungen zur Arbeitszeit darf jedoch die Erholung der Arbeitnehmer nicht vernachlässigt werden.

Die Erholungszeiten, zu denen Urlaub, Pausen und Sabbaticals zählen, dienen der Regeneration und Erholung der Arbeitnehmer von der Arbeit. In den Gesetzen sind die Mindestansprüche dafür geregelt:

- §3 Bundesurlaubsgesetz (BUrlG) sieht einen Mindestanspruch von jährlich 24 Urlaubstagen vor.
- §4 Arbeitszeitgesetz (ArbZG) legt fest, dass ab einer Arbeitszeit von sechs Stunden eine Ruhepause von mindestens 30 Minuten einzuhalten ist.

Urlaub

Der Anspruch auf Erholungsurlaub ist, wie bereits erläutert, gesetzlich abgesichert. Erholungsurlaub zu gewähren, ist jedoch im Interesse von Arbeitnehmer und Arbeitgeber. Der Arbeitnehmer braucht diese Phase der Regeneration und Entspannung und der Arbeitgeber profitiert von erholten, motivierten Mitarbeitern.

Der volle Urlaubsanspruch wird jedoch gemäß § 4 BUrlG erst nach dem sechsmonatigen Bestehen des Arbeitsverhältnisses erworben.

Erkrankt ein Arbeitnehmer während seines Erholungsurlaubs, so wird ihm die Zeit der Erkrankung nicht auf seinen Urlaubsanspruch angerechnet (§ 9 BUrlG).

Der Arbeitnehmer muss die Möglichkeit haben, den Urlaub im laufenden Kalenderjahr zu nehmen. Nur dringende Gründe erlauben die Übertragung des Urlaubs ins folgende Kalenderjahr, wobei der Anspruch auf übertragenen Urlaub nach den ersten drei Monaten des folgenden Kalenderjahres erlischt (§ 7 BUrlG).

Der Arbeitgeber legt prinzipiell die Rahmenurlaubszeiten fest. Soweit dies die betrieblichen Belange oder die Urlaubswünsche anderer Mitarbeiter aus sozialen Gesichtspunkten zulassen, muss jedoch den Wünschen des Arbeitnehmers innerhalb dieses Rahmens nachgekommen werden (§ 7 BUrlG). So kann der Arbeitgeber zum Beispiel den Urlaubsantrag eines Mitarbeiters auf Erholungsurlaub während der Sommerferien ablehnen, weil dessen Kollege, der zwei schulpflichtige Kinder hat, auf Urlaub in den Sommerferien angewiesen ist.

In der Regel ist es jedoch unter dem Gesichtspunkt der Motivation sinnvoll, den Urlaubswünschen der Mitarbeiter nachzukommen. Ein gewährter Urlaubsantrag kann theoretisch rückgängig gemacht werden, wenn unvorhergesehene Ereignisse dies verlangen. Auch hier ist jedoch genau abzuwägen, ob es wirklich nötig ist, den Urlaub zu verwehren.

Viele Betriebe richten Betriebsferien ein, um den Haupturlaubsanspruch der Arbeitnehmer mit möglichst geringem Planungsaufwand abzudecken. In dieser Zeit ist das gesamte Unternehmen geschlossen und die Belegschaft geht in Urlaub.

Pausen

Die Pausen dienen ebenfalls, wie bereits erwähnt, der Erholung der Arbeitnehmer. Je nach persönlicher Konstitution und Art der Aufgabe benötigt jeder Arbeitnehmer eine individuelle Zeitspanne zur Regeneration.

Das Gesetz regelt lediglich einen allgemeinen Mindestanspruch. Der Arbeitgeber sollte darauf bedacht sein, dass die Pause tatsächlich als Erholung von der Arbeit betrachtet werden kann. Pausenräume oder Kantinen erleichtern das „Abschalten". Zudem ist es sicherlich angenehmer, sein Frühstück im Pausenraum statt in der Produktionshalle einnehmen zu können. Dort ist es auch einfacher, soziale Kontakte zu knüpfen oder Informationen auszutauschen.

In Abbildung 3-32 ist der Abbau der Arbeitsermüdung in Abhängigkeit von der Pausenzeit dargestellt. Ist ein Arbeitnehmer völlig ermüdet (100%) benötigt er auch die volle Pausenzeit (100%), um sich zu regenerieren. Nach 25% seiner Pausenzeit ist die Leistungsfähigkeit zur Hälfte wiederhergestellt.

Abbildung 3-32: *Abbau der Arbeitsermüdung durch Pausen*

Quelle: Dorner, H., Ergonomie in: Wittkuhn, K./Bartscher, T., Improving Performance, 2001, S. 141

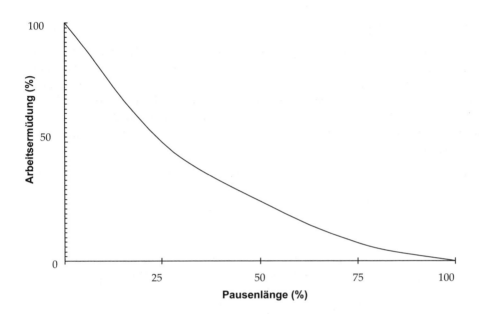

Sabbaticals

Als Sabbaticals werden Zeiten bezeichnet, in denen der Arbeitnehmer zwar ein bestehendes Arbeitsverhältnis hat, jedoch nicht erwerbstätig ist. Diese Zeiten gehen über den normalen Erholungsurlaub weit hinaus. Sie liegen in der Regel zwischen sechs Monaten und einem Jahr. In dieser Zeit erfolgt voller oder teilweiser Entgeltausgleich. Besonders Mitarbeiter, die über lange Zeiträume hinweg überdurchschnittlich hohe Leistungen erbracht und die zum Beispiel langfristig sowohl an Feiertagen und Wochenenden gearbeitet haben, nutzen dieses Angebot. Das Verhältnis von Arbeitszeit und Freizeit dieser Mitarbeiter ist nicht mehr ausgeglichen. Sie benötigen eine „Auszeit", um nicht einem Burn Out Effekt zu unterliegen. Arbeitgeber, die diesem Wunsch ihrer Mitarbeiter nachkommen, beweisen Respekt vor deren überdurchschnittlichen Leistungen für das Unternehmen.

3.4.4.2 Gestaltungsmöglichkeiten von Arbeitsplätzen

Der Ort, an dem ein Arbeitnehmer seine Arbeitsleistung erbringen soll, wird bereits im Arbeitsvertrag beschrieben. Es ist der Arbeitsplatz. In diesem Abschnitt werden zunächst die verschiedenen Arten von Arbeitsplätzen erläutert. Anschließend lernen Sie Möglichkeiten kennen, wie sich Arbeitsplätze gestalten lassen.

a) Arten von Arbeitsplätzen

Die Art und die örtliche Anordnung eines Arbeitsplatzes ist abhängig vom Aufgabeninhalt. Der Schreibtisch einer Sekretärin ist ebenso ein Arbeitsplatz wie der Lkw eines Fernfahrers. Haben diese beiden Arbeitsplätze auf den ersten Blick wenige Gemeinsamkeiten, so gehören dennoch zu den Überlegungen eines leistungsorientierten Personaleinsatzes. Wenn es darum geht, den Personaleinsatz an die Bedürfnisse der Mitarbeiter anzupassen, bieten die verschiedenen Arten von Arbeitsplätzen einige Gestaltungsmöglichkeiten.

Eine mögliche Abgrenzung von Arbeitsplätzen ist in Abbildung 3-33 dargestellt:

Abbildung 3-33: *Arten von Arbeitsplätzen*

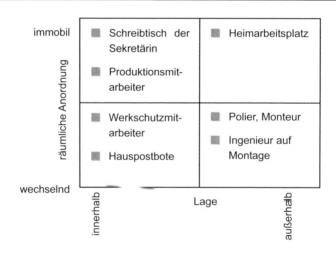

Diese Darstellung differenziert nach Arbeitsplätzen, die innerhalb und außerhalb des Unternehmens liegen und nach Arbeitplätzen, die sich räumlich ändern oder stationär sind.

Die immobilen Arbeitsplätze innerhalb des Unternehmens ändern sich räumlich nicht und sind in den Betrieb integriert. Die wechselnden Arbeitsplätze innerhalb des Unternehmens hingegen gewährleisten den Arbeitnehmern Mobilität im Unternehmen. Umgesetzt wird dies beispielsweise mit mobilen Arbeitsplätzen, die der Arbeitnehmer an jeden beliebigen Ort im Unternehmen bewegen kann.

Die immobilen Arbeitsplätze außerhalb des Unternehmens sind meist als Heimarbeitsplätze ausgestaltet. Diese Arbeitnehmer verrichten ihre Arbeitsaufgaben von ihrer eigenen Wohnung aus, wobei es sich dabei häufig um Telearbeit handelt. Vor allen Dingen für Familien, in denen beide Elternteile arbeiten möchten, bietet sich die Heimarbeit an. Berufliche und familiäre Interessen lassen sich so verbinden.

Einen besonderen Stellenwert nehmen die Arbeitsplätze außerhalb des Unternehmens ein, die sich ständig räumlich ändern. Außendienstmitarbeiter sind hierfür ein typisches Beispiel. Die räumliche Entfernung zum Unternehmen macht es erheblich schwieriger, die Mitarbeiter zu integrieren und ihnen Werte, Normen und Kultur des Unternehmens zu vermitteln.

Eine weitere Besonderheit bei der Betrachtung des Arbeitsortes stellt der Auslandseinsatz von Mitarbeitern dar. Viele Unternehmen, längst nicht mehr nur die großen Konzerne, haben Tochterunternehmen oder Betriebsteile ins Ausland verlagert. Nicht nur die angeblich niedrigeren Personalkosten in anderen Ländern sind der Grund für Auslandsniederlassungen. Um im internationalen Wettbewerb bestehen zu können, gehört die Präsenz des Unternehmens vor Ort zu einem Schlüsselfaktor.

Damit ist auch die Entsendung der Mitarbeiter ins Ausland verbunden. Die Unternehmen verfolgen mit dem Auslandseinsatz ihrer Mitarbeiter folgende Ziele:

- Sicherung der Unternehmensinteressen vor Ort;

- Transfer von Fach- und Führungswissen;

- Führungskräfteentwicklung.

Die Mitarbeiter, die die Möglichkeit eines Auslandseinsatzes nutzen, haben unter anderem folgende Motive:

- Persönliche Herausforderung;

- Entwicklung der Persönlichkeit;

- Verbesserung der eigenen Kenntnisse und Qualifikationen.

Der Auslandseinsatz von Mitarbeitern ist gut vorzubereiten und zu begleiten. Unter dem Begriff des internationalen Personalmanagements werden alle Maßnahmen verstanden, die mit der Auswahl, Entsendung, Begleitung und Wiedereingliederung der Mitarbeiter in Zusammenhang stehen. Der Mitarbeiter muss schließlich nicht nur „fachlich" sondern auch emotional begleitet werden. Besonders die Phasen der Einarbeitung im Ausland und der Wiedereingliederung nach seiner Rückkehr bedürfen besonderer Unterstützung (Vgl. DGFP, Internationaler Einsatz, 2001).

b) Ergonomische Gestaltung des Arbeitsplatzes

Mit der Gestaltung einer leistungsfördernden Umwelt soll einerseits sichergestellt sein, dass der Mitarbeiter überhaupt zur Leistung fähig ist (Leistungsfähigkeit) und andererseits dass er motiviert wird, die bestmögliche Leistung zu erbringen (Leistungswille).

Die Ergonomie ist die Wissenschaft von den Leistungsmöglichkeiten des arbeitenden Menschen und der Anpassung der Arbeitsbedingungen an den Menschen. Sie beschäftigt sich also mit den Gestaltungsmöglichkeiten des Arbeitsplatzes. Dabei werden fünf Teilbereiche unterschieden:

Abbildung 3-34: *Dimensionen der Arbeitsplatzgestaltung*

Quelle: Bröckermann, R., Personalwirtschaft, 1997, S. 139ff / Berthel, J. Personal-Management, 2000, S. 337ff.

Die anthropometrische Arbeitsplatzgestaltung zielt auf die Anpassung des Arbeitsplatzes an die durchschnittlichen menschlichen Körpermaße und Bewegungsbereiche des Körpers ab. Mittels dieser Anpassung soll ein belastungs- und ermüdungsarmes Arbeiten ermöglicht werden.

Bei der anthropometrischen Arbeitsplatzgestaltung sind zwei grundsätzliche Anpassungen möglich:

- die Anpassung des Arbeitsplatzes und

- die Anpassung der Arbeitsmittel.

Bei der Anpassung des Arbeitsplatzes variiert beispielsweise die Höhe des Arbeitsplatzes oder der Griffbereich.

Die Arbeit am PC gehört zur Grundlage vieler Arbeitsplätze. Der menschliche Körper reagiert auf das stundenlange Sitzen vor dem PC mit unterschiedlichen Erscheinungen: brennende, tränende Augen, Kopfschmerz oder Rückenschmerzen sind dabei nur die unmittelbaren Folgen der Bildschirmarbeit. Mit der Bildschirmarbeitsverordnung (BildscharbV) wird der nicht mehr weg zu denkenden Nutzung von PCs Rechnung getragen. In diesen Richtlinien sind die Bedingungen geregelt, nach denen Bildschirmarbeitsplätze gestaltet sein müssen. Sie enthalten Regelungen zum Gerät selbst: zu Bildschirm, Tastatur, Arbeitstisch und -stuhl. Auch die Umgebung des arbeitenden Menschen ist berücksichtigt. Darauf soll jedoch erst bei der physiologischen Anpassung zurückgekommen werden.

Abbildung 3-35 zeigt, wie die Idealhaltung unter Berücksichtigung dieser Richtlinien bei der Bildschirmarbeit aussehen sollte:

Abbildung 3-35: *Idealmaße bei der Bildschirmarbeit*

Quelle: http://apollon.barkhof.uni-bremen.de/tbs/info/bildrich.htm vom 09.01.2002

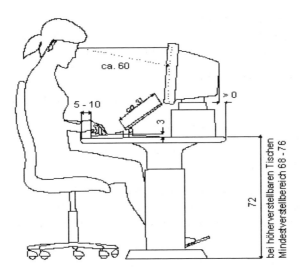

Die Anpassung der Arbeitsmittel ist im Fertigungsbereich von Bedeutung. Besonders monotone Tätigkeiten, die immer wieder den gleichen Bewegungsablauf mit sich bringen, führen leicht zu Schmerzen und Abnutzungserscheinungen an Gelenken. Dabei hilft es, Pedale, Knöpfe oder Handgriffe ergonomisch zu gestalten (Vgl. Dorner, H., Ergonomie, in: Wittkuhn, K./Bartscher, T., Improving Performance, 2001, S. 139 ff.).

Zweifellos ist jede Arbeit körperlich und geistig anstrengend. Darum sollte der Arbeitsplatz so gestaltet sein, dass unnötige Belastungen durch bestimmte Umwelteinflüsse so weit wie möglich vermieden werden. Die physiologische Gestaltung des Arbeitsplatzes befasst sich mit der Anpassung der Arbeitsmethoden und -bedingungen an den menschlichen Körper. Dabei geht es entscheidend um die Gestaltung der Arbeitsumgebung. Unter Umgebungseinflüssen werden „Bedingungen verstanden, die

- die Arbeitsausführung direkt unterstützen (Beleuchtung),

- für eine angenehme Arbeitssituation sorgen und den Arbeitsvollzug damit indirekt erleichtern (Klima, Farben),

- störende oder schädliche Einflüsse ausüben (Lärm, Staub, Schwingungen, Gase, Dämpfe)." (Berthel, J., Personal-Management, 2000, S. 338)

Umwelteinflüsse wie Beleuchtung, Farbgestaltung, Lärm und Sauberkeit eines Arbeitsplatzes beeinflussen den Leistungswillen besonders. Es ist nachvollziehbar, dass die Arbeit in einer hellen, sauberen Fertigungshalle angenehmer ist, als in dunklen, verstaubten Räumlichkeiten mit entsprechendem Lärmpegel.

Darum sind einige dieser Gestaltungsmöglichkeiten in Richtlinien und DIN-Normen geregelt, wie beispielsweise in DIN 5035, die für die Kernbeleuchtungsstärke gilt (Vgl. http://apollon.barkhof.uni-bremen.de/tbs/info/bildrich.htm vom 09.01.2002):

- 500 Lux für Arbeitsplätze in Büroräumen.

- 750 Lux für Arbeitsplätze in Großraumbüros mit hohen Reflexionen.

- 1000 Lux für Arbeitsplätze in Großraumbüros mit mittleren Reflexionen.

- Die Beleuchtungsstärke sollte stufenlos regelbar sein, damit sie an die individuellen Sehkräfte angepasst werden kann.

- In der unmittelbaren Arbeitsumgebung soll das Verhältnis der Leuchtdichten zwischen hellster und dunkelster Fläche nicht mehr als 3:1 betragen, um eine übermäßige Beanspruchung des Auges durch ständige Helligkeitsanpassung (Adaptation) zu vermeiden.

- Zwischen Arbeitsfläche und Umfeld soll dieses Verhältnis höchstens 10:1 betragen. Die Oberflächen der Büromöbel und andere Flächen sollen einen gleichmäßigen Helligkeitseindruck vermitteln.

- Leuchten werden in parallelen Reihen zum Fenster und zur Hauptblickrichtung angeordnet.

- Die Leuchten sollen getrennt schaltbar und flimmerfrei sein.

In den Europäischen Bildschirmrichtlinien sind darüber hinaus Regelungen zum Lärmpegel, zur Wärme am Arbeitsplatz sowie zur Luftfeuchtigkeit getroffen.

Die psychologische Gestaltung des Arbeitsplatzes beschäftigt sich damit eine angenehme Umwelt durch Farben, Pflanzen oder Musik zu schaffen. Sie wird daher im Folgenden näher beschrieben. Die Farblehre liefert beispielsweise Aussagen über die Wirkung bestimmter Farben. Dies lässt sich auch auf den Arbeitsplatz übertragen:

Abbildung 3-36: *Psychologische Farbwirkung*

Quelle: Berthel, J., Personal-Management, 2000, S. 341 nach: Grandjean, E., Arbeitsgestaltung, 1987, S. 332

Farbe	Distanzwirkung	Temperaturwirkung	Psychische Stimmung
Blau	Entfernung	kalt	beruhigend
Grün	Entfernung	kalt bis neutral	sehr beruhigend
Rot	Nähe	warm	sehr aufreizend und beunruhigend
Orange	sehr nahe	sehr warm	anregend
Gelb	Nähe	sehr warm	anregend
Braun	sehr nahe, einengend	neutral	anregend
Violett	sehr nahe	kalt	aggressiv, beunruhigend, entmutigend

Der Informationsfluss im Unternehmen bildet die Grundlage jeglichen zwischenmenschlichen Austauschs. Mittlerweile findet der Informationsfluss zum großen Teil über die Informationstechnik, die Computer- und Softwaresysteme statt. Die informationstechnische Gestaltung ist demnach ein weiterer Faktor, der hier betrachtet werden soll. In der Europäischen Bildschirmrichtlinie sind die Punkte vorgegeben, an denen man sich bei Erwerb oder dem Erstellen einer Software orientieren soll (Vgl. http://apollon.barkhof.uni-bremen.de/tbs/info/bildrich.htm vom 09.01.2002).

■ Die Software muss der auszuführenden Tätigkeit angepasst sein.

■ Die Software muss benutzerfreundlich sein und gegebenenfalls dem Kenntnis- und Erfahrungsstand des Benutzers angepasst werden können; ohne Wissen des Arbeitnehmers darf keinerlei Vorrichtung zur qualitativen Kontrolle verwendet werden.

- Die Systeme müssen den Arbeitnehmern Angaben über die jeweiligen Abläufe bieten.

- Die Systeme müssen die Information in einem Format und in einem Tempo anzeigen, das den Benutzern angepasst ist.

Daneben ist auch die Gestaltung der akustischen und optischen Signale und der Anzeigeinstrumente so vorzunehmen, dass eine fehlerfreie und unmissverständliche Bedienung möglich ist.

Ein abschließender, jedoch sehr entscheidender Faktor bei der Gestaltung von Arbeitsplätzen ist die Beachtung des Unfallschutzes und der Arbeitssicherheit. Nicht nur bei der Arbeit an Maschinen und Anlagen ist die Gefahr von Unfällen gegeben. Wegeunfälle oder Berufskrankheiten beispielsweise spielen eine große Rolle bei den Arbeitsunfällen. In den Unternehmen gibt es verschiedene Verantwortliche für die Wahrnehmung der Arbeitssicherheitsmaßnahmen. Ihre Aufgabe ist es, mögliche Sicherheitsrisiken zu erkennen und gegen sie vorzugehen. Eine Vielzahl von Vorschriften setzt sich mit der Arbeitssicherheit auseinander, so unter anderem:

- ArbeitsschutzG (ArbSchG)

  Es dient der Sicherheit und dem Gesundheitsschutz der Beschäftigten.

- ArbeitssicherheitsG (ASiG)

  Es bestimmt die Bereitstellung von Sicherheitspersonal wie zum Beispiel Betriebsärzten oder Sicherheitsingenieuren.

- Bundes-ImmissionsschutzG (BImSchG)

  Es regelt den betrieblichen Schutz vor schädlichen Umwelteinwirkungen durch Luftverunreinigungen, Geräusche und Ähnlichem.

- MutterschutzG (MuSchG)

  Es sichert die Rechte werdender oder stillender Mütter sowie der Frauen allgemein, wenn es um den Umgang mit Chemikalien und anderen toxischen Stoffen geht.

- JugendarbeitsschutzG (JArbSchG)

  Es sichert die Rechte von Kindern und Jugendlichen in Arbeitsverhältnissen.

- SchwerbehindertenG (SchwbG)

  Es umfasst die Rechte Schwerbehinderter und Gleichgestellter in Arbeitsverhältnissen.

Der Arbeitsschutz wird, wie alle anderen Dimensionen der Arbeitsplatzgestaltung, auch der Forderung nach Humanisierung der Arbeit gerecht.

3.5 Personalfreisetzung

Neue Technologien, dynamische Märkte und sich ändernde Kundenbedürfnisse führen zu Änderungen des Personalbedarfs. Während neue Wirtschaftszweige entstehen, degenerieren andere. Die Unternehmen müssen dem ständigen Wandel folgend ihren Personalbedarf anpassen. Diese Anpassung kann sowohl mit Personaleinstellungen als auch mit Personalfreisetzung einhergehen.

Ein Rückgang der Nachfrage nach Produkten und Dienstleistungen hat zur Folge, dass der Personalbedarf sinkt. Die Konsequenz daraus sind Personalfreisetzungen. Der folgende Abschnitt gibt Ihnen zunächst einen Überblick über die Ursachen und Phasen der Personalfreisetzung. Im Anschluss werden Personalfreisetzungsmaßnahmen sowie die damit im Zusammenhang stehenden Pflichten des Arbeitgebers erläutert.

3.5.1 Ursachen und notwendige Schritte der Personalfreisetzung

Es existieren interne und externe Ursachen, die dazu führen können, dass ein Arbeitsverhältnis beendet wird. So können beispielsweise bei der Ermittlung des Nettopersonalbedarfs Personalüberkapazitäten festgestellt werden.

Abbildung 3-37 gibt einen Überblick über mögliche Ursachen der Personalfreisetzung.

Aus dieser Darstellung lässt sich ableiten, dass zwei grundsätzliche Formen von Personalfreisetzungen bestehen:

■ betriebsbedingte Freisetzungen sowie

■ mitarbeiter- bzw. leistungsbedingte Freisetzungen.

In der Personaleinsatzplanung ist zu ermitteln, inwiefern Personalüberkapazitäten bestehen, die Freisetzungen notwendig machen. Dabei muss eine Spezifikation nach zeitlicher, örtlicher, quantitativer und qualitativer Überdeckung erfolgen. Zunächst sind Alternativen zu Freisetzungsmaßnahmen zu suchen und zu bewerten. Jedoch sind Freistellungen häufig nicht zu vermeiden. Dabei stellt sich die Frage: Welche Arbeitnehmer sollen entlassen werden? Bei dieser Entscheidung sollte vor allen Dingen die Leistung der Arbeitnehmer betrachtet werden. Arbeitnehmer mit guten oder sehr guten Leistungen sind, wenn möglich, im Unternehmen zu halten. Ein zweites Auswahlkriterium sollten soziale Aspekte sein. Soziale Härtefälle, wie beispielsweise Familienväter oder alleinerziehende Mütter, sollten nur in Ausnahmefällen zuerst entlassen werden. Zunächst sollten die Mitarbeiter, die ohnehin schon mit diesem Gedanken gespielt hatten, mit Hilfe fluktuationsfördernder Anreize motiviert werden, das Unternehmen zu verlassen. Im günstigsten Fall kann dann auf weitere Entlassungen verzichtet werden.

Abbildung 3-37:   *Ursachen von Personalfreisetzung*

Quelle: Vgl. Berthel, J., Personal-Management, 2000, S. 203

Ursache	Beispiel
▨ Konjunkturelle Entwicklung	der Rückgang von Neubauten führt zu einer rückläufigen Entwicklung in der Baubranche
▨ Strukturelle Änderungen	Fusionen von Wirtschaftsunternehmen führen zu Massenentlassungen
▨ Saisonale Schwankungen	Saisonbetriebe (z.B. Wintersport) können den Arbeitnehmern nur in Saisonzeiten Beschäftigung anbieten
▨ Technologischer Wandel	zunehmende Automatisierung verringert den Personalbedarf
▨ Management- und Planungsfehler	Fehleinschätzungen der Auftragslage können zu Personalüberkapazitäten führen
▨ Strategische Neuorientierung	Outsourcing der Produktion einer Produktlinie
▨ Stilllegung oder Vernichtung von Unternehmensbereichen	Mitarbeiter des stillgelegten Unternehmensbereiches sind aufgrund ihrer Spezialisierung in keinem andere Bereich einsetzbar
▨ Standortverlagerungen	Verlagerung ins Ausland, wobei die Mitarbeiter nicht zu einem Wohnortwechsel bereit sind
▨ Mangelnde Leistungsbereitschaft oder -fähigkeit der Mitarbeiter	wegen der Minderleistung eines Mitarbeiters kommt es zu gehäuften Fehlern, die nicht mehr tragbar sind
▨ Änderungen der Aufbau- oder Ablauforganisation	Abbau von Hierarchien im Clean Management

Es ist sinnvoll, sowohl betroffene als auch nicht betroffene Mitarbeiter rechtzeitig über die Freisetzungen zu informieren. Eine offene Informationspolitik hilft, Unruhe in der Belegschaft zu vermeiden. Außerdem ist der Betriebsrat zu informieren. Abbildung 3-38 gibt einen Überblick über die Prüfungs- und Bearbeitungsschritte bei Kündigungen. Dort unterscheiden wir zwischen der Arbeitnehmerkündigung und der Entlassung. Es wird jedoch deutlich, dass in etwa die gleichen Schritte zu beachten sind. Lediglich die Information des Betriebsrates entfällt bei der Arbeitnehmerkündigung.

Abbildung 3-38: *Prüfungs- und Bearbeitungsschritte bei Kündigungen*

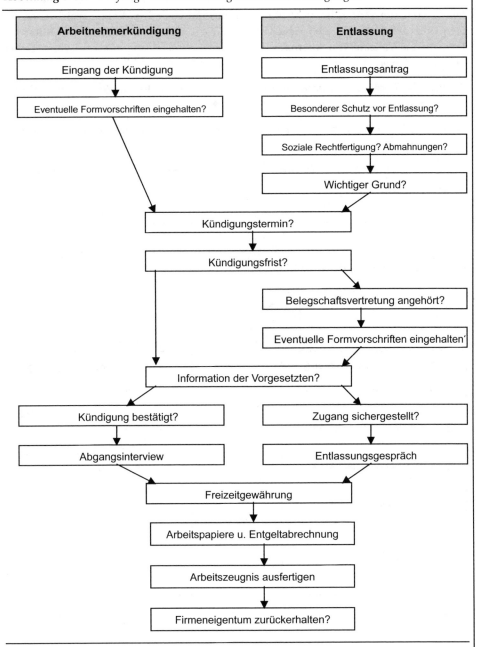

Quelle: Bröckermann, R., Personalwirtschaft, 1997, S. 381.

3.5.2 Personalfreisetzungsmaßnahmen

Die Personalfreisetzung ist nicht ohne weiteres mit einer Kündigung gleichzusetzen. Den Unternehmen steht, abhängig von der Größe, Organisationsform und Mitarbeiterzahl, eine Vielzahl von Alternativen der Personalfreisetzung zur Verfügung. Dabei wird unterschieden nach:

- Personalfreisetzungen ohne Verringerung des Personalbestandes (interner Personalfreisetzung) und

- Personalfreisetzungen mit Verringerung des Personalbestandes (externe Personalfreisetzung).

In Abbildung 3-39 erhalten Sie einen Überblick über die Alternativen der Personalfreisetzung:

Abbildung 3-39: *Alternativen der Personalfreisetzung*

Quelle: vgl. Berthel, J., Personal-Management, 2000, S. 209

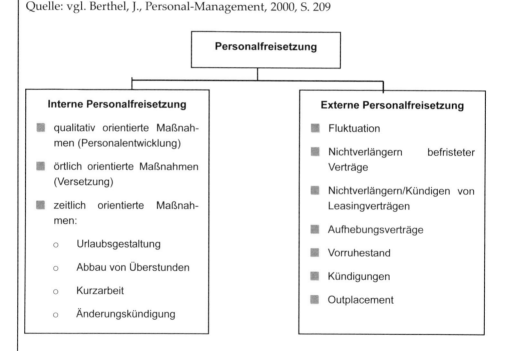

a) Interne Personalfreisetzung

Mittels interner Personalfreisetzung wird versucht, Personalüberkapazitäten abzubauen, ohne dass der Gesamtpersonalbestand verringert wird. Ein Unternehmen, das personelle Überkapazitäten feststellt, kann diese zum Beispiel durch Arbeitszeitflexibilisierung ausgleichen, indem etwa ein Jahresarbeitszeitkonto genutzt wird. Denkbar sind auch Versetzungen von Arbeitnehmern in andere Unternehmensbereiche, solange dort Personalbedarf besteht. Weitere Möglichkeiten der internen Personalfreisetzung sind jedoch auch Maßnahmen wie Kurzarbeit, Urlaubsgewährung, Änderungskündigung oder Überstundenabbau.

Dieser Abschnitt beschäftigt sich mit deren Gestaltungskriterien.

■ Kurzarbeit

Die Einführung von Kurzarbeit ist bei Unternehmen denkbar, die unter temporären Personalüberkapazitäten leiden, etwa weil die momentane Auftragslage schlecht ist, jedoch mittelfristig mit einer Verbesserung rechnen. Dabei wird die Arbeitszeit verkürzt mit der Aussicht, so bald wie möglich zur Normalarbeitszeit zurückzukehren.

Kurzarbeit ist vorteilhaft, da

■ die Personalkosten vorübergehend gesenkt werden;

■ der Personalbestand erhalten bleibt;

■ Entlassungen vermieden werden;

■ die Mitarbeiter durch das Kurzarbeitergeld (gemäß § 169 ff. SGB III) nur einen teilweisen Verdienstausfall haben.

Das Sozialgesetzbuch III (SGB III) regelt in den Paragraphen § 169 bis 174 die Bedingungen für das Kurzarbeitergeld. Demnach besteht Anspruch auf Kurzarbeitergeld, wenn

■ ein erheblicher Arbeitsausfall mit Entgeltausfall vorliegt;

■ die betrieblichen Voraussetzungen erfüllt sind;

■ die persönlichen Voraussetzungen erfüllt sind;

■ der Arbeitsausfall dem Arbeitsamt angezeigt worden ist.

Kurzarbeit kann nicht ohne weiteres eingeführt werden. Zunächst ist die Kurzarbeit beim Landesarbeitsamt anzumelden (vgl. § 19 Kündigungsschutzgesetz (KSchG)). Darüber hinaus hat der Betriebsrat ein in § 87 Abs. 3 Betriebsverfassungsgesetz (BetrVG) geregeltes Mitbestimmungsrecht, wenn die Geschäftsführung plant, im gesamten Unternehmen oder in Unternehmensteilen, Kurzarbeit einzuführen.

■ Urlaub

Beschäftigungsschwankungen, die absehbar oder vorübergehend sind, können durch Urlaubsgestaltung abgefangen werden.

Dabei bestehen unter anderem folgende Gestaltungsoptionen:

■ Verlagerung oder Verlängerung der Betriebsferien;

■ Vorziehen des Jahresurlaubs;

■ Gewähren von unbezahltem Urlaub.

Voraussetzung für die Option der Urlaubsgestaltung ist einerseits die Unterstützung durch den Betriebsrat (§ 87 Abs. 5 BetrVG) sowie andererseits die Bereitschaft der Mitarbeiter, den Urlaub an die Bedürfnisse des Unternehmens anzupassen.

■ Änderungskündigung

Kündigt der Arbeitgeber das bestehende Arbeitsverhältnis und bietet er dem Arbeitnehmer an, das Arbeitsverhältnis zu geänderten Arbeitsbedingungen fortzusetzen, so liegt eine Änderungskündigung im Sinne des § 2 KSchG vor. Die geänderten Arbeitsbedingungen äußern sich dabei beispielsweise in Form einer neuen Tätigkeitsbeschreibung, das heißt der Arbeitnehmer übernimmt eine neue Aufgabe, oder der Verkürzung der Arbeitszeit.

Das Mitspracherecht des Betriebsrates bei Änderungskündigungen leitet sich vom allgemeinen Mitspracherecht bei Kündigungen ab, das in § 102 BetrVG geregelt ist.

■ Überstundenabbau

Diese Form der internen Personalfreisetzung ist die einfachste. Aufgrund der Auftragslage ist es zunächst nicht mehr nötig, Überstunden bzw. Mehrarbeit zu leisten. Im nächsten Schritt werden die auf den Zeitarbeitskonten angesammelten Überstunden abgebaut, wobei es auch denkbar ist, Zeitschulden aufzubauen, sobald das Guthaben verbraucht ist.

Bei dieser Option ist weder die Beteiligung des Betriebsrates notwendig, noch sind gesetzliche Vorschriften zu beachten. Allerdings sollte die Belegschaft, wie bei allen anderen Modellen auch, ausführlich und so früh wie möglich informiert werden.

b) Externe Personalfreisetzung

Interne Maßnahmen eignen sich, minimale oder zeitlich absehbare Personalüberkapazitäten auszugleichen. Allerdings wirken sie nur zeitlich befristet, so dass die externe Personalfreisetzung zum Tragen kommt, wenn größere Personalüberhänge bestehen oder eine Verbesserung der Beschäftigungssituation nicht absehbar ist. Diese Maßnahmen bringen eine Reduzierung des Gesamtpersonalbestandes mit sich, häufig ist von Personalabbau die Rede. Hier spielen insbesondere Fluktuation, vorzeitige Pensionierungen, Aufhebungsverträge, Kündigungen und Outplacement eine Rolle.

■ Fluktuation

Unter dem Begriff Fluktuation wird vor allen Dingen der zwischenbetriebliche Arbeitnehmerwechsel verstanden. Teilweise werden sämtliche Änderungen des Personalbestandes durch Personalzu- und -abgänge unter diesem Begriff subsumiert (Vgl. Bröckermann, R., Personalwirtschaft, 1997, S. 389). Die Initiative geht hier vom Arbeitnehmer aus. Bezogen auf diese Definition gehören auch Personalabgänge, die durch Pensionierung, Invalidität oder Todesfall initiiert sind, zur natürlichen Fluktuation. Parallel zu diesen nicht zu beeinflussenden Faktoren sind fluktuationsfördernde Maßnahmen denkbar, durch die ein Anreiz geschaffen wird, das Unternehmen zu verlassen.

Einstellungsstopps können mit der Fluktuation kombiniert werden. Unternehmen können die Fluktuation bei Personalüberkapazitäten nutzen, indem sie keine neuen Mitarbeiter für die ausgeschiedenen einstellen. Eine weitere Option wäre, generell auf Neueinstellungen zu verzichten oder nur noch qualifizierte Neueinstellungen, das heißt in bestimmten Mitarbeitergruppen, vorzunehmen.

Unterhält ein Unternehmen befristete Arbeitsverträge, so lässt sich durch deren Nicht-Verlängerung ebenfalls eine Reduzierung des Personalbestandes erreichen. Ebenso ist es denkbar, laufende Personalleasingverträge entweder nicht zu verlängern oder zu kündigen.

■ Vorzeitige Pensionierung

Mit Hilfe der vorzeitigen Pensionierung findet eine externe Personalfreisetzung älterer Arbeitnehmer statt, die aus betrieblichen oder persönlichen Gründen nicht bis zum Erreichen der Altersgrenze arbeiten wollen. sondern Die Anhebung der gesetzlichen Altersgrenze für den Eintritt ins Rentenalter findet sukzessive statt. Das Modell der gleitenden Pensionierung bietet hier die Möglichkeit allmählich in den

Ruhestand überzugehen. In dieser Gleitphase wird zum Beispiel die Wochenarbeitszeit nach und nach abgebaut oder belastende Arbeitskomponenten werden eliminiert. Das reformierte Altersteilzeitgesetz bietet die rechtliche Basis für diese Form der Pensionierung. Die Bundesanstalt für Arbeit fördert dabei unter bestimmten Voraussetzungen die Teilzeitarbeit.

Die vorzeitige Pensionierung kann jedoch auch einstufig erfolgen, indem das Arbeitsverhältnis ad hoc vor Erreichen der Altergrenze beendet wird. Diese Regelung ist jedoch angesichts leerer Rentenkassen in die Kritik geraten, weil damit die Kosten für die Pensionäre in Form von Renten von den Unternehmen auf die Rentenkassen verlagert werden.

■ Aufhebungsverträge

Aufhebungsverträge haben einen hohen Stellenwert innerhalb der Personalfreisetzungen. In einem Aufhebungsvertrag wird die einvernehmliche Beendigung des Arbeitsverhältnisses vereinbart.

Für den Arbeitgeber liegen die Vorteile eines Aufhebungsvertrages in

- seiner guten Steuerungsmöglichkeit. Sowohl der Personenkreis, dem ein Aufhebungsvertrag angeboten wird, als auch der Trennungstermin können exakt bestimmt werden. Kündigungsfristen können vernachlässigt werden. Auch der Betriebsrat ist nicht hinzuzuziehen.

- in den niedrigeren Kosten. Da die bestandsreduzierende Wirkung sofort einsetzt, können auch die Personalkosten sofort reduziert werden. Die fälligen Abfindungen sind in der Regel niedriger als Sozialplanzahlungen.

Wie bei einigen anderen Freisetzungsmaßnahmen auch, ist bei Aufhebungsverträgen die Zustimmung der Mitarbeiter notwendig. Sie müssen bereit sein, den Aufhebungsvertrag anzunehmen. Davon kann jedoch nicht a priori ausgegangen werden. Schließlich sind die Folgen des Aufhebungsvertrages die gleichen wie die einer Kündigung. Auch wenn die Abfindung einen Teil des materiellen Schadens abdeckt, so ist der Arbeitsplatz trotzdem verloren. Außerdem wird die Abfindung auf das Arbeitslosengeld angerechnet, so dass Aufhebungsverträge vor allen Dingen für die Arbeitnehmer von Vorteil sind, die unverzüglich eine neue Stelle antreten können. In Verbindung mit einem Outplacement - Konzept lässt sich dieser Schaden jedoch begrenzen.

- Kündigung

Mit der Kündigung wird das Arbeitsverhältnis aufgelöst. Sie kann sowohl von Seiten des Arbeitnehmers als auch von Seiten des Arbeitgebers ausgesprochen werden. In der Folge werden die Arbeitgeberkündigungen betrachtet. Als einseitige empfangsbedürftige Willenserklärung unterliegt die Kündigung zahlreichen arbeitsrechtlichen Regelungen. Mit diesen Regelungen sowie mit möglichen Arten von Kündigungen werden Sie im Folgenden vertraut gemacht.

Die nachstehenden Merkmale sind für Kündigungen wesentlich:

- Die Kündigung kann von jedem Vertragspartner ausgesprochen werden.

- Damit die Kündigung rechtswirksam wird, muss sie der anderen Vertragspartei zugegangen sein.

- Mündlich ausgesprochene Kündigungen sind rechtswirksam, solange die Schriftform nicht durch Betriebsvereinbarung, Arbeits- oder Tarifvertrag vorgeschrieben ist.

- Eine Kündigung darf keine Bedingungen enthalten.

- Wenn der Betriebs- oder Personalrat nicht beteiligt wurde, ist eine Kündigung unwirksam.

Kündigungsbedingungen, -fristen und -termine variieren abhängig von der Art der Kündigung. Man unterscheidet:

Abbildung 3-40: *Arten der Kündigung*

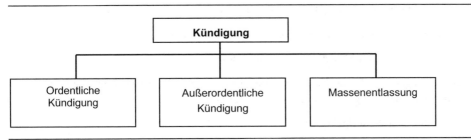

Die ordentliche Kündigung ist der Normalfall der Kündigung, die unter Einhaltung der vorgegebenen Kündigungsfristen erfolgt. Die Kündigungsfristen bei einer Kündigung durch den Arbeitgeber sind in § 622 Bürgerliches Gesetzbuch (BGB) geregelt. Dabei wird die Arbeitszeit vor Vollendung des 25. Lebensjahres bei der Berechnung der Beschäftigungsdauer nicht berücksichtigt.

Im Arbeitsvertrag können hiervon abweichende Kündigungsfristen vereinbart werden, die die gesetzlichen Fristen jedoch nie unterschreiten dürfen.

Abbildung 3-41: *Gesetzliche Kündigungsfristen*

Dauer des Arbeits-verhältnisses	Kündigungsfrist
Probezeit	2 Wochen
bis zu 2 Jahren	4 Wochen zum Fünfzehnten oder zum Ende eines Kalendermonats
ab 2 Jahren	ein Monat zum Ende eines Kalendermonats
ab 5 Jahren	zwei Monate zum Ende eines Kalendermonats
ab 8 Jahren	drei Monate zum Ende eines Kalendermonats
ab 10 Jahren	vier Monate zum Ende eines Kalendermonats
ab 12 Jahren	fünf Monate zum Ende eines Kalendermonats
ab 15 Jahren	sechs Monate zum Ende eines Kalendermonats
ab 20 Jahren	sieben Monate zum Ende eines Kalendermonats

Für einige Beschäftigtengruppen gelten abweichende Kündigungsfristen:

- Auszubildende gemäß § 15 Berufsbildungsgesetz;

- Schwerbehinderte gemäß § 16 Schwerbehindertengesetz;

- Heimarbeiter gemäß § 29 Heimarbeitsgesetz.

Der Gesetzgeber hat eine Reihe von Regelungen und Schutzbestimmungen erlassen, um nicht gerechtfertigten Kündigungen vorzubeugen.

Demnach ist die Kündigung von

- werdenden Müttern und Müttern bis zum Ablauf von vier Monaten nach der Entbindung gemäß § 9 Mutterschutzgesetz verboten, wenn dem Arbeitgeber die Schwangerschaft bekannt war oder ihm bis zu zwei Wochen nach der Entbindung mitgeteilt wurde.

- Eltern im Erziehungsurlaub gemäß § 18 Bundeserziehungsgeldgesetz verboten.

- Zivildienstleistenden gemäß § 78 Zivildienstgesetz und Wehrdienstleistenden gemäß § 2 Abs. 2 Arbeitsplatzschutzgesetz verboten.

- Schwerbehinderten und Gleichgestellten nur mit Zustimmung der Hauptfürsorgestelle gemäß § 15 Schwerbehindertengesetz erlaubt.

- Betriebs- und Personalräten sowie Jugend- und Auszubildendenvertretern während ihrer Amtszeit und bis zum einem Jahr nach deren Beendigung gemäß § 15 Abs. 1 Kündigungsschutzgesetz unzulässig.

Eine Kündigung ist gemäß § 1 Abs. 1 Kündigungsschutzgesetz unzulässig, wenn sie nicht sozial gerechtfertigt ist. Sie ist sozial gerechtfertigt, wenn sie

- nicht durch Gründe, die in der Person oder im Verhalten des Arbeitnehmers liegen,

- durch dringende betriebliche Erfordernisse

bedingt ist.

Im Zuge der leistungswirtschaftlichen Betrachtung sollen vor allen Dingen die Kündigungen wegen dringender betrieblicher Erfordernisse Beachtung finden. Betriebsbedingte Kündigungen ergeben sich beispielsweise durch konjunkturelle Einflüsse oder durch ein verändertes Nachfragverhalten der Kunden.

Die Gründe, die für die Kündigung eines Arbeitnehmers herangezogen werden, müssen ziemlich schwer wiegen, damit diese dem Grundsatz der Verhältnismäßigkeit entspricht. Vor einer Kündigung muss bereits eine Abmahnung stehen, die in die Personalakte eingetragen wurde. Zwischen einer Abmahnung und einer Kündigung muss dem Arbeitnehmer Zeit gegeben werden, sein Fehlverhalten oder seine Fehlleistung zu korrigieren.

Ist die Kündigung unumgänglich, muss sie klar und präzise formuliert sein und unter Angabe des Kündigungstermins erfolgen. Entscheidend ist dabei der rechtzeitige Zugang der Kündigung. Im Gegensatz zur ordentlichen Kündigung muss bei der außerordentlichen Kündigung keine Kündigungsfrist beachtet werden. Allerdings muss zu ihrer Begründung ein so schwerwiegendes Fehlverhalten des Arbeitnehmers vorliegen, dass es unmöglich ist, ihn weiter zu beschäftigen (§ 626 BGB).

Bis hierher wurden Kündigungen als Einzelmaßnahmen betrachtet. Daneben kann ein Unternehmen unter anderem durch seine wirtschaftliche Lage gezwungen sein, einen beträchtlichen Teil seiner Belegschaft freisetzen zu müssen. Die Entscheidung darüber, ob in einem Unternehmen eine Massenentlassung vorliegt oder nicht, ist abhängig von der Mitarbeiterzahl (§ 17 Kündigungsschutzgesetz), die innerhalb von 30 Kalendertagen entlassen wird.

Abbildung 3-42: *Bedingungen für Massenentlassungen*

Mitarbeiterzahl	Entlassene Mitarbeiter
21 bis 59 Arbeitnehmer	mehr als 5
60 bis 499 Arbeitnehmer	10% der Belegschaft oder mehr als 25
ab 500 Arbeitnehmern	30 oder mehr

Beabsichtigt der Arbeitgeber, diese Anzahl von Mitarbeitern zu entlassen, so ist gleichzeitig der Betriebsrat und das Arbeitsamt zu informieren. Bei Massenentlassungen ist der Grundsatz der Gleichheit zu beachten. Kein Mitarbeiter darf aufgrund seines Alters, seiner Religion, seines Geschlechts, seiner politischen Meinung, seiner Herkunft oder Nationalität benachteiligt werden. Es können aber Richtlinien in Kooperation mit dem Betriebsrat erarbeitet werden, in denen die Kriterien zur Entlassung festgehalten sind. So könnten beispielsweise die Mitarbeiter nach der Dauer der Betriebszugehörigkeit erfasst werden, um dann die Mitarbeiter zu entlassen, die erst seit kurzem dem Betrieb angehören. Darüber hinaus ist ein Sozialplan zu erstellen, der zum Beispiel Abfindungszahlungen zum Inhalt haben kann.

■ Outplacement

Das Outplacement ermöglicht die einvernehmliche Trennung von einem Arbeitnehmer unter Federführung eines erfahrenen externen Dienstleisters, in der Regel eines Personalberaters. Der Dienstleister übernimmt die Rolle eines Coach. Er begleitet den Coachee durch den Trennungsprozess und unterstützt ihn dabei, eine neue Stelle zu finden. Initiiert wird das Outplacement vom derzeitigen Arbeitgeber, der mit dieser Maßnahme die Wiedereingliederung des Mitarbeiters in den Arbeitsprozess erleichtern will. Die Kosten des Outplacements trägt in der Regel das Unternehmen. Teilweise werden die Kosten aber auch auf die Abfindungen angerechnet. Sie liegen üblicherweise zwischen 15 und 20 % des Bruttojahresgehalts. Bei einem Jahresgehalt von € 60.000 sind demnach ca. € 12.000 für die Outplacement-Beratung zu veranschlagen. Outplacement ist als Hilfe zur Selbsthilfe zu verstehen. Dem Mitarbeiter kann kein neuer Arbeitsplatz versprochen werden. Vielmehr geht es darum, aus eigener Kraft neue Potenziale zu verwirklichen. Das Unternehmen zeigt sich nicht nur bei der Einstellung neuer Mitarbeiter verantwortlich, sondern geht auch mit freizusetzenden Mitarbeitern verantwortlich um. Da es letztendlich darum geht, einen neuen Arbeitsplatz für den Mitarbeiter zu finden, wird das Outplacement auch als Newplacement oder Replacement bezeichnet. Der Outplacement - Prozess läuft in folgenden Stufen ab:

Abbildung 3-43: *Der Outplacement - Prozess im Überblick*

Quelle: Liebel, H./Oechsler, W., Handbuch HRM, 1994, S. 400

Unternehmen schildert dem Mitarbeiter das Problem und die Alternativen, insbesondere das Outplacement.

Mitarbeiter akzeptiert das Outplacement und ist bereit, hierbei aktiv mitzuarbeiten.

Unternehmen und Mitarbeiter suchen erfahrenen Personalberater aus.

Personalberater akzeptiert die Beratung und führt die einzelnen Beratungsschritte der
Emotions- und Aufbauphase
Sammel- und Sichtungsphase
Marketing- und Bewerbungsphase durch.

3.5.3 Pflichten des Arbeitgebers

Personalfreisetzungen sind ein sensibles Thema. Der Arbeitgeber hat die Pflicht, verantwortlich mit den betroffenen Arbeitnehmern umzugehen. Die sozialen Auswirkungen einer Kündigung sind schließlich kaum abschätzbar. Neben der sozialen Verpflichtung bestehen weitere Arbeitgeberpflichten bei Kündigungen, die in diesem Abschnitt thematisiert werden.

Das Entlassungsgespräch ist keine Pflicht, sollte aber in jedem Fall geführt werden. Als Gesprächspartner sind der direkte Vorgesetzte oder der Personalverantwortliche zu wählen. Kann keiner der beiden das Gespräch führen, wird die Kündigung schriftlich zugestellt. Andere Personen sollten nicht zu einem Entlassungsgespräch hinzugezogen bzw. involviert werden, da sie nicht den nötigen Bezug zum Betroffenen haben. Der Arbeitnehmer ist rechtzeitig über das bevorstehende Gespräch zu informieren, wobei bei der Terminierung die Kündigungsfristen zu beachten sind. Die Gesprächsführenden sollten sich im Vorfeld intensiv auf das Gespräch vorbereiten. Entlassungsgründe und persönliche Daten sind zu sammeln, damit das Gespräch später nicht aus der Hand gleitet.

Bereits in den ersten Minuten muss unmissverständlich klar gemacht werden, dass die Entscheidung für die Kündigung gefallen ist. Die dafür vorliegenden Gründe sollen sachlich geäußert werden. Von Seiten des Arbeitnehmers ist mit den unterschiedlichsten Reaktionen zu rechnen. Heftige emotionale Reaktionen sind ebenso denkbar wie wütende Anschuldigungen. Entscheidend ist jedoch, keine Zugeständnisse zu machen oder die Kündigung gar zurückzunehmen. Vielmehr ist Verständnis angebracht. Ermutigende Worte, die in die Zukunft weisen, helfen dem Betroffenen.

Neben dieser „freiwilligen" Maßnahme bei Kündigungen bestehen gesetzliche Regelungen. So kann ein Arbeitnehmer beim Abgang gemäß § 630 S. 1 BGB ein Zeugnis über das Dienstverhältnis und seine Dauer sowie gemäß § 630 S. 2 ein qualifiziertes Zeugnis fordern.

Darüber hinaus ist dem Arbeitnehmer gemäß § 629 BGB Freizeit für die Suche nach einer neuen Stelle zu gewähren. Der Arbeitnehmer hat auch das Recht auf Herausgabe seine Arbeitspapiere, also Unterlagen wie der Lohnsteuerkarte, dem Sozialversicherungsausweis sowie Abrechnungsunterlagen. Im Gegenzug ist der Arbeitnehmer verpflichtet, das gesamte Firmeneigentum wie Schutzkleidung oder interne Unterlagen zurückzugeben. Um spätere Forderungen beider Seiten auszuschließen, kann eine Ausgleichsquittung erstellt werden, in der sich der Arbeitgeber versichern lässt, dass (Vgl. Bröckermann, R., Personalwirtschaft, 1997, S. 385)

- der Arbeitnehmer keine Forderungen gegenüber dem Arbeitgeber offen hat;

- keine gerichtlichen Einwendungen gegen die Kündigung erhoben wird;

- keine weiteren Ansprüche aus dem Arbeitsverhältnis bestehen.

Der Arbeitnehmer ist jedoch nicht verpflichtet, diese Ausgleichsquittung zu unterschreiben. Einige Tarifverträge erklären sie zudem als nichtig.

Unabhängig davon, in welcher Form die Trennung vom Arbeitnehmer erfolgt ist, ob durch Kündigung oder Entlassung, es sollte nicht versäumt werden, sich beim Mitarbeiter zu bedanken und ihn zu verabschieden. Diese Form der Höflichkeit unterstützt eine einvernehmliche Trennung.

4 Unternehmenskultur und Unternehmensstruktur

Immer dann, wenn die Gesellschaft vor tief greifenden Veränderungen steht oder gerade einen Veränderungsprozess durchlebt, stellt sich die Frage nach Werten, die unser Handeln bestimmen (sollen). Die Werte einer Gesellschaft sind einem steten Wandel unterworfen und wirken sich über die Menschen auf die Unternehmen aus. Es stellt sich die Frage, welche Werte heute gelten und welche zukünftig für Unternehmen relevant sein werden und wie diese im wirtschaftlichen Kontext erhalten werden können. Die Werte, die in einem Unternehmen existieren sind die Basis der Unternehmenskultur, wie in der Folge aufgezeigt wird.

Dabei funktionieren Unternehmen immer als Systeme. Unternehmen können, vereinfacht ausgedrückt, als ein System mit verschiedenen Systemkomponenten betrachtet werden, die miteinander in Verbindung stehen. Das Unternehmen ist also ein System mit bestimmten Strukturen. Aufbau und Funktionsweise der Unternehmensstruktur und der in ihr ablaufenden Prozesse sind entscheidend für die Anpassungsfähigkeit des Unternehmens an die zukünftigen Anforderungen.

4.1 Wertbegriff

(von Diplom-Betriebswirtin (FH) Ingrid Bügler)

„Werte bestimmen, wie Menschen miteinander umgehen, Waren austauschen oder welchen Leistungswillen sie haben. Werte schaffen eine stabile Verhaltenserwartung, helfen der Gesellschaft zu funktionieren" (Händeler, 2003, S. 382). Werte sind also Vorstellungen oder Leitlinien für das, was wir gemeinhin als das „Richtige" oder das „Gute" empfinden. Sie legitimieren die Wahl von Zielen und Methoden und beeinflussen unser Handeln. Werte bestimmen somit das Entscheiden und Handeln von Menschen. Da es Menschen sind, die in Unternehmen tätig sind, übertragen sich Werte ganz von selbst auch auf die Unternehmen. Werte prägen (vgl. Wunderer, 2000, S. 172):

▨ die Erwartungen der Mitarbeiter an das Unternehmen, seine Führungssysteme, die Gestaltung der Arbeit und der Anreizsysteme, den Führungsstil sowie die Beziehungen zwischen Führungskraft und Mitarbeiter.

▨ die Ansprüche des Managements an die Leistung und das Verhalten der Organisationsmitglieder (Mitarbeiter und Führungskräfte).

▨ das Leistungs- und Sozialverhalten der Organisationsmitglieder.

Werte sind darum so etwas wie „unsichtbare Führungskräfte" (Wunderer, 2000, S. 173), die stärkeren Einfluss haben als Leitlinien oder Vorschriften.

Unternehmen sind einem stetigen Wandel unterworfen, in dem sich die Werte zwangsläufig mit verändern. Man spricht dann auch vom Wertewandel. Der Wertewandel wird von Veränderungen in der Gesellschaft hervorgerufen, die beispielsweise auf demografischen Veränderungen beruhen können. Vielfach ist jedoch zu beobachten, dass sich veränderte Werte in der Gesellschaft nicht zwangsläufig in veränderten Unternehmenswerten niederschlagen. Die gesellschaftlich veränderten Werte treffen häufig auf die „zur Struktur gewordenen Wertorientierungen früherer Generationen" (von Rosenstiel, 1995, Spalte 2181). So geschehen zum Beispiel in der Zeit der so genannten **New Economy** – dem Anfang vom Ende des fünften Kondratieff-Zyklus. Die Werte der so genannten **Old Economy** wie Pflichtbewusstsein, Disziplin und Ordnung wurden über Bord geworfen und an ihrer statt wurden neue Werte gelebt wie Selbstverwirklichung, Betonung des Freizeitwertes oder Eigenständigkeit. Die neuen Werte der New Economy prallten auf die Werte der Old Economy. Es schien keinen Konsens zu geben. Letztlich zeigte sich, dass eine Anpassung beider Wertstrukturen aneinander am wahrscheinlichsten zu einer Erfolgskultur geführt hätte.

Was allerdings geschah erfolgte zu schnell und zu unselektiert. Derartige Transformationsprozesse in Organisationen setzen selektierte Mitarbeiter voraus, die die Wertorientierung des Unternehmens teilen. Außerdem ist eine schrittweise Angleichung von Werten in einer Organisation im Sinne eines Organisationsentwicklungsprozesses erforderlich.

4.1.1   Begriffsbestimmung

Der Gebrauch des Begriffes „Wert" erscheint sowohl im alltäglichen Umgang als auch in der Fachsprache als selbstverständlich und dennoch bereitet es Schwierigkeiten, seine Bedeutung näher zu beschreiben.

Seinen Ursprung hat der Begriff „Wert" in der Ökonomie, in der er als Gebrauchswert, Arbeitswert, Mehrwert usw. verwendet wird. Dieser ökonomische Begriff wurde mit veränderter Bedeutung im 19. Jahrhundert ein grundlegender Begriff in der Ethik, den Sozialwissenschaften und der Psychologie (vgl. Berkel/Herzog, 1995, S. 44).

Werte finden sich in materieller, sozialer, geistiger, ästhetischer und religiöser Gestalt wieder (vgl. Berkel/Herzog, 1995, S. 44) wie zum Beispiel Reichtum, Brüderlichkeit, Vernunft, Schönheit und Glaube.

Werthaltung bzw. Wertorientierung beschreibt die Existenz der Werte beim Individuum (vgl. von Rosenstiel, 1995b, S. 2176).

Die Abstraktheit des Begriffes „Wert" versuchen unterschiedliche Definitionen zu erfassen. Die Definition von Kluckhohn bestimmt den Wertebegriff in den Sozialwissenschaften bis heute und liegt auch dieser Arbeit zugrunde:

„A value is a conception, explicit or implicit, distinctive of an individual or characteristic of a group, of the desirable which influences the selection from available modes, means and ends of action" (Kluckhohn, 1951, S. 395).

Die Kernaussage dieser Definition lautet: Werte sind Auffassungen von Wünschenswertem, die unser Verhalten beeinflussen.

Werten wird eine kognitive, eine affektive sowie eine konative Dimension zugesprochen (S. 395).

Eine kognitive Dimension erhalten Werte, wenn sie als explizite und implizite Auffassungen beschrieben werden, das heißt wenn sie bewusstseinsfähig sind. Sie sind logische Gebilde, die das Zusammenleben als Grundbestandteile von sozialen Strukturen ermöglichen, beeinflussen und ordnen. Je nach Individuum oder Kulturkreis werden sie reflektiert und abgewogen und erhalten ihrer Präferenz nach eine unterschiedliche Bedeutung für das Denken, Fühlen und Handeln.

Implizit bezeichnet in diesem Zusammenhang die Verinnerlichung der Werte durch Individuen. Diese verinnerlichten Werte sind von außen nicht erkennbar.

Explizit bedeutet, dass die verinnerlichten Werte durch beobachtbares Verhalten sichtbar werden, wobei dieses Verhalten nicht mit dem abstrakten verinnerlichten Wert vollkommen übereinstimmt (S. 395ff).

Die affektive Dimension drückt sich darin aus, dass Werte wünschenswert sind. Werte sind also der Ausdruck von Wunschvorstellungen und Wünsche sind immer emotional an das Individuum gebunden. Wörter wie gut, schlecht, besser oder schlechter beschreiben die persönliche, emotionale Bindung, die mit den jeweiligen Werten verknüpft ist (S. 398ff).

Die konative Dimension zeigt auf, dass Werte das Verhalten bestimmen. Sie beeinflussen die Ziele von Handlungen, die Art und Weise wie diese ausgeführt werden und die Mittel, die ausgewählt werden, um sie zu erreichen (S. 400ff).

Durch die drei Dimensionen, Denken, Fühlen und Handeln, entstehen Werte. Diese wiederum werden durch ihre Verinnerlichung beeinflusst. Aus diesem Grund sind sie kennzeichnend für das Individuum, für eine Gruppe, im weitesten Sinn für eine Kultur. Ein Kulturkreis bewahrt seine Werte in der für ihn charakteristischen Ausprägung, indem er sie an das Individuum weitergibt. Das Individuum kann die ihm vermittelten Werte nun individuell interpretieren, so dass der daraus resultierende Wert in seiner Ausprägung einzigartig ist und Bestandteil der persönlichen Identität, also kennzeichnend für das Individuum wird (S. 398).

Die philosophische Frage „ob etwas ein Wert ist, weil es gewünscht bzw. angestrebt wird, oder ob etwas erstrebt wird, weil es ein Wert ist bzw. einen hat", (Kuppe, 1995, S.138) kann mit einem Sowohl-als-auch beantwortet werden. Wir schätzen etwas wert, da uns die Kultur vermittelt, was einen Wert hat und was nicht, aber auch, weil es aus persönlicher, emotionaler und rationaler Überzeugung angestrebt wird.

4.1.2   Verhaltenswirksamkeit von Werten

Wie der oben beschriebene Wertebegriff von Kluckhohn verdeutlicht, beeinflussen Werte unser Verhalten.

Verhalten wird jedoch von einer Vielzahl von Variablen determiniert.

Ein anschauliches Bild, wie Verhalten entsteht, ist die von Lewin entworfene Funktionsgleichung: $V = f(L) = f(P, U)$.

Nach Lewin hängt das Verhalten (V) vom Lebensraum (L) ab, der sich aus der Person (P) und der psychologischen Umwelt (U) zusammensetzt (vgl. Fisseni, 1997, S. 11).

Das Verhalten ist also einerseits von der Person mit ihren Trieben, Bedürfnissen, Werten usw. abhängig, andererseits von der Umwelt, die sich in der Gestalt von Mitmenschen, Stimmungen, Situationen usw. darstellt. Beide Determinanten, Person und Umwelt, ergeben in ihrem Zusammenspiel das konkrete Verhalten.

Abbildung 4-1:   *Determinanten des Verhaltens nach Lewin*

Das von Lewin entworfene Bild ordnet eine Vielfalt von Einflüssen in zwei anschauliche Bereiche und vereinfacht somit die Zuordnung von Faktoren, die auf das menschliche Verhalten einwirken.

Ein differenzierteres Modell für die Erklärung des menschlichen Verhaltens ist dasjenige nach von Rosenstiel. Nach von Rosenstiel sind Determinanten des Verhaltens persönliches Wollen, individuelles Können, soziales Dürfen und situative Ermöglichung (vgl. von Rosenstiel, 1995a, S. 1431).

Abbildung 4-2: *Determinanten des Verhaltens nach von Rosenstiel*

Quelle: von Rosenstiel, 1995a, S. 1432, eigene Darstellung

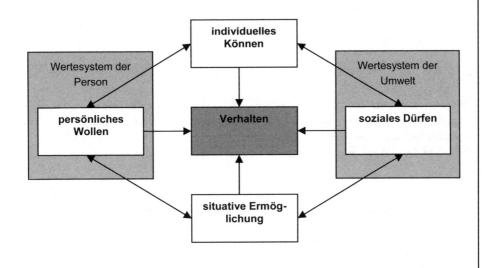

Bleibt man bei dem Bild von Lewin, so unterteilt von Rosenstiel einerseits den Bereich der Person nach persönlichem Wollen und individuellem Können, andererseits den der Umwelt nach sozialem Dürfen und situativer Ermöglichung. Diese Darstellung konkretisiert die einwirkenden Faktoren auf das menschliche Verhalten bereits eingehender. Es macht auch die zwei verschiedenen Wertesysteme, die auf das Verhalten einwirken deutlich, zum einen das der Person, das sich im persönlichen Wollen ausdrückt, und zum anderen das der Umwelt, das im sozialen Dürfen enthalten ist.

Beide Darstellungen werden der Komplexität des menschlichen Verhaltens nicht gerecht, veranschaulichen aber, dass Verhalten von mehreren Determinanten bestimmt wird und machen deutlich, dass die konkrete Zuordnung des beobachtbaren Verhaltens dementsprechend Schwierigkeiten bereitet.

Dennoch lässt sich feststellen, dass Werte unserem Fühlen, Denken und Handeln eine bestimmte Richtung vorgeben.

Klages beschreibt Werte als „ ‚die' entscheidenden Führungsgrößen" menschlichen Verhaltens, die „menschliche Wahlakte und Entscheidungen, Zustimmungen und Ablehnungen, Bevorzugungen und Vermeidungen, Willensbekundungen und Leitbilder auf eine maßgebliche Weise beeinflussen und steuern" (Klages, 1991, S. 53).

Werte sind abstrakte, übergeordnete Ziele, als Visionen zu verstehen, deren Erhalten oder Erreichen für die Person ein großes Anliegen ist (vgl. Frieling/Sonntag, 1999, S. 151).

Als eine solche Vision ist zum Beispiel der Wert „Freiheit" zu verstehen, der die Menschen bewegt und ihnen ein großes Anliegen ist, so groß dass er Revolutionen verursachen kann, wie zum Beispiel diejenige der jüngsten deutschen Geschichte, die schließlich zum Einsturz der Berliner Mauer führte.

Werthaltungen dienen jedoch auch als Standards, an denen das eigene und das fremde Verhalten gemessen werden (vgl. Asendorpf, 1996, S. 182).

Bewertet man zum Beispiel Treue sehr hoch, so wird man einen Seitensprung als unangemessenes, eine harmonische Ehe als angemessenes Verhalten bewerten. Werte beeinflussen also das Verhalten, indem sie Wegweiser sind, die uns die Richtung anzeigen in die wir gehen und darauf hinweisen, wenn man den Weg verlässt.

4.1.3   Werte, Verhalten und Einstellungen

Die Analyse der Verhaltenswirksamkeit von Werten wäre jedoch unvollständig, würde man zu ihrer Erklärung nicht das Konzept der Einstellungen heranziehen. Werte weisen ein sehr hohes Abstraktionsniveau auf. Sie sind vieldeutig und können je nach Kontext sehr unterschiedliche Inhalte haben (vgl. Preuß, 1995, S. 46). Damit Werte in konkreten Situationen zu konkreten Handlungen führen, werden sie in gegenstandsbezogene Einstellungen umgewandelt (vgl. von Rosenstiel, 1990, S. 132).

Dabei werden Einstellungen wie folgt von Werten abgegrenzt:

„Einstellungen sind individuelle Besonderheiten in der Bewertung konkreter Objekte der Wahrnehmung und Vorstellung...Sie unterscheiden sich von Werthaltungen durch die größere Konkretheit der bewerteten Objekte" (Asendorpf, 1996, S. 186f).

Das heißt, Werte sind die Vision, die noch zu ungenau ist, um konkrete Handlungen daraus ableiten zu können. Einstellungen konkretisieren diese Vision bezüglich einer bestimmten Situation oder eines bestimmten Themas; aus ihnen kann man bereits eine Handlungsanweisung formulieren.

Wie der Unterschied zwischen Werthaltungen und Einstellungen zu verstehen ist, soll anhand des Wertes „Freiheit" verdeutlicht werden. Freiheit ist eine Werthaltung, die ein hohes Abstraktionsniveau aufweist. Welche Auswirkungen sie auf das Verhalten hat, wird erst deutlich, wenn sie in einer Situation wie der Arbeitsplatzwahl zu einer konkreten Einstellung wird.

Ist die Werthaltung „Freiheit" einer Person sehr stark ausgeprägt, wird deren Einstellung bezüglich eines Arbeitsplatzes diejenige sein, dass ein gewisser Handlungsspielraum und die Möglichkeit selbstständig arbeiten zu können, erwartet wird. Die Wahl des Arbeitsplatzes aufgrund der Einstellung der Person würde zugunsten der Arbeit ausfallen, die dies gewährleistet, auch wenn ihr dadurch Nachteile zum Beispiel bezüglich Arbeitsplatzsicherheit, Einkommen usw. entstehen würden.

So können Einstellungen zusammenfassend als Verhaltensdispositionen beschrieben werden, die bezogen auf bestimmte Situationen oder Themen konkretisierte Werthaltungen darstellen.

4.1.4 Empirische Erfassbarkeit von Werten

Werte sind aufgrund ihrer Abstraktheit nicht unmittelbar beobachtbar. Deshalb erschließt sich die empirische Werteforschung die vorherrschenden Werte bzw. Wertorientierungen indirekt anhand mittelbar beobachtbarer Sachverhalte.

Solche Sachverhalte sind Objektivationen (vom Menschen geschaffenes), menschliches Verhalten selbst oder Inhalte menschlicher Aussagen (vgl. von Rosenstiel, 1995b, S. 2176).

Objektivationen werden auch als „erstarrte Strukturen" oder „geronnene Werte" interpretiert. Ein Beispiel für Objektivationen ist das Grundgesetz der Bundesrepublik Deutschland, das zum Beispiel unter anderem den Wert der Freiheit verkörpert. (vgl. von Rosenstiel, 1990, S. 133).

Verhalten kann ebenso darauf hinweisen, dass Freiheit ein von den Individuen anerkannter Wert ist. So lässt sich zum Beispiel beobachten, dass die Anzahl der Singlehaushalte zunimmt. Von 1950 bis 1995 ist der Anteil der Singlehaushalte in Bezug auf die Gesamthaushalte von 19,4% auf 35,9% gestiegen (vgl. Heiderich/Rohr, 1999, S. 2f). Dies kann darauf hinweisen, dass die persönliche Freiheit einer partnerschaftlichen Bindung vorgezogen, der Freiheit somit ein hoher Wert beigemessen wird.

Aussagen weisen ebenso auf Werte von Individuen hin. „Ich kann mir nicht vorstellen, eigene Kinder zu haben" ist beispielsweise eine Aussage, die Aufschluss darüber geben könnte, dass der Befragte seiner persönlichen Freiheit einen hohen Wert beimisst und diese durch Kinder eingeschränkt sieht.

Von Rosenstiel weist darauf hin, dass diese beobachtbaren Sachverhalte nicht mit dem jeweiligen Wert tatsächlich übereinstimmen, sondern dass auf sie eine Vielzahl von Einflüssen einwirkt. Sie bedürfen deshalb der kritischen Interpretation (vgl. von Rosenstiel, 1995b, S. 2176).

So muss die Aussage „Ich kann mir nicht vorstellen, eigene Kinder zu haben" nicht bedeuten, dass der Befragte der persönlichen Freiheit einen hohen Wert beimisst. Für ihn könnten zum Beispiel auch finanzielle Gründe ausschlaggebend sein, sich gegen Kinder auszusprechen.

Im Gegensatz zu der indirekten Erschließung von Werten, anhand mittelbar beobacht- barer Sachverhalte, lassen sich Werte auch direkt erfragen. Den Befragten wird hierzu eine bereits erstellte Liste von Werten vorgelegt.

Nach dem so genannten Ranking-Verfahren müssen die Befragten die vorgegebenen Werte in eine Reihenfolge bringen, das heißt der Präferenz nach ordnen.

Das Rating-Verfahren dagegen fordert die Befragten auf, jeden aufgeführten Wert nach einer vorgegebenen Skala bezüglich ihrer jeweiligen Bedeutung für die befragte Person zu bewerten (vgl. Klages, 1988, S. 119).

Die Aussagekraft der erhobenen Daten hängt von der Auswahl der Werte sowie von der Auswahl des jeweiligen Verfahrens ab.

4.2 Wertewandel

4.2.1 Wandelbarkeit der Werte

Werte vermitteln wie Sterne am Himmel eine sichere Orientierung. Sie weisen die Richtung und sind unverrückbar. Dies war bereits in der Antike die Vorstellung von Werten.

Werte als veränderbar oder auswechselbar zu betrachten erscheint im ersten Moment absurd. Dass Werte vor allem heute keine statischen Gebilde wie Himmelskörper sind, sondern wandelbar, hat die Werteforschung belegt. So lautet der Titel einer Publikati- on über den Wertewandel von Klages: „Über die Wandelbarkeit des Selbstverständli- chen". Diese Wendung drückt die Widersprüchlichkeit aus, mit der die Werte emp- funden werden und wie sie tatsächlich auftreten. So will dieser Titel auffordern, Werte nicht als etwas Selbstverständliches und damit etwas Statisches anzusehen. Werte sind wandelbar und deshalb nicht so selbstverständlich wie man annimmt.

Die Wandelbarkeit von Werten, das heißt ein Wertewandel also, kann sich auf unter- schiedliche Weise zeigen:

Primär bedeutet Wertewandel das Verschwinden alter Werte und die Entstehung neu- er Werte. Unter einem Wertewandel versteht man aber auch, wenn die Intensität be- stimmter Werte zu- oder abnimmt oder wenn eine Änderung der Präferenzfolge der Werte eintritt, das heißt die Werte bezüglich ihrer Wichtigkeit in eine andere Rangfolge als zuvor gebracht werden (vgl. von Rosenstiel, 1995b, S. 2175).

Der jüngste prägende Wertewandel begann Anfang der 60er und endete Mitte der 70er Jahre. Er wird auch als Wertwandlungsschub bezeichnet, da er elementare Änderungen im Denken und Fühlen der Gesellschaft bewirkte, nach Klages sogar eine „fundamentale Änderung der Perspektive, die jenen neuzeitlichen ‚Individualismus' verursacht" (Klages, 1991, S. 55).

Dieser Wertwandlungsschub ist seit Mitte der 70er Jahre zum Stillstand gekommen, das heißt die inhaltliche Ausrichtung des Wertewandels hat sich seit dieser Zeit nicht signifikant geändert (vgl. Herbert, 1993, S. 10).

So sind die folgenden charakteristischen Trends, die durch den Wertewandel verursacht wurden, damals wie heute aktuell (vgl. von Rosenstiel, 1993, S. 51):

- Säkularisierung nahezu aller Lebensbereiche

- Starke Betonung der eigenen Selbstentfaltung und des eigenen Lebensgenusses

- Betonung und Hochwertung eigener Freizeit

- Befürwortung der Gleichheit zwischen den Geschlechtern

- Ablösung der Sexualität von übernommenen gesellschaftlichen Normen

- abnehmende Bereitschaft zur Unterordnung und zum sich Einfügen in Strukturen und Regelungen

- Sinkende Akzeptanz der Arbeit als einer Pflicht

- Höhere Bewertung der eigenen körperlichen Gesundheit

- Hochschätzung unzerstörter und bewahrter natürlicher Umwelt

- Skepsis gegenüber den tradierten Werten der industriellen Gesellschaft wie etwa Leistung, Wirtschaftswachstum oder technischer Fortschritt

Ein Stillstand bzw. eine Stabilisierung des Wertwandlungsschubes bedeutet nicht, dass die Werte seit dieser Zeit keine weitere Entwicklung erfahren haben. Die entstandenen Wertestrukturen bestehen weiterhin, jedoch in einer neu kombinierten Weise, in einer anderen Form (vgl. Herbert, 1993, S. 10). So wurden die aus dem Wertwandlungsschub gewonnenen Werte in neue Situationen eingebettet. Die „Hochschätzung unzerstörter und bewahrter natürlicher Umwelt" war zum Beispiel vor 30 Jahren bei den Jugendlichen ein sehr großer Wert und lag zum Beispiel vor dem Wert „Arbeitsplatzsicherheit", der damals noch kein Problemthema war. Seitdem ist jedoch Umweltschutz zu einer Selbstverständlichkeit geworden, die Arbeitsmarktsituation hat sich dagegen deutlich verschlechtert. Somit steht heute bei den Jugendlichen der Wert „Arbeitsplatzsicherheit" vor dem Wert „Umwelt". Aus diesem Kontext heraus wird auch wieder vermehrt auf Leistung und Ehrgeiz gesetzt, wobei der Drang nach Selbstverwirklichung allerdings nicht abgenommen hat (vgl. Deutsche Shell, 2002, S. 140ff).

Die Werte bekommen wieder neue Formen und Farben, indem sie in einem neuen Kontext gelebt werden.

4.2.2 Entstehung des Wertwandlungsschubes

Der Wertwandlungsschub war ein gesamtgesellschaftlicher Vorgang, der die ganze Bevölkerung, wenn auch teilweise nur passiv, umfasste (vgl. Klages, 1988, S. 55). Vorreiter des Wertwandlungsschubs waren junge Gebildete aus städtischen Wohngebieten (vgl. von Rosenstiel, 1995b, S. 2179). Die errungenen Werte wurden teilweise radikal ausgelebt. So ist zum Beispiel die Generation der 68er mit ihren Parolen wie „Wer zweimal mit derselben pennt, gehört schon zum Establishment", „Phantasie an die Macht", „Macht kaputt, was euch kaputtmacht", „Schmeißt auf Bürokraten Eierhandgranaten", noch immer in Erinnerung. Es war ein langer Weg bis dieser Wertewandel in seinen derartigen Ausprägungen zustande kam.

Um die Entstehung des Wertewandels zu ergründen, muss man die geschichtlichen Wachstums- und Veränderungsprozesse berücksichtigen, die unsere Kultur bis heute prägen und somit auch den Wertewandel beeinflusst haben (vgl. Klages, 1988, S. 28).

Exemplarisch für geschichtliche Einflussfaktoren soll die Aufklärung genannt werden, die unser Gedankengut sowie unsere Gesellschaft grundlegend geprägt hat. Die Aufklärung hat den Grundstein für die Emanzipation des Individuums und für den heutigen Freiheitsgedanken gelegt, der auch im Grundgesetz verankert ist. Diese Werthaltung der Freiheit und des Individuums wurde im Zuge des Wertewandels wieder aufgegriffen und noch nie so stark gelebt wie heute.

Die jüngeren geschichtlichen Einflüsse haben dem Wertewandel schließlich zum Durchbruch verholfen.

Durch den einsetzenden allgemeinen Wohlstand sowie die politische Stabilisierung wurden die materiellen Grundbedürfnisse der Bürger und das Bedürfnis nach Sicherheit erfüllt. Die Menschen konnten „höheren" Lebensinhalten, wie zum Beispiel der Persönlichkeitsentfaltung zuwenden. Strukturelle Veränderungen wie der Ausbau des Sozialstaates unterstützten den materiellen Wohlstand und verstärkten die Zuwendung hin zu den immateriellen Werten.

Auch die Bildungsrevolution, von der vor allem Jugendliche mit gehobenem Bildungsniveau beeinflusst wurden, unterstützte den Wertewandel durch die Vermittlung von Werten wie Selbstentfaltung, Emanzipation von Autoritäten, Mitsprache oder Toleranz.

Die Ausbreitung der Massenmedien wie Fernsehen weiteten den geistigen Horizont der Menschen entscheidend und beeinflussten durch die Meinungen ihrer Journalisten die breite Bevölkerung.

Durch die negativen Auswirkungen der Industrialisierung wie der Umweltverschmutzung oder der Ausbeutung der Dritten Welt wendete sich das Interesse und Engagement den bedrohten Objekten wie der Natur und den Entwicklungsländern zu.

Die Auseinandersetzung mit der nationalsozialistischen Vergangenheit verursachte eine Abwendung von den Werten der „Alten", also eine Ablehnung von allen „Konservativen", „Autoritäten" und „Hierarchisch-Verkrusteten" (vgl. Klages, 1988, S. 51ff, von Rosenstiel, 1995b, S. 2179f).

Es wird deutlich, dass eine Vielzahl von Einflüssen notwendig war, um einen Wertewandel anzubahnen. Werte sind also nicht statisch, sondern wandelbar. Dies allerdings aber nicht von heute auf morgen, sondern in einem Entwicklungsprozess, der die Voraussetzungen dafür schafft.

4.2.3 Konzepte zur Erfassung des Wertewandels

Ronald Inglehart war einer der ersten, der den Wertewandel mit Hilfe eigener empirisch erfasster Daten beschrieb. „The Silent Revolution" betitelte er sein Buch, in dem er in den westlichen Industrienationen eine Substitution der materialistischen durch postmaterialistische Werte feststellte. Den Kern dieser „Stillen Revolution", die ohne Blutvergießen und Gewalt vonstatten ging und dennoch das Leben bis heute wesentlich veränderte, beschreibt Inglehart wie folgt:

„The values of Western publics have been shifting from an over-whelming emphasis on material well-being and physical security toward greater emphasis on the quality of life" (Inglehart, 1977, S. 3).

Diese Erkenntnis gewann Inglehart, indem er den Befragten politische Zielsetzungen vorlegte, von denen sie die aus ihrer Sicht wichtigsten oder wünschenswertesten auswählen mussten. Je nachdem, wie der Befragte die Ziele bewertete, wurde er als Postmaterialist oder Materialist eingestuft. Beispielsweise war die Auswahl des Zieles „Schutz der Meinungsfreiheit" nach Inglehart als postmaterialistisch einzustufen und das Ziel „gegen Preiserhöhungen kämpfen" als materialistisch (S. 28ff). Die empirischen Untersuchungen von Inglehart basierten auf zwei Hypothesen. Die erste Hypothese ging in Anlehnung an die Bedürfnispyramide von Maslow davon aus, dass alle Werte, die noch nicht befriedigt waren, eine hohe Priorität hatten. Aufgrund dieser Hypothese musste nun in den westeuropäischen Staaten, in denen Wohlstand und politische Stabilität herrschten, ein verstärktes Aufkommen von postmaterialistischen Werten sowie ein Rückgang der materialistischen Werte zu beobachten sein.

Die zweite Hypothese war, dass Werte die man in den prägenden Jugendjahren erwirbt, im weiteren Leben weitgehend beibehalten werden. So wurden die postmaterialistischen Werte eher bei der jüngeren Generation und die materialistischen Werte eher bei der älteren Generation angenommen. Dies wurde durch die von Inglehart durchgeführten Befragungen empirisch bestätigt (vgl. Inglehart, 1977, S. 22ff).

Die Arbeit Ingleharts wurde vielfach kritisiert, unter anderem, weil sich sein Werteraum nur auf eine Dimension beschränkt, das heißt materialistische Werte können nur zu Lasten von postmaterialistischen Werten zunehmen und umgekehrt (vgl. von Rosenstiel, 2000, S. 146).

Abbildung 4-3:   *Das eindimensionale Wertekonzept nach Inglehart*

Quelle: von Rosenstiel, 1990, S. 139

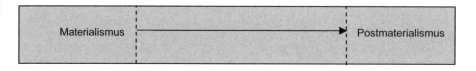

In weiterentwickelter Form setzte Klages die empirischen Untersuchungen der Werteforschung fort. Klages ging wie Inglehart von zwei Wertedimensionen aus, den Pflicht- und Akzeptanzwerten (entspricht den materialistischen Werten nach Inglehart) und den Selbstentfaltungswerten (entspricht den postmaterialistischen Werten nach Inglehart). Im Gegensatz zu Inglehart nahm Klages jedoch einen zwei-dimensionalen Werteraum an, das heißt die Entwicklung der Pflicht- und Akzeptanzwerte ist unabhängig von derjenigen der Selbstentfaltungswerte und umgekehrt. Das gleichzeitige Vorhandensein hoher Pflicht-, und Akzeptanzwerte und hoher Selbstentfaltungswerte wird folglich als möglich angesehen. Diese Hypothese wurde von den empirisch gewonnenen Daten bestätigt und als Wertesynthese bezeichnet. Somit erhält Klages ein differenziertere Resultat als Inglehart.

Nach der unterschiedlichen Ausprägung der Pflicht- und Akzeptanzwerte sowie der Selbstentfaltungswerte unterscheidet Klages vier Wertetypen.

Abbildung 4-4:   *Die vier Wertetypen*

Quelle: von Rosenstiel, 1990, S.140, eigene Darstellung

		Selbstentfaltungswerte	
		hoch	niedrig
Pflicht- und	hoch	Typ 2	Typ 1
Akzeptanzwerte	niedrig	Typ 4	Typ 3

Noelle-Neumann sorgte mit ihrem Werk „Sind wir denn alle Proletarier?" für Aufsehen, indem sie feststellte, dass der Wertewandel zu einem Verfall der Werte und damit zu einem Verfall der Arbeitsmoral geführt hat.

Mit Werteverfall ist das Absinken der „bürgerlichen Werte" gemeint, das vor allem bei der jüngeren Generation sehr stark anzutreffen ist.

Bürgerliche Werte sind „der hohe Wert von Arbeit, von Leistung; Überzeugung, daß sich Anstrengung lohnt, Glaube an Aufstieg und Gerechtigkeit des Aufstiegs; Bejahung von Unterschieden zwischen den Menschen und ihrer Lage; Bejahung des Wettbewerbs, Sparsamkeit als Fähigkeit, kurzfristige Befriedigung zugunsten langfristiger zurückzustellen; Respekt vor Besitz; Streben nach gesellschaftlicher Anerkennung, Prestige, damit verbundene Anerkennung der geltenden Normen von Sitte und Anstand; Konservatismus, um das Erworbene zu behalten; in gemäßigter Weise auch Bildungsstreben" (Noelle-Neumann, 1978, S. 15).

Zu diesen Werten arbeitete Noelle-Neumann Fragen aus, die diesen Sachverhalt empirisch belegen sollten. Für den Wert „Arbeit" wurde zum Beispiel die folgende Frage konzipiert: „Welche Stunden sind Ihnen ganz allgemein am liebsten – die Stunden während der Arbeit oder die Stunden, während Sie nicht arbeiten, oder mögen Sie beide gern?" (Noelle-Neumann, 1978, S. 50).

Die Ergebnisse der Befragungen zeigt Abbildung 4-5:

Abbildung 4-5:   *Die liebsten Stunden*

Quelle: Noelle-Neumann, 1978, S. 50

Angaben in %	„Die Stunden, wenn ich nicht arbeite"		
	1962	1972	1975
Männliche Arbeiter gesamt	36	45	48
16 bis 29 jährige	39	53	62
n =	411	406	387
	191	173	144

Noelle-Neumann interpretierte die Ergebnisse ihrer empirischen Untersuchungen als einen Verfall der Werte. So hat sie das Ergebnis von Abbildung 4-5 als einen Verlust der Arbeitsmoral gewertet, da die „liebsten Stunden" von 1962 bis 1975 vermehrt außerhalb der Arbeitszeit lagen, vor allem bei den jugendlichen Befragten.

Sie sah ihre Ausgangsthese bestätigt, dass ein Werteverfall der bürgerlichen Werte vorliegt und eine Angleichung der gesamten Bevölkerung an das geistige Niveau der Unterschicht, den Proletariern erfolgt.

„Im materiellen Bereich verbürgerlichen die Arbeiter, ein bürgerlicher Lebensstandard in Bezug auf Besitz und Sicherheit ist praktisch erreicht; im geistigen Bereich der Einstellungen, Wertvorstellungen vollzieht sich umgekehrt eine Anpassung an Unterschichtsmentalität, den bürgerlichen Werten entgegengesetzte Haltungen: Arbeitsunlust, Ausweichen vor Anstrengung, auch der Anstrengung des Risikos, statt langfristiger Zielspannung unmittelbare Befriedigung, Egalitätsstreben, Zweifel an der Gerechtigkeit der Belohnungen, Statusfatalismus, das heißt, Zweifel an der Möglichkeit, durch Anstrengung den eigenen Status zu verbessern" (Noelle-Neumann, 1978, S. 20f). Der Wertewandel ist also nach Noelle-Neumann ein Werteverfall: „bürgerliche Werte" gehen zurück und werden von keinen anderen Werten ersetzt, oder solchen „die man nicht als Werte bezeichnen" kann (von Rosenstiel, 1990, S. 138). So sieht Noelle-Neumann die Gesellschaft durch diesen Werteverlust gefährdet.

4.2.4   Auswahl eines geeigneten Konzeptes

Den drei vorgestellten Konzepten liegen unterschiedliche Hypothesen zugrunde. Sie bestimmen den Blickwinkel, aus dem die Untersuchungen sowie die Interpretation der Ergebnisse erfolgen. Je weiter der Fokus einer Hypothese ist, umso weitreichender sind die daraus resultierenden Untersuchungen und Analysen und desto differenzierter und genauer bildet das Ergebnis und deren Interpretation die tatsächliche Situation, hier der Werte, ab.

Von den vorgestellten Konzepten bildet das von Klages, mit der Annahme des zweidimensionalen Werteraumes, die am weitesten gefasste Hypothese und Sicht- weise auf die Situation der Wertestrukturen ab. Sie soll deshalb als Basis für die weitere Betrachtung des Wertewandels und seiner Auswirkungen dienen. Das von Klages vertretene Konzept beeinflusst die Speyerer Werteforschung und zählt zu den derzeit von der Fachwelt anerkanntesten und plausibelsten Ansätzen zur Erfassung und Deutung der Werte und des Wertewandels in der Gesellschaft.

Die Speyerer Werteforschung wird vom Forschungsinstitut für Öffentliche Verwaltung in Speyer initiiert. Die Erkenntnisse der Speyerer Werteforschung basieren auf repräsentativen Umfragen, die in zeitlich versetzten Abständen durchgeführt werden und somit den Wertewandel über die Zeit zuverlässig belegen. Die Ergebnisse, die im Rahmen dieser Arbeit erläutert werden, umfassen die Daten der Speyerer Werteforschung des Zeitraumes von 1985 bis 1999.

Das dabei angewandte Verfahren zur Ermittlung der in der Bevölkerung vorhandenen Werte ist das Rating-Verfahren. Näher soll in diesem Zusammenhang nicht auf die Methodik und Datenerfassung eingegangen werden.

4.3 Interpretation anhand der Speyerer Werteforschung

4.3.1 Grundtendenz des Wertewandels

Es ist unbestritten, dass es einen Wertewandel gab; viele haben ihn festgestellt. Er wurde nur unterschiedlich analysiert und interpretiert.

Dieser Wandel hat zu einer Veränderung der Werteinhalte bzw. der Werteprioritäten geführt. Klages beschreibt diese Veränderung durch eine Verschiebung der Rangordnung zwischen den Pflicht- und Akzeptanzwerten und den Selbstentfaltungswerten. Wie diese beiden Wertedimensionen zu verstehen sind, verdeutlicht Abbildung 4-6.

Die Pflicht- und Akzeptanzwerte haben durch den Wertwandlungsschub ihre zuvor sehr hohe Ausprägung eingebüßt und sind auf eine mittlere Ausprägung gesunken. Die Selbstentfaltungswerte erfuhren umgekehrt eine Aufwertung. Ihre Ausprägung ist von einem niedrigen Niveau auf ein mittleres Niveau gestiegen. Durch den Wertewandel haben sich die Pflicht- und Akzeptanzwerte und die Selbstentfaltungswerte hinsichtlich ihrer Gewichtung einander angenähert (vgl. Klages, 1988, S.58).

Auffallend bei Abbildung 4-6 ist, dass Werte wie Partnerschaft, Familie und Freundschaft nicht aufgeführt sind. Der Grund ist, dass es sich hier um konsensuale Werte handelt. Darunter versteht man Werte, die mit allen anderen Werten vereinbar sind und zu anderen Werten keine Gegensätze bilden. Sie werden von allen Bevölkerungsschichten, unabhängig von Geschlecht, Alter, Bildung und sozialer Schicht, befürwortet. Diese Werte haben bei der großen Mehrheit der Bevölkerung eine sehr hohe Bedeutung. Aufgrund ihrer Neutralität sind sie vom Wertwandlungsschub nicht unmittelbar betroffen und können für eine Analyse außer Acht gelassen werden (vgl. Herbert, 1993, S. 7f).

4.3.2 Hinwendung vom Nomozentriker zum Autozentriker

Die Auswirkung des Wertewandels, der sich durch den verstärkten Einfluss der Selbstentfaltungswerte und den Rückgang der Pflicht- und Akzeptanzwerte auszeichnet, spiegelt sich in einem Wandel von einer nomozentrischen zu einer autozentrischen Lebensauffassung wider.

Der durch den Wertewandel gestärkt hervortretende Autozentriker richtet sein Leben auf der Basis von Selbstentfaltungswerten aus.

Abbildung 4-6:   *Pflicht- und Akzeptanzwerte und Selbstentfaltungswerte*

Quelle: Klages, 1984, S. 18

	Selbstzwang und -kontrolle (Pflicht und Akzeptanz)	Selbstentfaltung	
Bezug auf die Gesellschaft	„Disziplin" „Gehorsam" „Pflichterfüllung" „Treue" „Unterordnung" „Fleiß" „Bescheidenheit"	„Emanzipation" (von Autoritäten) „Gleichbehandlung" „Gleichheit" „Demokratie" „Partizipation" „Autonomie" (des Einzelnen)	Gesellschaftsbezogener Idelaismus
Bezug auf das individuelle Selbst	„Selbstbeherrschung" „Selbstlosigkeit" „Hinnahmebereitschaft" „Fügsamkeit" „Enthaltsamkeit"	„Genuss" „Abenteuer" „Spannung" „Abwechslung" „Ausleben emotionaler Bedürfnisse"	Hedonismus
		„Kreativität" „Spontaneität" „Selbstverwirklichung" „Ungebundenheit" „Eigenständigkeit"	Individualismus

Entspricht der Idealtypus des Autozentrikers auch nicht der großen Mehrheit der Bevölkerung, so ist diese doch erheblich von einem autozentrischen Lebensgefühl durchdrungen. So wird die folgende Beschreibung des idealtypischen Autozentrikers nach Klages (1988, S. 64ff) durch Aussagen von Jugendlichen in persönlichen Interviews im Rahmen der Shell-Studie (vgl. Deutsche Shell, 2002, S. 269ff) verdeutlicht. Dies zeigt, dass die autozentrische Lebensauffassung kein theoretisches Konstrukt ist, sondern real in unserer heutigen Gesellschaft existiert. Den Autozentriker kann man sich also folgendermaßen vorstellen:

Der Autozentriker hat ein ausgeprägtes Selbstbewusstsein. Nichts ist ihm zu schwer und zu komplex, denn er vertraut auf seine eigene Rationalität. Er zweifelt nicht an seiner Meinungsbildungsfähigkeit oder seinem Urteilsvermögen. Sein Denken, Fühlen und Handeln soll selbstbestimmt sein und keinem Zwang von Normen und Pflichten unterliegen.	„Beide haben auch ihren Kopf und sagen ihre Meinung, wohl weniger, was jetzt politische Dinge betrifft als einfach so prinzipiell, dass sie da nicht allem nachspringen müssen oder irgendwelchen Modezwängen angepasst sind. Gerade meine Mutter hat jetzt auch nicht so viel Sinn dafür, dass sie sich jetzt anpassen muss, was andere richtig finden, da habe ich wohl viel von ihr" (S. 273).
Er empfindet sich als autonome Person, die ihrer Umwelt stark und unabhängig gegenüber steht.	„Dass ich also so weit gekommen bin, dass ich meine Ziele von überall auf der Welt ausüben kann, so dass man wirklich souverän ist und von niemandem mehr abhängig" (S. 311).
Ebenso stark ausgeprägt wie sein Selbstwertgefühl ist sein Egoismus. So sucht der Autozentriker in allem seinen eigenen Nutzen. Daraus erwächst ein ausgeprägtes Anspruchsdenken, das der Autozentriker seiner Umwelt gegenüber geltend macht. So sieht er nur die Ansprüche, die er von seiner Umwelt einfordert, und übersieht die Pflichten, die er ihr gegenüber zu erfüllen hat.	„Wenn man die Schule effizient nutzt, muss man aber auch sagen, dass oft in der Schule sehr viel Zeit vergeudet wird,... Da sage ich mir eher: meine Zeit ist extrem knapp und das wird in der Schule auch allgemein akzeptiert, wenn ich dann im Unterricht mal die Zeitung auspacke (...). Anfangs hat der ein oder andere Lehrer noch einen Aufstand gemacht, aber das wurde dann sehr schnell beigelegt, als ich mit dem Direktor gesprochen hatte und er mich auch verstehen konnte. Die Lehrer, die nicht nachvollziehen konnten, warum ich Zeitung lese, die mussten es dann nachher akzeptieren, weil sie dagegen nichts machen konnten (S. 300).

Der Egoismus des Autozentrikers muss aber unter dem Gesichtspunkt gesehen werden, dass er die Rechte und Ansprüche, die er für sich selbst einfordert, ebenso den anderen zugesteht.

Das starke Selbstwertgefühl, mit dem sich der Autozentriker seiner Umwelt gegenüber präsentiert, ist aber nur scheinbar in sich gefestigt und stabil. In Wirklichkeit ist er doch von dieser Umwelt abhängig.

Sie ist es, die ihm sein Selbstwertgefühl verleiht, indem sie ihn mit seinen Stärken und Qualitäten fördert und ihm seine Bedürfnisse zugesteht und befriedigt.

Die wesentlichen Bedürfnisse des Autozentrikers sind somit folgende:

Das Bedürfnis nach „Mensch sein"	
Der Autozentriker will „Mensch sein" und dies soll von seiner Umwelt akzeptiert und ermöglicht werden. „Mensch sein", das heißt für ihn, sich selbst so zu geben, wie man ist, mit all seinen Gefühlen, Gedanken und seinem Tun. Deshalb sind Offenheit und Ehrlichkeit seine Ziele im Umgang mit anderen. Das, was er denkt und fühlt, wird frei ausgesprochen, ohne Rücksicht auf gesellschaftliche Zwänge. Dieser Wunsch nach Authentizität beinhaltet, dass diese nicht durch seine Schüchternheit und Gehemmtheit eingeschränkt wird, sondern dass er seiner Umwelt kontaktfreudig, expansiv und angstfrei gegenübertritt.	„Habe auch keine Probleme mit meinen Mitschülern, weil ich jemand bin, der immer offen seine Meinung sagt und dadurch auch bestimmte Missstände als Einziger anspreche, was meine Mitschüler eher positiv als negativ sehen. Wenn man so was dann offen anspricht, hat man dann natürlich auch bei den Mitschülern Sympathie. Also ich traue mich da mit Sicherheit mal was" (S. 300/301).
Auch die Umwelt soll diese Authentizität und damit seine Persönlichkeit nicht durch formale Strukturen einschränken. So präferiert der Autozentriker informale Umgangsformen, ohne hierarchische und formale Zwänge.	„Dann kommt natürlich noch hinzu, dass dort noch nicht diese hierarchischen Strukturen etabliert waren, weil jeder, der was geleistet hat, sich einbringen konnte (. . .). Denn das ist ja auch sehr deprimierend, wenn man sich erst immer in sehr geringen Stufen engagieren muss, bevor man sich über Jahrzehnte hocharbeiten kann." (S. 294).

Das Bedürfnis nach Selbstverwirklichung

Der Autozentriker will seine wahr- genommenen Fähigkeiten, seine ganze Persönlichkeit uneingeschränkt entfalten.	„Ich möchte weiter so toll interessant leben wie jetzt gerade, denn ich habe mein Leben sehr lieb, es ist wunderschön bunt und sehr vielfältig und interessant. Ich möchte viel von der Welt kennen lernen, aber nicht unbedingt durch Reisen, sondern mehr durch Leute" (S. 290).
Das, was er macht, soll Spaß machen, neue Erfahrungen ermöglichen, und ihm das Gefühl geben, den eigenen Handlungsraum zu beherrschen.	„Es wäre mir dabei aber wichtig, dass ich nicht einfach ein Fließbandarbeiter bin, das hört sich jetzt vielleicht komisch an, aber es wäre für mich schon wichtig, dass ich selbständig arbeiten könnte in meinem Gebiet dann" (S. 290).

Das Bedürfnis nach Resonanz

Der Autozentriker hat ein großes Bedürfnis nach Rückmeldungen in Bezug auf sein Handeln. Sie geben ihm den Maßstab zur Selbstkontrolle und stärken sein Selbstwertgefühl.	„Aber sie haben mich trotzdem darin bestärkt, dass es ganz toll ist, was ich mache. Das hat bestimmt sehr viel geholfen, ich durfte auch immer selber basteln und bauen und Briefe an den Umweltminister schreiben und lauter solche Sachen. Das wurde immer von ihnen bestärkt, also meine Kindergedanken da nicht kaputtgemacht" (S. 273).

Das Bedürfnis nach Sinn

Das eigene Handeln muss für ihn einen sichtbaren Beitrag für einen größeren Bedeutungszusammenhang haben, der von ihm positiv bewertet wird.	„Ich möchte natürlich etwas verändern, ich träume von einer Zukunft, die langlebig ist, die möglichst vielen Menschen eine möglichst lebenswerte Zeit auf Erden bietet" (S. 274).

Der beschriebene Idealtypus des Autozentrikers lässt an Figuren des „Sturm und Drang" denken, die übermütig, wie es in dem Gedicht „Prometheus" von Goethe beschrieben wird, in ihrer unübertrefflichen Überzeugung von sich selbst den Göttern trotzen. Ihr Bedürfnis, sich ihrer Emotionalität hinzugeben und in ihrem Streben als ganzheitliche Person anerkannt zu werden, macht sie den heutigen Autozentrikern sehr ähnlich. Der Figur des „Werther" in Goethes gleichnamigem Roman kann der moderne Autozentriker seine Zustimmung nicht versagen, wenn dieser erfüllt ist von Abneigung gegen die Vorschriften und Zwänge der Arbeitswelt.

Das Streben, ganz im eigenen Ich aufzugehen, kennzeichnet nicht nur Figuren aus dem „Sturm und Drang", sondern auch die heutige Lebensauffassung.

4.3.3   Pluralisierung, Individualisierung, Entnormativierung

Der Wertewandel hat sich jedoch nicht nur auf die Wertinhalte bzw. Wertprioritäten ausgewirkt, sondern er hat auch die Perspektive, aus der wir die Werte betrachten, verändert.

Pluralisierung, Individualisierung und Entnormativierung sind Schlüsselbegriffe, welche die aus dem Wertewandel resultierenden Effekte umschreiben.

Pluralisierung bedeutet, „daß die Individuen und Gruppen prinzipiell eigenständig und gleichberechtigt handeln und dabei in Konkurrenz stehen. Diese Konkurrenz kann bis zur Gegensätzlichkeit in grundlegenden Wertvorstellungen gehen" (Sutor, 1995, S. 26).

Pluralismus im Wertekontext meint folglich die Koexistenz unterschiedlicher Wertvorstellungen, die im Extremfall Gegensätze bilden. Der Einzelne steht einer Vielzahl teilweise unterschiedlicher Werte gegenüber, die gleichzeitig von verschiedenen gesellschaftlichen Gruppen vertreten und gelebt werden. So leben die einen auf Basis religiöser Werte in Gehorsam und Selbstverleugnung, die anderen propagieren Werte wie Spaß, Lust oder Konsum und geben ihrem Leben eine hedonistische Orientierung.

Die Basis für diese Pluralisierung der Wertorientierungen hat das Grundgesetz gelegt, indem es die Würde des Menschen und die Freiheit als Grundwerte erklärt hat. Diese Freiheit gesteht jedem das Recht zu, sich frei nach dem eigenen Willen für ein ihm entsprechendes Leben und damit auch für seine Werte zu entscheiden (vgl. Sutor, 1995, S. 28).

Der Wertwandlungsschub hat somit das Potenzial geschaffen, dieses Recht ausleben zu können. Er hat das Individuum als Vernunftwesen entdeckt, das eigenverantwortlich entscheiden und handeln kann und die Freiheit hat, dieses auch zu tun. Die **Individualisierung** wurde also durch den Wertewandel hervorgerufen. Sie rückt das Selbstgestaltungspotenzial des Einzelnen, das individuelle Tun ins Zentrum der Betrachtung. Das hieraus resultierende Streben nach Bildung hat die kognitive Kompetenz erhöht und macht dem heutigen Menschen die unterschiedlichen Lebensweisen und Wertorientierungen bewusst (vgl. Herbert, 1993, S.8).

Diese wahrgenommene Vielfalt an vorhandenen und teilweise widersprüchlichen Werten wird reflektiert. Es folgt eine bewusste Entscheidung für bestimmte Werte, die dann eine persönliche Geltung erhalten.

Die Bildung persönlicher Werte geht mit der Entwicklung der Persönlichkeit einher und ist ein dynamischer Prozess, der ganz allein der Entscheidung des Individuums unterliegt.

„Persönliche Werthaltungen sind zum Prozeß geworden. Der grundgültige und allgemein verbindliche Wertehimmel ist passé, es gilt das Kantsche ‚moralische Gesetz in mir' " (Deutsche Shell, 2000, S. 155).

Man gesteht sich zu, selbst das Urteilsvermögen für die eigene Moral zu besitzen. Sie unterliegt der eigenen Verantwortung und der eigenen Ratio.

Hieraus ergibt sich eine weitere Auswirkung des Wertewandels, nämlich dass Werte als traditionell weitergegebene Wahrheiten, die angenommen werden ohne sie zu hinterfragen, ihre Gültigkeit verlieren. **Entnormativierung** wird dieser Prozess genannt, der festgesetzte Normen ihrer Verbindlichkeit beraubt.

Doch aus dieser neu gewonnenen Perspektive auf die Werte ist es wiederum möglich, auf Tradition und eine konventionelle Lebensauffassung zurückzugreifen. Dieses beruht aber nicht mehr auf dem bloßen Hinnehmen überlieferter Werte, sondern es ist vielmehr eine bewusste, überdachte Entscheidung, die aufgrund der eigenen Überzeugung getroffen wird.

„Ist jedoch...das Stadium konventioneller Moral überschritten und dadurch der Entnormativierungsprozess durchgesetzt, ‚ist wiederum alles möglich: auch eine konventionelle Orientierung an den neuen Werten und sogar ein Rückgriff auf die Tradition, der allerdings nun ein gewisses Maß bewußter und selbstreflexiver Entscheidung voraussetzt' "(Gabriel, 1990, S. 36 / Herbert, 1993, S.9).

4.3.4   Fünf Wertetypen

Der Wertewandel hat einen Trend in Richtung Selbstentfaltung ausgelöst und somit Wertinhalte bzw. Wertprioritäten sowie den Umgang mit Werten verändert. Wie nun einzelne Bevölkerungsschichten diesen Wertewandel aufgenommen haben, verdeutlichen die von Klages ermittelten Wertetypen.

Diese wurden durch die Auswertung von Befragungen in der Bevölkerung gewonnen. Dabei zeichnete sich ab, dass es Personen gab, deren Pflicht- und Akzeptanzwerte sowie Selbstentfaltungswerte sehr hoch bzw. sehr niedrig ausfielen.

Eine grundlegende Annahme bei der Auswertung der Daten war, dass eine Wertesynthese möglich ist. Unter Wertesynthese wird die Möglichkeit verstanden, dass es Wertetypen gibt, bei denen beide Wertedimensionen gleichzeitig in sehr starker Ausprägung vorhanden sind. Folgende vier Wertetypen haben sich herauskristallisiert:

Abbildung 4-7:   *Die vier Wertetypen*

Quelle: von Rosenstiel, 1990, S. 140

		Selbstentfaltungswerte	
		hoch	niedrig
Pflicht- und Akzeptanzwerte	hoch	Aktive Realisten	Ordnungsliebende Konventionalisten
	niedrig	Nonkonforme Idealisten	Perspektivenlose Resignierte

Es erscheint erstaunlich, dass der Wertetypus des aktiven Realisten, der die Wertesynthese verkörpert, so widersprüchliche Wertedimensionen wie Selbstentfaltungswerte und Pflicht- und Akzeptanzwerte in sich vereinen kann.

Der aktive Realist besitzt eine ebenso hohe Ausprägung der Selbstentfaltungswerte wie der nonkonforme Idealist. Beim aktiven Realisten lassen sich diese jedoch, im Gegensatz zum Idealisten, mit den Pflicht- und Akzeptanzwerten verbinden. Dies muss man unter dem Gesichtspunkt sehen, dass Wertedimensionen ein sehr hohes Abstraktionsniveau aufweisen und jeder sie auf eine andere Weise verstehen und interpretieren kann.

Selbstentfaltung ist „ein relativ offenes Konzept, das nicht nur mit den verschiedensten Inhalten, sondern darüber hinaus mit den verschiedensten Einzel-Werten besetzt werden kann... Mit anderen Worten ist ‚Selbstentfaltung' auf eine ‚pluralistische' Weise zu verstehen, auslegbar und auch lebbar" (Klages, 1993, S. 11).

So interpretieren die aktiven Realisten die Selbstentfaltungswerte anders als die nonkonformen Idealisten. Sie können diese in einer Synthese mit den Pflicht- und Akzeptanzwerten verbinden.

Aus der unterschiedlichen Ausprägung und Auslegung der Werte ergeben sich für die Wertetypen unterschiedliche Einstellungen und somit unterschiedliche Verhaltensmuster. Innerhalb der einzelnen Wertetypen sind diese aber weitgehend gleich. So lässt sich eine generelle Beschreibung für jeden einzelnen Wertetyp erstellen (vgl. Klages, 1988, S. 121f).

Das Persönlichkeitsbild der vier Wertetypen stellt sich wie folgt dar:

Der perspektivenlose Resignierte

Dieser Wertetyp ist in seinem Verhalten passiv. Sein Selbstbewusstsein ist schwach ausgeprägt. Der Umwelt gegenüber ist er misstrauisch und sucht dementsprechend keinen Kontakt zu seinen Mitmenschen. Sein Gemüt zeichnet eine allgemeine Unzufriedenheit aus. Für gesellschaftliche Probleme zeigt er ein generelles Desinteresse (vgl. Klages, 1988, S124ff).

Dieser Wertetyp entspricht dem Konzept des Wertverlustes (vgl. Gensicke, 1996, S. 13). Die Wertdimension der Pflicht- und Akzeptanzwerte ging verloren, ohne dass sie von anderen Werten ersetzt wurde. Dies ist somit der Wertetypus, den Noelle-Neumann auf die gesamte Gesellschaft projiziert hat und mit dem sie den gesellschaftlichen Verfall ankündigte.

Will man eine Vorstellung vom Wertetyp des perspektivenlosen Resignierten gewinnen, sollte man beispielsweise an die von Lars Jensen beschriebenen jungen Menschen in den „Quarterlife Crisis" denken.

„Herausgekommen ist das Bild einer Generation, deren großes Problem es ist, die Probleme, die sich um sie herum stapeln, nicht mehr zu sehen, weil sie selbst ihr größtes Problem ist. Es sind wirklich tragische Fälle aufgeführt:

Ein Marketing-Manager, 26, BMW-Fahrer und Loft-Bewohner, verzweifelt an der Belanglosigkeit seines Erfolges... Ein 24-jähriger Grafiker findet nach seinem ersten Berufsjahr alle Zeitschriften so hässlich und sinnlos, dass er seinen Beruf aufgibt. Ein paar Monate, nachdem er begonnen hat zu studieren, findet er auch alle Studenten und Dozenten so hässlich und den Umgang mit ihnen so sinnlos, dass er sein Studium schmeißt. So früh des Lebens müde" (SZ, Nr.124, SZ Wochenende, V).

Der ordnungsliebende Konventionalist

Er ist ebenso wie der perspektivenlose Resignierte eher passiv in seinem Verhalten und wenig bestrebt, Kontakte mit anderen zu knüpfen. Er kümmert sich vor allem um seine eigenen Interessen. Neuerungen steht er skeptisch gegenüber und ist daher nur ungern bereit, für neuartige Aufgabenstellungen Verantwortung zu übernehmen (vgl. Klages, 1988, S. 124).

Der ordnungsliebende Konventionalist ist derjenige Wertetyp, der vom Wertwandlungsschub unberührt geblieben ist und deshalb einen sehr hohen Anteil an Pflicht- und Akzeptanzwerten und zugleich einen niedrigen Anteil an Selbstentfaltungswerten besitzt.

Die Ausführungen von Johannes Waechter über seine Heimat Zehlendorf, einen Stadtteil Berlins, verbildlichen den Typus des ordnungsliebenden Konventionalisten in treffender Weise:

„Der Bezirk gilt als Villenvorort, doch es sind eher Reihen- und Fertighäuser, die sein Bild prägen, angereichert mit einigen Siedlungen des sozialen Wohnungsbaus aus den Sechziger und Siebziger Jahren. Sicher ist es auch die Einkommensklasse, welche die Zehlendorfer verbindet; die Kombination Jogginghose und Aldítüte ist hier selten zu sehen. Weitaus stärkeren Zusammenhalt stiftet jedoch die durch und durch bürgerliche Lebenseinstellung: Alle Zehlendorfer sind sich darüber einig, dass sie ihre Ruhe haben wollen; dass die Dinge bitteschön so bleiben, wie sie immer waren; und dass der Zugang zum Strandbad Wannsee nur in dritter Generation Ortsansässigen gestattet werden sollte... In Ihrem Wunsch nach einem geregelten, gleichförmigen Leben blenden sie gerne mal die Realität aus" (SZ, Nr. 168, S.V2/3).

Der nonkonforme Idealist

Dieser Wertetyp zeichnet sich durch seine besonders starke Affinität zu Werten der kritischen und engagierten Selbstentfaltung aus.

Er ist ein Rebell, der die Tradition und Institutionen kompromisslos ablehnt. Sein Leben zeichnet sich deshalb stark durch Konflikte aus, da das Selbst mit seinen Werten und Einstellungen als völlig konträr zur Umwelt empfunden wird.

Der nonkonforme Idealist entspricht dem eindimensionalen Wertemodell nach Inglehart. So sind bei diesem Wertetyp die Selbstentfaltungswerte (postmaterielle Werte) zu Lasten der Pflicht- und Akzeptanzwerte (materielle Werte) angewachsen.

In seiner Reinstform trat der nonkonforme Idealist in Gestalt der 68er Generation auf, deren Ausprägungen Christian Nürnberger folgendermaßen schildert:

„War es nicht befreiend, als vor 30, 35 Jahren von den Bühnen herab das Wort ,Scheiße' ins Publikum geschrien wurde? In meiner WG haben damals die Söhne von Richtern, Generälen und Industriellen ungeniert gerülpst, nachts ins Waschbecken gepinkelt und nur ich, das einzige Arbeiter- und Bauernkind, fühlte mich davon gestört, aber wenn ich etwas sagte, hieß es: ,Hör auf mit dieser kleinbürgerlichen Scheiße'...Diese Leute wollten wir nur noch provozieren mit unserer anstößigen Sprache, unseren schlechten Manieren, unseren langen Haaren, unserer unkultivierten Kleidung, unserer ,Negermusik', unserem antibürgerlichen Lebensstil" (SZ-Magazin, Nr. 28, S. 5).

Der aktive Realist

Er hat einen ausgeprägten Realitätssinn und setzt seine Visionen in die Tat um. Er ist bereit, sich in formale Strukturen einzufügen sowie Gesetz und Ordnung anzuerkennen, wenn ihm dies sinnvoll erscheint. Gleichzeitig betont er seine Unabhängigkeit und Individualität und strebt nach attraktiven Funktionen und Tätigkeiten, die mit Erfolgserlebnissen, Einfluss und Prestige verbunden sind.

Familie, Freizeit und Beruf sind ihm gleichermaßen wichtig und er setzt sich für sie mit besonders hohem Engagement und Energie ein.

Er hat auch Interesse am Gemeinwohl und an Reformen, die aber machbar sein und erzielbare Fortschritte vorweisen müssen.

Sein Verhalten ist durch Zielstrebigkeit, Pragmatismus und eine innere Kraft gekennzeichnet, die ihn auch schwere Lebensaufgaben meistern lässt (vgl. Gensicke, 1994, S. 92f / Klages, 1988, S. 124f).

Der aktive Realist verkörpert die Wertesynthese, die scheinbar gegensätzliche Wertedimensionen, wie die Pflicht- und Akzeptanzwerte und die Selbstentfaltungswerte, produktiv vereint.

Ende der 80er Jahre hat sich aus den beiden Wertedimensionen der Pflicht- und Akzeptanzwerte einerseits und der Selbstentfaltungswerte andererseits eine weitere selbstständige Wertedimension gebildet, die Hedonismus- und Materialismusdimension.

Mit der Entwicklung dieser neuen Wertedimension hat sich ein fünfter Wertetypus herausgebildet, der Hedomat.

Die bisher beschriebenen Wertetypen wurden von dieser Entwicklung nicht einschneidend berührt, weshalb jetzt nur noch auf den Wertetypus des Hedomaten eingegangen wird.

Abbildung 4-8:   *Die fünf Wertetypen*

Quelle: Gensicke, 1994, S. 41, eigene Darstellung

	ordungungs- liebender Konventiona- list	perspektiven- loser Resig- nierter	aktiver Rea- list	Hedomat	nonkonformer Idealist
Pflicht– und Akzeptanz- werte	hoch	niedrig	hoch	niedrig	niedrig
Selbstentfal- tungswerte	niedrig	niedrig	hoch	niedrig	hoch
Hedonismus, Materialis- mus	niedrig	niedrig	hoch	hoch	niedrig

Der Hedomat

Er verfolgt ein Lebenskonzept, das durch Egoismus, Mitnahmeverhalten und Spielertum gekennzeichnet ist. Er hat ein starkes Interesse an materiellen Dingen und an den hedonistischen Genüssen des Lebens. Er zeigt wenig Einsatz für ideelle Ziele und steht gesellschaftlichen Problemen gleichgültig gegenüber (vgl. Klages, 1991, S. 72).

Folgende zehn „lebenswerte Gründe" aus dem Jugendmagazin „Jetzt" der Süddeutschen Zeitung sind charakteristisch für die Lebensphilosophie des Hedomaten:

„Shopping mit Anne und Elli"   „Sommer, Sonne, gute Laune"

„Schnelle Autos"   „Gras in der Schublade finden"

„Glück im Spiel und in der Liebe"   „Nackt Baden"

„Rote Ampeln als grün interpretieren"   „Die sexy Frauenstimme mit dem deutschen Akzent, die mir in meinem Mercedes sagt, wo es langgeht"

„a lot of Marihuana"

„Spaß den ganzen Tag"

(SZ „Jetzt"-Magazin, Nr. 50, S. 1ff).

Die fünf beschriebenen Wertetypen sind bis heute stabil geblieben. Aus ihrer Charakterisierung gehen ihre unterschiedlichen Werthaltungen, Einstellungen und Lebensauffassungen hervor sowie ihr unterschiedliches Verhältnis zu ihrer Umwelt:

■ Die Resignierten suchen keinen Kontakt zu ihrer Umwelt und zeigen keine Bestrebungen, sich in ihr zu integrieren.

■ Die Konventionalisten wollen sich in das Gefüge ihrer Umwelt einordnen, um von ihr akzeptiert und geführt zu werden, aber nicht um sich in ihr zu engagieren.

■ Die Hedomaten arrangieren sich mit ihrer Umwelt nur soweit es für die Befriedigung ihrer Bedürfnisse dienlich ist.

■ Die Idealisten haben ein misstrauisches Verhältnis zu ihrer Umwelt, die andere Werte vertritt und somit verändert werden muss, indem man gegen sie rebelliert.

■ Die Realisten erkennen die Regeln ihrer Umwelt an und wollen sich in ihr integrieren und sich für sie engagieren. Sie stehen ihr aber nicht unkritisch gegenüber und wollen Missstände weniger durch Rebellion als durch Taten lösen. Der Wertetypus des aktiven Realisten erweist sich somit am positivsten für die gesellschaftliche Entwicklung.

4.3.5 Beispiele und neuere Erkenntnisse

Die bisher gewonnenen Einsichten über den Wertewandel und seine Auswirkungen
können anhand der neueren Ergebnisse der Speyerer Werteforschung bestätigt und in
ihrer Dynamik nachvollzogen werden. So beruhen die folgenden Erläuterungen auf
den empirischen Erkenntnissen des neuesten Speyerer Forschungsberichtes (vgl. Gensicke, 2000, S.73 ff).

Abbildung 4-9:   *Wertorientierungen 1987/88*

Quelle: Gensicke, 2000, S. 97, eigene Darstellung

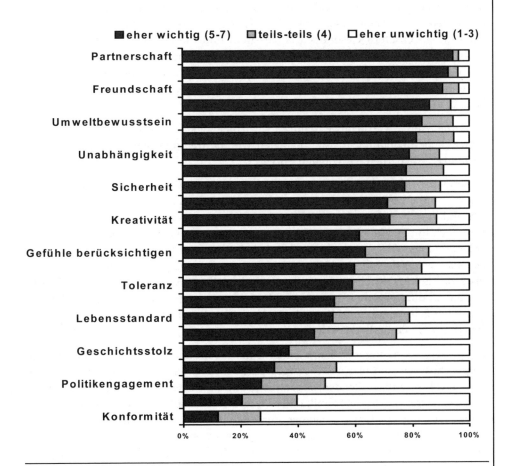

Zunächst soll noch einmal ein Rückblick auf die Wertorientierungen nach dem Wertewandel erfolgen:

Abbildung 4-9 zeigt die Gewichtungen der Werthaltungen des Jahres 1987/88. Es sind 23 Werteitems aufgeführt, die von den Befragten nach ihrer Wichtigkeit eingestuft wurden. Dazu stand den Befragten eine Werteskala von 1 (unwichtig) bis 7 (wichtig) zur Verfügung. Die Tabelle zeigt den prozentualen Anteil der Befragten die sich für „eher wichtig" (5-7), „teils-teils" (4) und „eher unwichtig" (1-3) entschieden haben.

Die Rangfolge der Werteitems ist nach der Kategorie „eher wichtig" geordnet und wird nach dieser auch interpretiert.

Aus Abbildung 4-9 sticht die hohe Zustimmung bei den Werten „Partnerschaft", „Familienleben" und „Freundschaft" ins Auge. Das Ergebnis bestätigt diese Werte, die dem Bedürfnis nach Liebe und Zuneigung entsprechen, als konsensuale Werte. Die durch den Wertewandel ausgelösten Trends wie zum Beispiel die Hinwendung zur Umwelt, ein erhöhtes Gesundheitsbewusstsein und die angestrebte Autonomie des Individuums sind ebenfalls aus der Tabelle durch ihre hohe Bewertung ablesbar. Betrachtet man die Werteitems bezüglich der Wertedimensionen der Selbstentfaltungswerte (moderne Werte) und der Pflicht- und Akzeptanzwerte (traditionelle Werte), so kann man deren Annäherung erkennen.

Moderne Werte wie „Umweltschutz", „Unabhängigkeit", „Kreativität" haben eine ebenso hohe Bedeutung für die Befragten wie die traditionellen Werte „Gesetz und Ordnung", „Sicherheit", „Fleiß und Ehrgeiz".

Außerdem wird deutlich, dass einzelne Werte der traditionellen Wertedimension wie „Gesetz und Ordnung" oder „Fleiß und Ehrgeiz" eine sehr hohe Zustimmung erfahren, andere wie „Konformität" und „Althergebrachtes" jedoch eine geringe. Dies kann man auch in der Wertestruktur der modernen Werte feststellen, in der hedonistische Orientierungen wie „Lebensgenuss" und „Lebensstandard" eine geringere Rolle spielen, auch wenn sie von über 50% noch als eher wichtig eingestuft werden. Die Ergebnisse der Befragung bestätigen also das bisher aufgezeigte Bild des Wertewandels. Außerdem differenzieren sie dieses noch einmal, indem sie deutlich machen, welche Werte der Selbstentfaltungsdimension und welche der Pflicht- und Akzeptanzdimension davon im Besonderen betroffen sind.

Die gleiche Befragung - 10 Jahre später - gibt Abbildung 4-10 wieder. Zur besseren Vergleichbarkeit sind hier nur die Ergebnisse der alten Länder aufgeführt, wobei sich diese nicht wesentlich von denjenigen der gesamtdeutschen Befragung unterscheiden. Der Zeitvergleich lässt die Stabilität der Werte erkennen. Bei näherer Betrachtung sind jedoch einzelne Zu- bzw. Abnahmen der Werteprioritäten festzustellen. Die größten Einbrüche haben die Werthaltungen „Gottesglauben" und „Umweltbewusstsein" erlitten, was zum einen auf die fortschreitende Säkularisierung hinweist, zum anderen auf die Wahrnehmung eines bereits sehr fortgeschrittenen Umweltschutzes, der diese Thematik in den Hintergrund treten lässt. Die hervorstechendsten Bedeutungszuwächse haben die Wertorientierungen „Kreativität", „Gefühle berücksichtigen", „Lebensgenuss" und „Selbstdurchsetzung".

Abbildung 4-10: *Wertorientierungen 1997*

Quelle: Gensicke, 2000, S. 80, eigene Darstellung

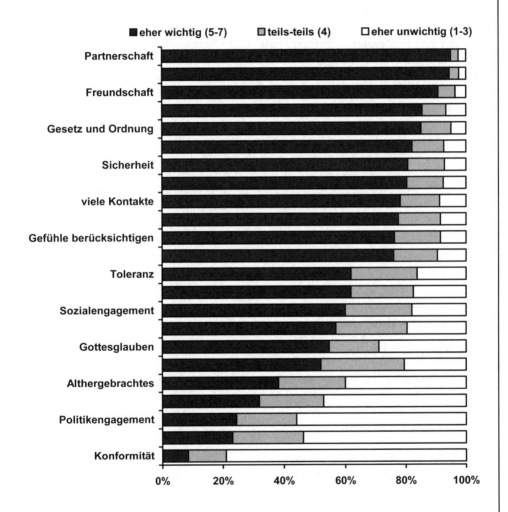

Es handelt sich hierbei um moderne Werte, durch die sich der Einzelne selbst verwirklicht, wenn auch in unterschiedlichen Ausprägungen wie zum Beispiel idealistisch in

Form von „Kreativität" oder hedonistisch in Form von „Lebensgenuss". Moderne Werte gewinnen also an Bedeutung; gleichzeitig nehmen aber auch die traditionellen Werte wie „Fleiß und Ehrgeiz", „Sicherheit" und „Althergebrachtes" an Bedeutung zu.

Es hat also weder eine Rückkehr zu traditionellen Werten, noch eine einseitige Hinwendung zu den modernen Werte stattgefunden. Die Werte sind über die Zeit stabil geblieben, auch wenn sich einige Prioritäten verschoben haben. Im Rahmen der Befragung von 1997 wurde des Weiteren eine dominante Wertestruktur festgestellt, die von der Mehrheit der Bevölkerung vertreten wird. Gensicke nennt sie die „Wertkonstellation des Normalbürgers". Diese Wertestruktur des Normalbürgers wird vor allem durch Werte wie „Familie", „Partnerschaft" und „Freundschaft" dominiert. Gensicke spricht von einer Hinwendung zum Nahbereich der Person, zur Kleingruppe und einer Abwendung vom übergeordneten System, im weitesten Sinn von der Gesellschaft. Die Abgrenzung des „Ichs" vom System wird auch dadurch deutlich, dass man „Unabhängigkeit" und „Eigenverantwortung" sehr stark bekundet und sich gleichzeitig vom „Konformismus" entschieden abwendet. Dies bedeutet jedoch nicht, dass man sich dem System verweigert. Die hohe Gewichtung der Werthaltungen „Gesetz und Ordnung", „nach Sicherheit streben" oder „Fleiß und Ehrgeiz" weisen vielmehr auf eine Bejahung des Systems hin. Sie drücken das Bedürfnis aus, in einer behüteten, berechenbaren Umwelt zu leben, in der man die vorherrschenden Normen und Regeln anerkennt. Diese Anerkennung des Systems liegt auch in der Erkenntnis begründet, dass ein System nur Sicherheit und Stabilität gewährleisten kann, wenn es bestimmte Rahmenbedingungen des Zusammenlebens regelt. So stimmen, wie Abbildung 4-11 zeigt, 87,4% der Befragten der Notwendigkeit von moralischen Maßstäben in der Gesellschaft zu.

Abbildung 4-11:   *Moralische Maßstäbe für die Gesellschaft*

Quelle: Gensicke, 2000, S. 77, eigene Darstellung

(durch Rundungseffekte nicht immer genaue Addition auf 100%)

	stimme eher nicht zu	teils - teils	stimme eher zu
Ich finde, es muss auch heute für alle Menschen gültige moralische Maßstäbe geben, sonst kann unsere Gesellschaft nicht funktionieren.	4,6%	8,1%	87,4%

So betont der „Normalbürger" seine Individualität durch eigene Willensbildung, Unabhängigkeit, Eigenverantwortung sowie durch den Rückzug in die private Sphäre, in der er sozialen Erfolg anstrebt. Er wendet sich aber nicht von dem System ab, sondern erkennt dieses als Regelung der Rahmenbedingungen für ein geordnetes Zusammenleben an und will in ihm auch seine Leistung erbringen. Diese Wertkonstellation des Normalbürgers muss „als eine wesentliche Grundlage der sozialen Konstitution des Standortes Deutschland" angesehen werden (vgl. Gensicke, 2000, S. 91).

Anhand dieser neu gewonnenen Ergebnisse der Speyerer Werteforschung wird das bisher beschriebene Bild des Wertewandels als bis heute stabil bestätigt, wenn auch in abgewandelter Art und Weise, was unter anderem durch die im Zeitverlauf veränderte Situation bedingt ist.

Hervorzuheben ist die Wertkonstellation des Normalbürgers, welche die Mehrheit der deutschen Bevölkerung kennzeichnet. Sie lässt an die Wertesynthese des aktiven Realisten denken, der ebenso einen Vereinigung aus Individualität und Anerkennung von sinnvollen Systemzwängen darstellt.

4.4 Potenzial des Wertewandels

4.4.1 Veränderte Einstellung zur Arbeit

Durch den Wertewandel hat sich die Einstellung zur Leistung, zur Arbeit und zum Leben grundlegend geändert. Abbildung 4-12 zeigt, dass immer mehr der Befragten das Leben eher als Genuss sehen, denn als Aufgabe. Vor allem bei den jungen Menschen ist dieser Einstellungswechsel vom Zeitraum des Wertewandels an (Anfang der 60er bis Mitte der 70er Jahre) sehr deutlich aus der Graphik zu entnehmen. Dieser Trend hin zu einer stärkeren Bejahung des Lebens als Genuss, wird oft als Abwendung des Menschen von der Arbeit, als Verfall der Arbeitsmoral interpretiert. Der Mensch würde sich aufgrund seiner hedonistischen Bedürfnisse immer mehr der Freizeit zuwenden.

Durch derartige Interpretationen empirischer Daten wurde der Wertewandel oftmals als Werteverlust angesehen, mit dem sich die Einstellung zur Arbeit zu Lasten der Leistungsbereitschaft verändert hat. Eine Vertreterin dieser Sichtweise wurde bereits unter →4.2.3 Konzepte zur Erfassung des Wertewandels mit Noelle-Neumann vorgestellt.

Abbildung 4-12:   *Das Leben als Aufgabe, das Leben als Genuss*

Quelle: Noelle-Neumann, 1984, S. 10f, eigene Darstellung

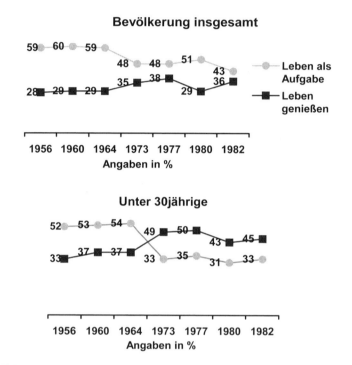

Der Hintergrund derartiger Interpretationen beruht auf der Vorstellung, dass Arbeit eine Last ist, die Mühen kostet, Entbehrung, Pflicht, Gehorsam und Unterordnung bedeutet und somit der immer stärkeren Betonung der Lust völlig konträr gegenübersteht. Arbeit als Last auf der einen Seite steht im Gegensatz zur arbeitsfreien Lust auf der anderen Seite (vgl. Lüdtke, 1995, S. 76). Auf dieser Sichtweise beruhen die Auswertungen der empirisch erhobenen Daten, die den Verfall der Arbeitsmoral ankündigen.

Gerade aber diese Einstellung zur Arbeit, nämlich die Empfindung der Arbeit als Last und Aufgabe, für die man Opfer bringen muss, hat sich durch den Wertewandel grundlegend geändert. Die Arbeit wird immer weniger als Pflicht und Last empfunden, sondern vielmehr als einer der Lebensbereiche, in dem die Persönlichkeit entfaltet werden kann und in dem man die Lust, die man am und im Leben haben möchte, erfährt. Die Arbeit wird neu interpretiert und unter ihren hedonistischen Gesichtspunkten sowie ihren Chancen zur Persönlichkeitsentfaltung erlebt.

Das Leben als Genuss zu empfinden bezieht somit auch die Arbeitsphäre mit ein. Wie oft liest und hört man in Interviews mit Jugendlichen, wenn die Frage nach der zukünftigen Arbeitsplatzwahl zur Diskussion steht: „Ich will eine Arbeit, die mir Spaß macht." Der Begriff „Spaß" nimmt somit viele Bedeutungen an. Unter anderem bedeutet es sich in einer Aufgabe voll entfalten zu können, sich mit seinen Stärken und Fähigkeiten zu erleben und den damit verbundenen Erfolg zu genießen, Kollegen zu haben, mit denen man sich versteht und gerne zusammenarbeitet.

„Unter ‚Spaß' verstehen also heute sehr viele Menschen das Erlebnis aktiven und erfolgreichen persönlichen Wirkens...in Verbindung mit Selbsterweiterungserfahrungen, nicht etwa nur Zerstreuungen und Vergnügen, wie sie Freizeitparks und Medienangebote bereithalten" (Klages, 2001, S. 8).

Diese Betrachtungsweise gibt der Befürchtung, Deutschland entwickle sich in Richtung Spaßgesellschaft, eine neue Dimension. So kann man diese Behauptung zwar bejahen, aber unter der Einschränkung, dass hiermit nicht Spaß im Sinne von purem Ausleben hedonistischer Bedürfnisse gemeint ist, sondern Spaß im Sinne einer neuen Lebensanschauung, die das Leben und die Arbeit weniger als Pflicht und Last, sondern vielmehr als Genuss und Selbstentfaltung sieht.

In dieser gewandelten Einstellung zur Arbeit liegt ein erhebliches Motivationspotenzial zur Erbringung und vor allem zur Verbesserung der Leistung. Diese Erkenntnis wird durch die Aussage einer Jugendlichen in einem Interview der Süddeutschen Zeitung zusammengefasst: „Für mich ist die Freude an der Arbeit das wichtigste. Wenn ich etwas gern mache, bin ich gut..." (SZ, Nr. 191, S.43).

Wenn auch die Arbeit als erfüllter Lebensbereich angesehen wird, so ist man dennoch nicht bereit, sein Privatleben für die Arbeit zu opfern. Schon die Vielzahl von Work-Life-Balance Literatur, die aufzeigt, wie man Arbeits- und Privatleben gesund miteinander vereinen kann, verdeutlicht den Wunsch, alle Lebensbereiche harmonisch miteinander zu verbinden und keinen von ihnen zu vernachlässigen.

Dies stellte zum Beispiel auch von Rosenstiel bei seinen Befragungen von Führungs- und Führungsnachwuchskräften fest:

„So zeigten unsere qualitativen Untersuchungen an dieser Gruppe..., dass zwar die Arbeit grundsätzlich bejaht wird, jedoch dabei die Forderung immer vernehmlicher wird, dass andere Lebensbereiche – allen voran Familie und Freizeit – dafür nicht geopfert werden dürften" (von Rosenstiel, 1993, S. 71).

Ebenso gelangt Klages, vor allem bei Jugendlichen mit hohen Selbstentfaltungswerten, zu der Erkenntnis, dass Arbeit und Freizeit gleichermaßen hoch bewertet und diese mehr als Einheit denn als Gegensatz betrachtet werden.

„Es wird erkennbar, daß junge Menschen dann, wenn Selbstentfaltungswerte expandieren, sowohl ein gesteigertes Interesse an „interessanter Arbeit" wie auch an Freizeit entwickeln können, so daß ein „subjektiver", in der Bewertungs- und Erfahrungsperspektive der Befragten existierender Gegensatz hier keineswegs notwendigerweise existieren muß" (Klages, 1984, S. 109).

Der Wertewandel hat sich also nicht zu Lasten der Leistungsbereitschaft ausgewirkt, sondern er hat die Arbeit als Erlebnisraum entdeckt, in dem man sich entfalten kann. Die Menschen sind bereit, große Leistungen zu erbringen und einen hohen Einsatz für ihre Arbeit zu erbringen. Dies ist aber nur dann der Fall, wenn sie die verstärkt durch den Wertewandel hervorgetretenen Selbstentfaltungswerte in ihrer Arbeit ausleben können.

Der Arbeitgeber kann sich somit ein leistungsbereites, kreatives Potenzial erschließen, das in einer immer stärker rationalisierten Wirtschaft, in der die ausführenden Tätigkeiten sinken und die anspruchsvollen Tätigkeiten steigen, immer wichtiger wird.

Gensicke fasst dies wie folgt zusammen: „Selbständige Menschen orientieren sich nicht mehr am Leitbild einer Einfügungs-disziplin, sondern erziehen sich lieber zur Selbstdisziplin. Leistung bedeutet für sie, die individuellen Fähigkeiten herauszufordern und zu entwickeln. Die Arbeit soll Spaß machen, Erfolgserlebnisse ermöglichen und als sinnvoll empfunden werden können. Dabei ist die Bereitschaft zur Verantwortungsübernahme stark ausgeprägt, wie wir in unseren eigenen Erhebungen immer wieder feststellen. Das ist eine Konstellation, die sich Manager und Personalführer nur wünschen können, wenn sie menschliche Kreativität nutzen und in wirtschaftlichen Erfolg umsetzten wollen. Doch wissen sie oft vielfach nichts von dem Potenzial, das in ihren Mitarbeitern steckt" (Gensicke, 1994, S. 39).

4.4.2   Wertesynthese: Der aktive Realist

Die Einstellung zur Arbeit muss jedoch differenziert betrachtet werden und nach den einzelnen Wertkonstellationen, die in der Bevölkerung anzutreffen sind, den Wertetypen, unterschieden werden. Dass sich die verschiedenen Wertkonstellationen der Wertetypen erheblich auf die Einstellung zur Arbeitswelt auswirken und sich dabei auch voneinander unterscheiden, zeigt Abbildung 4-13.

Aufgeführt sind verschiedene Einstellungen in Bezug auf die Arbeit, die von den Befragten auf einer Skala von eins bis sieben eingestuft wurden. Ein Plus- bzw. ein Minuszeichen bedeutet je 0,2 Skalenpunkte. Dabei zeigt sich eine deutliche Abweichung vom Durchschnitt nach oben bzw. nach unten.

Verglichen werden in dieser Darstellung die vier Wertetypen: „ordnungsliebender Konventionalist", „perspektivenloser Resignierter", „aktiver Realist" und „nonkonformer Idealist", die der Einfachheit wegen in den folgenden Ausführungen mit „Konventionalist", „Resignierter", „Realist" und „Idealist" benannt werden.

Abbildung 4-13:   *Einstellung zur Arbeitswelt der vier Wertetypen*

Quelle: Klages, 1988, S.123, eigene Darstellung

	Konven-tionalist	Resig-nierter	Realist	Idealist
Anpassungsbereitschaft	+ +	+	-	- -
Eigeninitiative	-	- -	+ +	+
Interesse an vermehrter Leistung	-	-	+ +	+
Interesse an sinnvoller Arbeit	-	-	+ +	+ +
Interesse an handlungsfähiger kompetenter Führung	+ +	+	+ +	-
Interesse an sozialer Sicherheit	+ +	+ +	+ +	-
Bereitschaft zu Mehrarbeit bei erhöhter Bezahlung	+ +	-	+	- -
Interesse an verkürzter Arbeitszeit bei verminderter Bezahlung	- -	+	-	+ +

Auffallend ist, dass der Realist Einstellungen, die mit der Bejahung moderner Werte, aber auch jene, die mit der Anerkennung traditioneller Werte verbunden sind, überdurchschnittlich hoch bewertet.

Aufgrund seiner stark ausgeprägten Selbstentfaltungswerte teilt der Realist das hohe Interesse des Idealisten an sinnvoller Arbeit und vermehrter Leistung, wobei er Letzteres sogar am stärksten im Vergleich zu den anderen Wertetypen vertritt. Die Betonung der Individualität des Realisten und des Idealisten drückt sich durch ihre unterdurchschnittliche Anpassungsbereitschaft aus, die gleichbedeutend mit dem Verzicht auf Autonomie wäre und somit abgelehnt wird.

Ebenso verbindet den Realisten und den Idealisten der vermehrte Drang zur Eigeninitiative, der das Bedürfnis nach der Entfaltung der Persönlichkeit zum Ausdruck bringt.

Einstellungsbereiche, die eine Bejahung der Pflicht- und Akzeptanzwerte erfordern, erfahren von Seiten des Idealisten eine entschiedene Ablehnung. Der Realist hingegen, der den traditionellen Werten gleichfalls eine hohe Bedeutung einräumt, bewertet diese Bereiche ebenso hoch. So ist ihm das Interesse an sozialer Sicherheit und handlungsfähiger, kompetenter Führung ebenso wichtig wie dem Konventionalisten.

In der überdurchschnittlichen Betonung von kompetenter Führung und der unterdurchschnittlichen Bewertung von Anpassungsbereitschaft wird auch das besondere Potenzial des Realisten bezüglich seiner Integrationsfähigkeit deutlich. Einerseits steht er den Regelungen und Strukturen der Unternehmung kritisch gegenüber und will seine Individualität gegenüber dem System hervorheben, andererseits ist er bereit, sich sinnvollen Maßgaben unterzuordnen, wie zum Beispiel einer handlungsfähigen, kompetenten Führung. Damit fügt er sich konstruktiv und aktiv in ein bestehendes Sozialgefüge ein und ist weder ein widerstreitender Rebell wie der Idealist noch ein fügsamer Diener wie der Konventionalist. Die Motivation zu vermehrter Arbeit in Abhängigkeit von der Bezahlung hat der Realist ebenfalls mit dem Konventionalisten gemein, jedoch in geringerem Ausmaß als dieser. Die Arbeitsmotivation des Realisten ist folglich nicht nur intrinsisch aufgrund seiner modernen Werte bestimmt, sondern wird auch durch materielle Anreize in Folge seiner traditionellen Werte gelenkt.

Bei dem Wertetypus des Resignierten zeichnet sich eine unterdurchschnittliche Motivation zur Arbeit ab. Er ist an sozialer Sicherheit interessiert und an Strukturen, in denen er eingebettet ist und sich verstecken kann.

Aus dieser Gegenüberstellung der vier Wertetypen geht hervor, was bereits bei der Beschreibung der Wertetypen unter →4.3.4 Fünf Wertetypen angeklungen ist. Die einseitige Orientierung an den traditionellen Werten oder an den modernen Werten bringt nicht diese positive Erscheinung zu Tage wie sie der aktive Realist verkörpert, der diese beiden Wertedimensionen produktiv in einer Synthese zusammenführt. Der aktive Realist vollzieht „eine Vereinigung der ,guten' Eigenschaften der anderen Typen bei weitgehender Ausklammerung ihrer ,schlechten'..." (Klages, 1988, S. 122). Klages bezeichnet den aktiven Realisten als Annäherung des „ideal verfassten Menschen der Moderne..., der deren gewaltige Herausforderungen und Möglichkeiten ohne substanzielle Abstriche anzunehmen vermag" (Klages, 1994, S. 9f). Die Postulierung des Realisten als Optimum des Wertewandels, als erfolgversprechendes Potenzial für die Unternehmung kann durch die Betrachtung von Abbildung 4-14 nochmals bestätigt werden. Zu sehen ist die Selbstzuordnung von Persönlichkeitsmerkmalen durch die Befragten auf einer Skala von eins bis sieben. Dabei ist der Mittelwert aller Befragten angegeben und die genauen Abweichungen von diesem.

Abbildung 4-14:   *Selbstzuschreibung von Persönlichkeitsmerkmalen*

Quelle: Herbert, 1993, S. 152

	Alle	Konven-tionalist	Idealist	Hedomat	Realist	Resig-nierter
Selbstvertrauen auch in Schwierigkeiten	5.40			- 0.24	+ 0.48	- 0.38
Klares Lebensziel	5.26		- 0.26	- 0.15	+ 0.45	- 0.50
Langfristige Zielverfolgung	5.11				+ 0.32	- 0.30
Zurückstellung der eigenen Bedürfnisse	4.45	+ 0.33	-0.20	-0.39		
Großer Freundeskreis	4.44	- 0.44			+ 0.41	- 0.37
Spaß an Meinungsführerschaft	3.93	- 0.49	+ 0.34	- 0.11	+ 0.37	- 0.42
Grundsätzliche Konfliktvermeidung	3.77	+ 0.59	- 0.68			
Mangelndes Durchsetzungsvermögen	3.20	+ 0.25	- 0.17		- 0.13	+ 0.23
Selbstverständlicher Egoismus	3.19	- 0.27	- 0.15	+ 0.50	+ 0.16	
Spielernatur	2.52	- 0.62	+ 0.16	+ 0.55	+ 0.16	

So zeigt die Selbsteinschätzung der Wertetypen, dass sich der aktive Realist durch sein großes Selbstbewusstsein, seine Rationalität und seine soziale Kompetenz von den anderen abhebt. Er ist überdurchschnittlich belastbar, da für ihn sein starkes Selbstvertrauen auch in schwierigen Situationen eine sichere Basis ist. Worin er sich besonders von den anderen unterscheidet ist seine überaus hohe Zielstrebigkeit. Seine Integrationsfähigkeit kann man zum einen an seiner Neigung zu einem großen Freundeskreis und zum anderen an seinem ausgeglichenen Verhältnis zwischen Harmonie und Konflikt erkennen. So hat der Realist keine Schwierigkeiten sich durchzusetzen, ist aber nicht unbedingt auf Konfliktsituationen aus und kann seine Bedürfnisse hinter denen anderer zurückstellen (Abbildung 4-14).

Der aktive Realist entspricht also dem von den Arbeitgebern ersehnten Idealtypus eines Mitarbeiters. Die sich nun aufdrängende Frage ist, ob dieser Idealtypus eine Minderheit in der Bevölkerung bildet oder ob er durch größere Teile repräsentiert wird. Die Antwort hält Abbildung 4-15 bereit:

Abbildung 4-15:   *Entwicklung der anteilsmäßigen Verteilung der Wertetypen*

Quelle: Gensicke, 1996, S. 13 / Klages, 2001, S. 8

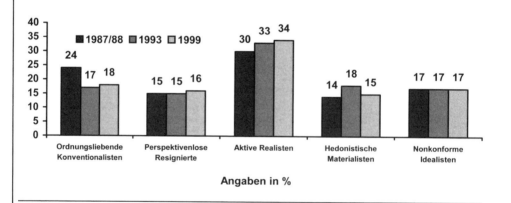

Wie man sieht, ist der Realist der quantitativ am stärksten vertretene Wertetyp in der Bevölkerung, wobei er einen stetigen Zuwachs erlangt. Die übrigen vier Wertetypen kommen in der Bevölkerung in etwa zu gleichen Anteilen vor, wobei die Wertetypen „Perspektivenlos Resignierte", „Hedomaten" und „Idealisten" sich eher stabil verhalten und die „Konventionalisten" eher einem Abwärtstrend unterliegen.

Betrachtet man die fünf Wertetypen gesondert für die Altersgruppe der 14- bis 30-jährigen, die das zukünftige Bild bestimmen werden, zeigt sich eine ähnliche Entwicklung der Wertetypen wie in der Gesamtbevölkerung (Abbildung 4-16).

Auch unter den jungen Menschen sind die aktiven Realisten der anteilsmäßig am häufigsten auftretende Wertetyp, dessen Anteil in der zeitlichen Betrachtung einen kontinuierlichen Aufwärtstrend erlebt. Die ordnungsliebenden Konventionalisten und die perspektivenlosen Resignierten spielen bei den Jungen eine untergeordnete Rolle. Rückläufig ist der Wertetyp des Idealisten, der 1987/88 noch einen Anteil von 25% verzeichnete und 1999 nur noch 18% erreichte.

Abbildung 4-16: *Entwicklung der Wertetypen bei Unter-30jährigen*

Quelle: Klages, 2001, S. 11

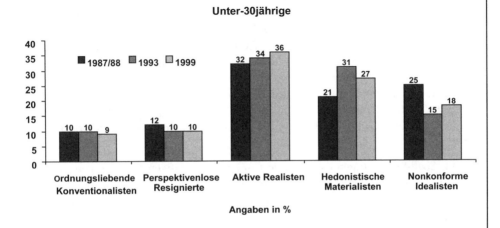

Unter-30jährige

Angaben in %

Die hedonistischen Materialisten sind vor allem in den 90er Jahren stark angestiegen, wobei dieser Aufwärtstrend bereits wieder rückläufig ist. Es kann somit festgehalten werden, dass der aktive Realist der quantitativ am stärksten vertretene Wertetyp ist, sowohl in der gesamten Bevölkerung als auch bei den Unter-30jährigen.

In diesem Zusammenhang soll an die unter →Beispiele und neuere Erkenntnisse vorgestellten Ergebnisse der neueren Speyerer Werteforschung erinnert werden, insbesondere an die Wertkonstellation des Normalbürgers. Diese stellt das bei der Mehrheit der Bevölkerung aufgefundene Wertemuster dar und erinnert an den Wertetyp des aktiven Realisten. Die oben dargestellte Tendenz der Bevölkerung in Richtung des aktiven Realisten ist somit auch in anderen Studien erkennbar.

Das Potenzial des Wertewandels ist besonders in der Wertesynthese des aktiven Realisten zu sehen. So soll der aktive Realist vermehrt aus zwei Gründen in die nachfolgenden Betrachtungen einfließen.

Erstens ist der aktive Realist die aus dem Wertewandel hervorgegangene Konstellation, die den Anforderungen der Arbeitgeber durch ihre positive Einstellung zu Arbeit und Leistung und durch ihre äußerst positiv zu bewertenden Persönlichkeitsmerkmale am besten entspricht.

Zweitens ist der aktive Realist auch der quantitativ am meisten verbreitete Wertetyp, das heißt er bildet den größten Anteil unter den Arbeitnehmern.

4.4.3   Potenzial der Jugend: Shell-Studie 2002

Bisher wurden der Wertewandel und seine Auswirkungen auf die Einstellung zu Arbeit und Leistung vor allem unter Einbeziehung der gesamten Bevölkerung beschrieben. Es wurde auf die in der Bevölkerung existierenden unterschiedlichen Wertetypen eingegangen. Besondere Beachtung fand der aktive Realist, der als die qualitativ wünschenswerteste sowie quantitativ am häufigsten anzutreffende Ausprägung des Wertewandels angesehen werden kann - auch bei den jungen Menschen. Das Potenzial der Jugend soll nun eine besondere Zuwendung erfahren, da sie die zukünftigen Arbeitnehmer der Unternehmen bereitstellen wird. Zu diesem Zweck wird aufgrund ihrer Aktualität die Shell-Studie Jugend 2002 (vgl. Deutsche Shell, 2002, S. 139ff) herangezogen und mit ihrer Hilfe werden die Erkenntnisse der Speyerer Werteforschung ergänzt.

Die 14. Shell-Studie Jugend 2002 basiert auf repräsentativen Befragungen von 2515 Jugendlichen und jungen Erwachsenen im Alter von 12 bis 25 Jahren aus den alten und neuen Bundesländern. Sie wurde im Zeitraum von März bis April 2002 durchgeführt.

Die offizielle Vorstellung der Ergebnisse sorgte für Aufsehen. Die Jugend 2002 ist entgegen den Erwartungen keine „Null-Bock"- Generation, die nur am Spaßfaktor interessiert ist. Im Gegenteil, das Ergebnis der Studie besagt, dass die heutigen Jungen familien- und erfolgsorientiert sind und den Leistungserwartungen der Gesellschaft mit Fleiß und Ehrgeiz begegnen.

Durch Überschriften wie „glückliche Kinder", „junge Generation ist erfolgs- und familienorientierter als früher", „Brav, oh!", „Fleiß und Ehrgeiz gelten wieder als wichtige Werte, radikale Positionen sind out", „Milde Jugend", „Opportunismus statt Gesellschaftskritik", „Angepasst und fit für coole Partys", wurden die Artikel zur Shell-Jugendstudie eingeleitet.

Bei manchen dieser Headlines ist eine gewisse Verachtung nicht zu verkennen. Sie prangern die Teilnehmer der Shell-Studie als opportunistisch und angepasst, als Jasager an, denen das gesellschaftskritische revolutionäre Engagement ihrer Vorgänger fehlt.

Was in der Jugend 2002 tatsächlich steckt, wie sie sich empfindet und nach welchen Zielen sie strebt, soll im Folgenden dargestellt werden.

Ein Blick auf die Wertorientierungen der jungen Menschen ist dabei sehr aufschluss-reich. Die Frage nach den Wertorientierungen lautete: "Jeder Mensch hat ja bestimmte Vorstellungen, die sein Leben und Verhalten bestimmen. Wenn Sie einmal daran den-ken, was Sie in Ihrem Leben eigentlich anstreben: Wie wichtig sind dann die folgenden Dinge für Sie persönlich?"

Die Frage zielt darauf ab, die tiefgründigen Werthaltungen der Jugendlichen zu erfas-sen, nach denen das Leben und das Handeln ausgerichtet werden.

Die abgefragten Werteitems der Shell-Studie entsprechen denen der Speyerer Werte-forschung und sind deshalb gut mit ihr vergleichbar.

Eindeutig zeichnet sich ein Bild bezüglich der Werte „Freundschaft", „Partnerschaft", „Familienleben", „Eigenverantwortung" und „viele Kontakte" ab. Dies sind, wie Gen-sicke es bezeichnet, die „Grundwerte der Jugendlichen", die für eine überwiegende Mehrheit unter ihnen eine sehr wichtige Rolle spielen.

Des Weiteren werden Selbstentfaltungswerte wie „Kreativität", „Unabhängigkeit", „Gefühle berücksichtigen" oder „Lebensgenuss" sehr hoch bewertet. Aber auch Pflicht- und Akzeptanzwerte wie „Gesetz und Ordnung", „Sicherheit", „Fleiß und Ehrgeiz" sind den Jungen sehr wichtig.

Ein Vergleich mit den Ergebnissen der Speyerer Werteforschung ergibt, dass ihre Wertvorstellungen denen der gesamten Bevölkerung stark angenähert sind und sich nicht wesentlich von ihnen unterscheiden. Es hat also einen Prioritätenwechsel der jungen Leute zugunsten der Leistungsorientierung stattgefunden. Bei den Befragun-gen von 1987 war zum Beispiel der Wert Umweltbewusstsein noch von erheblicher Bedeutung für die Jugend, 2002 sind es Werte wie Fleiß und Ehrgeiz, die ihr Leben bestimmen.

Ein interessanter Trend, der bisher nur bei der Jugend zu beobachten ist, zeigt sich bei der Ermittlung der Beziehungen zwischen den Werthaltungen, also den Wertstruktu-ren bzw. Wertdimensionen. Wenn man die Grundwerte der Jungen unberücksichtigt lässt, wie zum Beispiel Familie, Eigeninitiative usw., ergibt sich eine neuartige Struktur anhand derer sie ihre Werte einordnen.

Klages unterscheidet zwischen Selbstentfaltungswerten und Pflicht- und Akzeptanz-werten bzw. später noch zwischen der Dimension der materialistischen und hedonisti-schen Werte. Diese Trennung der genannten Wertedimensionen nach Klages vollzie-hen die jungen Menschen nicht mehr nach. Sie verbinden vielmehr die beiden Dimen-sionen moderner und traditioneller Werte in einer Synthese zu einer neuartigen Dimension, die Gensicke Konvention/Kreativität nennt.

Diese neu ermittelte Wertedimension enthält Werte wie „Gesetz und Ordnung respek-tieren", „nach Sicherheit streben", „fleißig und ehrgeizig sein", „ seine eigene Phanta-sie und Kreativität entwickeln", „auch solche Meinungen tolerieren, denen man ei-gentlich nicht zustimmen kann" und „sich und seine Bedürfnisse gegen andere durchsetzen." Diese Entwicklung lässt sich mit der Wertesynthese des aktiven Realisten vergleichen und ist somit nicht neu. Die Neuheit dieses Befundes ist, dass die Wertesynthese nicht mehr nur einem Wertetyp vorenthalten ist, sondern eine ganze Dimension bildet und somit von einem Großteil der Jugend getragen wird. „Allerdings ist die nunmehrige Verknüpfung von Konventionswerten mit Kreativitäts- und Engagementwerten in der gesamten Jugend neuartig und hat weitreichende Folgen. War die Wertesynthese bisher bei einem Wertetyp unter anderen zu finden, so muss sie nunmehr als Leitmotiv der Jugendkultur angesehen werden, an das sich die Mehrheit der Jugend anlehnt" (Deutsche Shell, 2002, S.160).

Dieses Phänomen wird als Trend in Richtung eines pragmatischen Umgangs mit Werten, der Nutzenabwägungen mit einschließt, interpretiert. „Die Jugendlichen sind somit Trendsetter eines individuellen Wertkonzeptes, das Werte vor allem vom persönlichen Nutzenkalkül her beurteilt" (S. 158f).

Das heißt, sie setzen sich bestimmte Ziele in ihrem Lebenskonzept, die sie durch die Annahme von konventionellen Werten besser zu erreichen glauben. So bezeichnen 82% der jungen Leute „Karriere machen" als „in". Dieses Ziel „Karriere machen" verbinden sie mit Anforderungen, wie „sich in ein soziales Gefüge, zum Beispiel einer Unternehmung mit Regeln und Vorschriften, einzuordnen". Werte wie „Gesetz und Ordnung respektieren" sind für eine Karriere deshalb von Vorteil, wenn nicht sogar notwendig. Die jungen Menschen legen sich somit die Werte nach ihrem persönlichen Lebenskonzept zurecht, ob dieses nun nach materiellen oder immateriellen Bedürfnissen ausgerichtet ist, spielt dabei keine Rolle. Bereits in der 13. Shell-Jugendstudie wurde festgestellt: „Dass die Jugendlichen dabei ziemlich nüchtern und illusionslos ihre eigenen Chancen und Risiken innerhalb des vereinten Europa einschätzen und mit der Ambivalenz ihrer Zukunftserwartungen recht pragmatisch umzugehen wissen, läßt sich daran ablesen, dass sie ihre persönlichen Lebensziele, Werte und Vorstellungen in der Regel hochhalten und auch ihr Handeln daran ausrichten - sofern sie sich selbst dadurch nicht biografisch behindern" (Deutsche Shell, 2000, S.156).

Diese allgemeine Betrachtung der Werte bzw. Wertdimensionen der Befragten lässt sich spezifizieren, indem man die Wertetypen der Shell-Jugendstudie betrachtet. Die Wertetypen kategorisieren die Jugend nach „pragmatischen Idealisten", „robusten Materialisten", „selbstbewussten Machern" und „ zögerlichen Unauffälligen".

Die „pragmatischen Idealisten"

Bei den „pragmatischen Idealisten" bilden die Werte Kreativität, Engagement und Toleranz den Schwerpunkt. Materielle und hedonistische Werte sind ihnen eher unwichtig. Sie sind den nonkonformen Idealisten von Klages sehr ähnlich. Das „nonkonform" hat sich jedoch zu „pragmatisch" gewandelt, das heißt die Idealisten der Shell-Studie sind keine Rebellen mehr, die gegen Pflicht, Gesetz und Gehorsam revoltieren. Sie verknüpfen ihre idealistischen Werte mit Werten wie „Respekt vor Gesetz und Ordnung", „Sicherheit", „Fleiß und Ehrgeiz". Sie fügen sich im Gegensatz zu den nonkonformen Idealisten reibungsloser in die Gesellschaft ein.

Die „robusten Materialisten"

Sie bilden den Gegenpol zu den pragmatischen Idealisten. Ihre Leitwerte sind Durchsetzung, Macht und Lebensstandard, wobei hedonistische Werte eine ebenso große Rolle spielen. Das Streben nach Sicherheit und der Respekt vor Gesetz und Ordnung sind bei ihnen viel schwächer ausgeprägt als bei den pragmatischen Idealisten. Sie können mit dem Wertetypus des Hedomaten der Speyerer Werteforschung verglichen werden.

Die „selbstbewussten Macher"

Die Jugendlichen dieser Orientierung stellen eine Synthese aus den robusten Materialisten und den pragmatischen Idealisten dar. Ihnen ist soziales Engagement ebenso wichtig wie ein hoher Lebensstandard. Sie sind, wie bereits der aktive Realist von Klages, als „Werte- und Leistungselite" anzusehen, wobei sie eine noch weiter gedachte Wertesynthese des aktiven Realisten darstellen.

Die „zögerlichen Unauffälligen"

Sie zeigen bei keiner der Wertedimensionen eine signifikante Ausprägung. Sie entsprechen den perspektivenlosen Resignierten von Klages. Eine Entsprechung für den ordnungsliebenden Konventionalisten lässt die neue Shell-Jugendstudie vermissen. Dieser Wertetypus spielt bei den Jugendlichen nur mehr eine untergeordnete Rolle. So können die Ergebnisse der Shell-Studie 2002 als Bestätigung des aktiven Realisten gesehen werden. Er wurde in ihr sogar zum Leitmotiv der Jugend erhoben. So sind zum Beispiel die Idealisten der Shell-Studie pragmatischer geworden. Sie erarbeiten sich ihre Ideale durch Fleiß und Ehrgeiz und streben nach Integration statt nach Revolution. Des Weiteren stellt der selbstbewusste Macher der Shell-Studie die jugendliche Entsprechung zum aktiven Realisten und dabei eine weiter gedachte Wertesynthese dar. Die Jugend 2002 ist somit als Generation zu sehen, die versucht sich in die Gesellschaft zu integrieren und eine Zukunft aufzubauen. Dies geschieht mit nicht weniger Liebe zum Engagement, zur Kreativität und Willen zur Selbstverwirklichung als dies bei den Jungen der vergangenen Jahrzehnte der Fall war. Sie müssen sich im Gegensatz zu den früheren Generationen nur anderen Problemen stellen. So wuchs die Jugend in den 70ern und 80ern in wirtschaftlichem Wohlstand und in Sicherheit auf, aber ohne die nötige Freiheit sich zu entfalten. Dafür kämpften sie. Die heutige Jugend kämpft auch; sie kämpft um sichere Arbeitsplätze, die schon lange nicht mehr gewährleistet sind. Dieser Kampf ist aber mehr ein persönliches Durchbeißen als eine Revolution. Sie sehen die Möglichkeiten für Veränderungen mehr bei sich selbst als in gesellschaftlichen Umwälzungen. So begegnen die jungen Menschen 2002 den sich ihnen stellenden Problemen mit „Fleiß und Ehrgeiz" sowie mit dem Respekt vor „Gesetz und Ordnung", jedoch mit einer deutlichen Abneigung gegen unkritische Konformität und letztlich mit dem Wunsch, ihre Kreativität entfalten zu können. Die Ergebnisse zeigt Abbildung 4-17:

Abbildung 4-17:   *Ergebnisse der Shell-Studie 2002*

Quelle: Deutsche Shell, 2002, S. 143

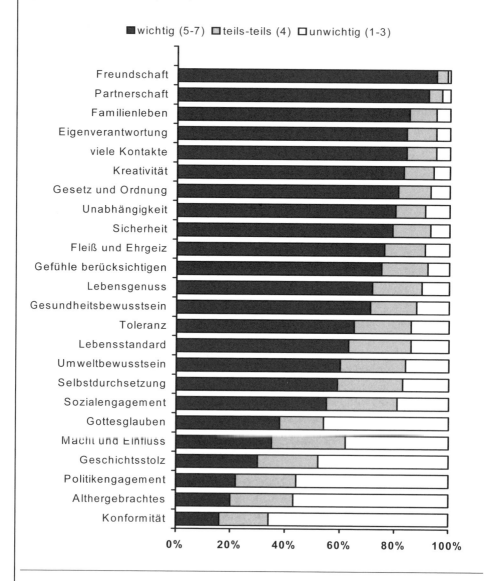

4.5 Unternehmenskultur zur Erschließung des Mitarbeiterpotenzials

4.5.1 Einführung Unternehmenskultur

„Motivation ergibt sich aus dem Zusammenspiel von motivierter Person und motivierender Situation" (von Rosenstiel, 1995a, S. 2185).

Wie die vorangegangenen Ausführungen gezeigt haben, sind die Mitarbeiter, vor allem in Form des aktiven Realisten, in höchstem Maße zu Leistung und Arbeit motiviert. Der Wertewandel hat ein Potenzial geschaffen, das für die Unternehmen höchst wünschenswert ist. Doch motivierte Mitarbeiter allein genügen nicht, damit sie eine gute Leistung für das Unternehmen erbringen. Ebenso wichtig sind die situativen Bedingungen, die sie in einem Unternehmen antreffen. Die Arbeitssituation muss den Bedürfnissen der Mitarbeiter entsprechen und ihnen ermöglichen, ihre Leistung zu entfalten. In diesem Zusammenhang spielt die Unternehmenskultur eine wesentliche Rolle. Sie stellt den Schlüssel zur erfolgreichen Eingliederung der Mitarbeiter in das Unternehmen dar.

Zahlreiche Publikationen auf dem Gebiet der Unternehmenskultur suggerieren, dass diese ein einfach verwendbarer Ansatz für die Führung eines Unternehmens ist und bieten dementsprechende Modelle zu ihrer Operationalisierung an. Doch einfach ist das theoretische Konstrukt Unternehmenskultur keineswegs, vielmehr undurchdringlich und schwierig zu erfassen. Dies beweisen schon die unterschiedlichen Auffassungen darüber.

„So täuscht die Verwendung desselben Begriffs über die Existenz eines gemeinsamen Kulturverständnisses hinweg" (Sackmann, 1990, S.155).

Sackmann unterteilt die verschiedenen Kulturansätze in drei Kategorien: Unternehmenskultur als Variable, als Metapher und als dynamisches Konstrukt.

Versteht man die **Unternehmenskultur als Variable**, so versteht man sie als ein Produkt neben anderen Produkten des Unternehmens. Die Unternehmenskultur wird von ihrer funktionellen zweckmäßigen Seite betrachtet, die vom Management geschaffen, entwickelt und verändert wird, um zur Erreichung der Unternehmensziele und damit zum Unternehmenserfolg beizutragen.

Die Ansätze, die **Unternehmenskultur als Metapher** begreifen, erklären das Unternehmen zur Kultur, das heißt ein Unternehmen „ist" eine Kultur. Die Unternehmenskultur wird nicht vom Management geschaffen, sondern sie besteht aufgrund der sozialen Prozesse, die in einem Unternehmen stattfinden. So ist jedes Organisationsmitglied zugleich Kulturträger und -gestalter. Dieser Ansatz konzentriert sich darauf, die Bedeutungsinhalte zu erfassen, die eine Unternehmenskultur transportiert und somit ein besseres Verständnis für die Bedeutung und Funktionsweise der Unternehmung zu erlangen. Der Unterschied der zwei genannten Konzepte liegt in den ihnen zu Grunde liegenden Zielen. Die Betrachtungen des Variablenansatzes haben das Ziel, die Unternehmenskultur für den Unternehmenserfolg zu nutzen; sie sehen die Kultur als Mittel zum Zweck, als Instrument. Man könnte diese Sichtweise der Unternehmenskultur auch als „Macher-Ansatz" benennen. Der Metaphern-Ansatz möchte im Gegensatz dazu Einsichten über die Zusammenhänge sozialer Strukturen in Unternehmen erlangen. Die Gestaltung bzw. Beeinflussung der Unternehmenskultur lässt dieser Ansatz außer Betracht. Eine charakteristische Bezeichnung für dieses Konzept wäre „Erkenntnis-Ansatz" (vgl. Sackmann, 1990, S.155 ff). Die Brücke zwischen dem Variablen- und dem Metaphern-Ansatz schlagen diejenigen, die **Unternehmenskultur als dynamisches Konstrukt** interpretieren. Sie sehen die Unternehmenskultur wird als komplexes Gebilde, das sich aus menschlichen Problemlösungsprozessen entwickelt. Jedes Unternehmen ist somit Kultur, kann diese aber auch gestalten.

Die Annahme der Unternehmenskultur als dynamisches Konstrukt ist somit das umfassendste Kulturverständnis. Dieses soll anhand ihres Vertreters Edgar Schein weiterverfolgt werden. Nach Schein ist die Kultur einer Gruppe ein „Muster gemeinsamer Grundprämissen, das die Gruppe bei der Bewältigung ihrer Probleme externer Anpassung und interner Integration erlernt hat, das sich bewährt hat und somit als bindend gilt; und das daher an neue Mitglieder als rational und emotional korrekter Ansatz für den Umgang mit diesen Problemen weitergegeben wird" (Schein, 1995, S. 25).

Kultur bzw. Unternehmenskultur basiert also auf gemeinsamen Grundprämissen, die man in einem gemeinsamen Lernprozess errungen hat. Dieser gemeinsame Lernprozess beruht vor allem auf zwei Problembereichen, die die Gruppen bzw. die Unternehmen lösen müssen: Zum einen müssen sie in der Umwelt bestehen, wachsen und sich integrieren und zum anderen müssen sie zu einer ganzheitlichen Gruppe werden, welche die Integration in die Umwelt und das Arbeiten innerhalb des Unternehmens ermöglicht (S. 23f).

Die Problemlösungsmuster, die sich über die Zeit bewähren, gehen in das Unterbewusstsein der Unternehmensmitglieder ein und werden von ihnen als selbstverständlich hingenommen, ohne dass sie der Rechtfertigung bedürfen. Sie werden somit zu Grundprämissen. Von diesen leiten sich die weiteren Kulturbestandteile, wie einheitliche Verhaltensweisen, Gruppennormen, bekundete Werte, offizielle Philosophie, Spielregeln, Klima, verwurzelte Talente, Denkgewohnheiten, gemeinsame Bedeutungen und Symbole ab (S. 21ff).

Kultur wird von allen Mitgliedern der Gruppe getragen. Sie gibt ihnen Stabilität und fügt die Vorgänge und Handlungen einer Gruppe zu einem einheitlichen Ganzen zusammen. Voraussetzung für das Entstehen einer Gruppe ist ein gemeinsamer Erfahrungsschatz und eine stabile Mitgliedschaft, damit dieser Erfahrungsschatz verwertet und weitergegeben werden kann. Die Kultur überlebt nur durch ihre Weitergabe an neue Mitglieder (S. 22ff).

4.5.2 Werte - die Basis einer Unternehmenskultur

Schein rückt das Wertesystem in Form der Grundprämissen in den Mittelpunkt der Unternehmenskultur; es bildet die Struktur, auf der alles aufbaut. Diese Erkenntnis der Werte als Zentrum der Unternehmenskultur verbindet alle, auch die teilweise sehr unterschiedlichen Anschauungen zu diesem Thema.

„Ganz gleich also, ob man unter der Unternehmenskultur allein die geistige Seite des Unternehmens versteht – die des Deutens und des symbolischen Handelns – oder im Sinne eines Zwei-Ebenen-Konzeptes...auch die des funktionalen Handelns und der materialen Manifestation – immer stehen die verbindenden Werte und deren Objektivationen sowie die Werthaltungen und wertgeleiteten Handlungen der einzelnen im Mittelpunkt aller Überlegungen, die sich mit der Unternehmenskultur beschäftigen" (von Rosenstiel, 1990, S. 134).

Bereits unter →4.1.1Begriffsbestimmung wurde verdeutlicht, dass Werte logische Gebilde sind, welche die Grundbestandteile sozialer Strukturen bilden bzw. diese erst ermöglichen, ordnen und beeinflussen. So stellen auch Unternehmen soziale Gebilde dar, die durch die gemeinsamen Werte bzw. Grundprämissen eine Existenz, Ordnung und Steuerung erfahren. Diese Grundprämissen sind tief in der Unternehmenskultur verankert und können, wie unter →4.1.4 Empirische Erfassbarkeit von Werten beschrieben, durch Objektivationen, Verhaltensweisen oder Aussagen direkt beobachtet werden. So sind auch Strukturen, Ausstattungen usw., die für die Arbeit in einem Betrieb geschaffen wurden, Ausdruck der ihnen zugrunde liegenden Werte. „Es ist davon auszugehen, daß jede Form der Arbeitsgestaltung letztlich in dem Sinne werteorientiert ist, dass sie ein ordnendes Leitbild der Organisation und ihrer Zielsetzung im Kulturzusammenhang zur Grundlage hat und dem Mitarbeiter Orientierungsdaten setzt" (Fürstenberg, 1993, S. 25).

Diese Grundprämissen oder Grundwerte, auf denen die Unternehmenskulturen basieren, ähneln sich innerhalb eines Kulturkreises sehr stark.

„Für jedes Unternehmen gelten die gleichen Grundwerte, weil unsere westliche marktwirtschaftliche Rahmenordnung aus ähnlichen philosophischen Prämissen und politischen Entscheidungen hervorgegangen ist. Unternehmen unterscheiden sich voneinander lediglich dadurch, dass das eine bestimmte Werte stärker akzentuiert oder gegeneinander relativiert als das andere. Und diese spezifische Wertakzentuierung und Wertbevorzugung macht auch den Kern der unterschiedlichen Unternehmenskulturen aus" (Berkel/Herzog, 1997, S. 71).

Unternehmen gehen also innerhalb eines Kulturkreises von einer gemeinsamen Wertgrundlage aus, die sie aber unterschiedlich interpretieren und somit eine einzigartige Kultur innerhalb dieses größeren Wirkungszusammenhanges herausbilden.

Die Unternehmen sind also als Subkulturen der jeweiligen Gesellschaft zu verstehen.

Kiechl bezeichnet diese übergeordnete Kultur als Ethnokultur. „Die Ethnokultur beeinflusst die Werte, Einstellungen und Verhaltensweisen, der in einer Unternehmung beschäftigten Individuen, die als Kollektiv wiederum die Unternehmenskultur definieren und wodurch ein Einfluss auf die Ethnokultur ausgeübt wird. Die Ethnokultur bestimmt aber auch die Strukturen und Prozesse des Gesamtkollektives durch die rechtlichen, technologischen, soziokulturellen und die anderen Systeme, welche ihrerseits auf die Systemelemente (Kunden, Anbieter, Bürger usw.) und damit auch wieder auf die Unternehmenskultur einwirken" (Kiechl, 1990, S. 110).

So wird nach Kiechl die Unternehmung anhand zweier Aspekte von der übergeordneten Kultur beeinflusst. Zum einen sind die in ihr arbeiteten Mitarbeiter Träger dieser übergeordneten Kultur und bringen diese in die Unternehmen ein, zum anderen legt die Kultur selbst die Rahmenbedingungen für das Unternehmen fest.

Hier ist vor allem der Aspekt der Mitarbeiter von Bedeutung. Durch sie hält der Wertewandel auch Einzug in die Unternehmen, indem sie diesen, wenn auch in Form von Konfrontationen, hineintragen. Dies bedeutet jedoch nicht, dass sich die Wertsysteme der Mitarbeiter und der Unternehmen angleichen. Beide Gruppen verwerten den Wertewandel in ihrer jeweiligen Situation auf unterschiedliche Weise.

Wie sich diese voneinander unterschiedlichen Wertesysteme auf die Erwartungen bezüglich der Unternehmenskultur auswirken, soll im Folgenden erörtert werden.

4.5.3 Unternehmenskultur aus Sicht der Unternehmen

Unternehmen sind ein wesentlicher Bestandteil der Gesellschaft. Sie agieren in der Volkswirtschaft als Versorger von Dienstleistungen und Sachgütern sowie als Arbeitgeber. Von ihrer Leistungsfähigkeit ist der Wohlstand der Gesellschaft abhängig. Doch ebenso stehen die Unternehmen in einem Abhängigkeitsverhältnis zu der Gesellschaft. Um produktiv arbeiten zu können, müssen die notwendigen Rahmenbedingungen geschaffen sowie das notwendige Arbeitskräftepotenzial vorhanden sein.

Dieses Arbeitskräftepotenzial, geprägt durch den Wertewandel, steht den Unternehmen leistungsbereit und aufgeschlossen gegenüber. Die Unternehmen müssen es sich nur durch die Gestaltung günstiger Arbeitsbedingungen erschließen. Ein Schlüsselbegriff für das erfolgreiche Einbinden der Arbeitnehmer in die Unternehmung und für ihre Motivation zur Erbringung einer guten Leistung ist die Unternehmenskultur geworden. Die Entdeckung der Unternehmenskultur als Erfolg versprechendem Ansatz für die Managementlehre begann Anfang der 80er Jahre, ausgelöst durch das Buch von Peters & Waterman „Auf der Suche nach Spitzenleistungen". Altbewährte Ansätze der Unternehmensführung hatten ihre Gültigkeit aufgrund der veränderten Umwelt verloren, die sich durch einen immer härter werdenden Konkurrenzkampf und die Forderung nach immer mehr Leistung auszeichnete. Neue Herausforderungen zwangen zum Umdenken und zu einer neuen Sicht auf die Unternehmung und ihre Mitarbeiter (vgl. Malik, 1990, S. 22f).

So ist die richtige Unternehmenskultur und das ihr zugrunde liegende Wertesystem eine notwendige Bedingung für den Unternehmenserfolg geworden.

„Ich möchte daher folgendes sagen: ich bin fest überzeugt, dass jedes Unternehmen, um zu überleben und erfolgreich zu sein, einen soliden Bestand an Grundüberzeugungen braucht, von denen es sich bei allen Entscheidungen und Maßnahmen leiten läßt. Sodann glaube ich, dass der wichtigste Einzelfaktor für den Unternehmenserfolg das getreuliche Festhalten an diesen Überzeugungen ist" (Peters / Watermann, 1993, S. 322).

Jedoch genügt ein Wertesystem, an dem das Unternehmen festhält, alleine nicht, denn „auch der Inhalt der Werte muß stimmen" (S. 323).

So muss das Wertesystem der Unternehmung, anhand dessen alle weiteren Ziele, Strategien und Maßnahmen abgeleitet werden, den Mitarbeiter erreichen und ihn motivieren. Für Peters & Waterman gilt die Folgerung:

„Wer hohe Produktivität und die entsprechenden finanziellen Ergebnisse erreichen will, muß seine Mitarbeiter als sein wichtigstes Kapital behandeln" (S. 276).

Ganz gleich, ob man dieser These zustimmt, die Mitarbeiter sind wichtige Leistungsträger einer Organisation. Ihre Zufriedenheit gilt es zu erreichen und damit ihre Leistungsbereitschaft. Sie ist für die Mitarbeiter mit der Möglichkeit verbunden, die durch den Wertewandel hervorgerufenen Bedürfnisse verwirklichen zu können (vgl. von Rosenstiel, 1993, S. 54).

So „kann die Unternehmenskultur auch zur Befriedigung individueller Interessen beitragen und hat damit eine motivationsfördernde Wirkung" (Sackmann, 1990, S. 157).

Eine Unternehmenskultur, die dieses gewährleistet, kann jedoch nicht konstruiert werden. Sie entsteht aus einem gemeinsamen Entwicklungsprozess, der nicht vorgeben werden kann, aber beeinflussbar ist. So gibt es sehr viele unterschiedliche Unternehmenskulturen, die sich das Potenzial des Wertewandels erschließen können. Die Frage in diesem Zusammenhang ist, ob die bestehende Unternehmenskultur den Anforderungen der Mitarbeiter entspricht, und wenn nicht, wie sie verändert werden kann.

4.5.4 Unternehmenskultur aus Sicht der Mitarbeiter am Beispiel des aktiven Realisten

Die Mitarbeiter stehen dem Unternehmen als Anspruchsgruppe gegenüber und stellen Forderungen, wenn auch nicht lauthals, aber doch auf subtile Weise. Dies bekommt die Unternehmung durch geringere Leistung zu spüren.

Die Mitarbeiter sehen das Unternehmen mit ihren Augen und messen es und die Unternehmenskultur an ihren Wertmaßstäben und Ansprüchen. „Jede Anspruchsgruppe projiziert ihre Wertvorstellungen in die Organisation und neigt dazu, sie ausschließlich unter ihrem Werthorizont zu betrachten" (Berkel/Herzog, 1997, S. 66).

Diese Wertvorstellungen sind durch den Wertewandel geformt und wecken Bedürfnisse der Mitarbeiter, die sie in den Unternehmen verwirklichen wollen. Insbesondere die Werte und die daraus resultierenden Bedürfnisse des aktiven Realisten sind hier von Interesse, da dieser als viel versprechendes Potenzial aus dem Wertewandel hervorgegangen ist.

Von seiner hohen Anerkennung von Pflicht- und Akzeptanzwerten leiten sich vor allem prestigebezogene und materielle Bedürfnisse ab sowie das Bedürfnis nach Sicherheit. Für ihn steht der Wunsch nach einem sicheren Arbeitsplatz im Vordergrund; das Ansehen seiner Arbeit sowie materielle Leistungsanreize sind für ihn jedoch ebenfalls von überdurchschnittlicher Bedeutung. Vor allem aber leiten sich aus den Pflicht- und Akzeptanzwerten Werte ab, die der Selbstkontrolle bzw. Selbstbeherrschung dienen. Diese benötigt ein Mitarbeiter, um sich in ein soziales Gefüge integrieren zu können.

Die Anforderungen, die der aktive Realist an das Unternehmen und die Unternehmenskultur stellt, entspringen daher auch der von ihm ebenso stark betonten Dimension der Selbstentfaltungswerte.

Die Bedürfnisse, die sich aus einer hohen Ausprägung der Selbstentfaltungswerte ableiten, wurden bereits unter →4.3.2 Hinwendung vom Nomozentriker zum Autozentriker in Verbindung mit dem durch den Wertewandel hervorgerufenen autozentrischen Lebensgefühl beschrieben.

Bezüglich der Arbeitswelt lassen sich diese Bedürfnisse folgendermaßen verstehen:

■ Das Bedürfnis nach „Mensch sein"

Es soll Raum für die eigene Persönlichkeit gegeben sein und dieser möglichst wenig eingeschränkt werden. So bevorzugt der aktive Realist informelle Strukturen und Umgangsformen. Er erwartet Respekt und Anerkennung von seinen Kollegen, wobei Offenheit und Ehrlichkeit eine ebenso große Rolle spielen. Flache Hierarchien, wie zum Beispiel in Form von Teamarbeit, kommen diesem Bedürfnis entgegen, ebenso wie eine Unternehmenskultur, die Offenheit verspricht und damit Kritik nicht sanktioniert.

■ Das Bedürfnis nach Selbstverwirklichung

Dies bedeutet für den aktiven Realisten den Wunsch nach einer Arbeit, in der man sich mit seinen Fähigkeiten und Neigungen entfalten und weiterentwickeln kann. Das erfordert aber auch das Vorhandensein des dazu notwendigen Handlungs-spielraums, der kreatives und selbstverantwortliches Handeln ermöglicht. Die Unternehmenskultur muss somit Freiraum schaffen für individuelle Entwicklungs- und Wachstumschancen. Eine Unternehmenskultur, deren Menschenbild der unbeholfene, verantwortungsscheue Mitarbeiter ist, der klar vorgegebene Linien braucht, kann deshalb keine Basis für die Motivation zur Leistung bieten. Partizipation, Delegation von Verantwortung und kooperativer Führungsstil sind Modelle, die diesem Bedürfnis Rechnung tragen.

„Partizipative Organisationsformen steigern nicht nur Motivation und Arbeitszufriedenheit, sondern fordern und fördern auch die Persönlichkeit des Mitarbeiters" (Berkel/Herzog, 1997, S. 113).

■ Das Bedürfnis nach Resonanz

Bezüglich seiner Leistung möchte der aktive Realist Rückmeldungen erfahren, die ihm den Erfolg seiner Leistung widerspiegeln und die damit verbundene Anerkennung. Ebenso braucht er jedoch die Rückmeldung zur Kontrolle, um sich verbessern und weiterentwickeln zu können. So ist die Förderung von Feedback in den Unternehmen von erheblicher Bedeutung.

■ Das Bedürfnis nach Sinn

Der eigene Beitrag für den übergeordneten Funktionszusammenhang muss für den aktiven Realisten erkennbar sein sowie die Sinnhaftigkeit des Strebens der Unternehmung. Die Unternehmenskultur muss diesen Sinn erfahrbar machen. So ist eine Funktion der Unternehmenskultur, Informationen über den Sinn zu vermitteln. „Kultur ist in diesem Sinn offensichtlich so etwas wie der ‚Sinnträger' des Systems" (Klimecki / Probst, 1990, S. 52).

Die beschriebenen Bedürfnisse verspürt der aktive Realist stärker als der Idealist, der den Autozentriker in seiner Reinform darstellt. Abbildung 4-18 verdeutlicht dies anhand ausgewählter Arbeitsplatzmerkmale, die in enger Verbindung mit der Bejahung der Selbstentfaltungswerte stehen. Alle genannten Merkmale, die der Wichtigkeit nach beurteilt wurden, erfahren ihre höchste Zustimmung vom aktiven Realisten.

Abbildung 4-18: *Wichtigkeit ausgewählter Arbeitsplatzmerkmale*

Quelle: Herbert, 1993, S. 163

	Alle	Konven-tionalist	Idealist	Hedomat	Realist	Resignier-ter
Leistungsentfaltung	6.17	-0.10		-0.18	+ 0.30	- 0.32
Selbstständigkeit	5.81	-0.25	+0.14		+0.25	-0.43
Neigungsentfaltung	5.64	- 0.26	+0.10	-0.12	+ 0.33	- 0.38
Kontakt zu anderen	5.58	- 0.40			+ 0.41	
Menschen zu helfen	5.15			-0.39	+ 0.33	-0,52

Der aktive Realist erwartet „sich selbst mit seinem je eigenen Persönlichkeits-Potenzial ‚einbringen' zu können und als Person ernst genommen, angenommen, einbezogen und anerkannt zu werden" (Klages, 1988, S. 108).

Er erwartet Respekt und Vertrauen, möchte gefordert und gefördert werden, wie es die Slogans vieler Personalkonzepte versprechen. So kann sich ein Unternehmen mit seiner Unternehmenskultur die Leistung des aktiven Realisten nur erschließen, „wo Bedürfnissen nach ‚Kreativität', nach der Verwirklichung individueller Sinnvorstellungen und nach der Auslebung eigener Fähigkeiten, Bedürfnisse und Neigungen, ‚produktive' Möglichkeiten angeboten werden" (Klages, 1984, S. 57).

4.5.5 Divergenz von Unternehmenskultur und Mitarbeiterwerten

„Die Werteverwirklichung oder der Wertschöpfungsprozeß einer Organisation ist dann optimal, wenn sie die in ihr steckenden unterschiedlichen Werte erkennt, aufeinander bezieht und zu optimieren trachtet" (Berkel / Herzog, 1997, S. 66ff).

So müssen die Ansprüche der Mitarbeiter Beachtung finden und zugleich die der weiteren Anspruchsgruppen des Unternehmens berücksichtigt werden.

Die Handlungsfelder, in denen sich die Mitarbeiter der Unternehmung bewegen, werden somit durch „das Maß an gewährten Selbstentfaltungschancen auf der einen und das Maß an Integrations- und Konformitätsdruck auf der anderen Seite bestimmt" (Gensicke, 1994, S. 42).

Werden diese Handlungsfelder zu Lasten der Selbstentfaltungschancen gestaltet, so kann sich dies negativ auf die Arbeitsmoral und Leistungsbereitschaft der Mitarbeiter auswirken.

„Sie verfallen, mit anderen Worten, in der Konfrontation mit diesen Zielen und Ansprüchen leicht in eine ‚Frustrations'-Stimmung, und sie sehen sich dann in die Entscheidung gedrängt, entweder auf einen forcierten Selbstdurchsetzungs-, Oppositions- und Widerstandskurs zu gehen, oder sich zurückzuziehen und einzuigeln, wobei es entweder zu einer Verschiebung von Werterfüllungserwartungen in die Freizeit oder aber zu einem totalen Wertverlust kommen kann" (Klages, 1984, S. 110).

Die Abwanderung der Wertverwirklichungsbemühungen der Mitarbeiter in die Freizeit, bei einer zu großen Differenz zwischen dem Wertesystem der Unternehmen und der Mitarbeiter, haben von Rosenstiel und Nerdinger anhand der Münchner Wertestudien (vgl. von Rosenstiel/Nerdinger, 2000, S. 146ff), die unter anderem die Sozialisation von Führungsnachwuchskräften untersuchten, belegt. Zu diesem Zweck wurden die Berufsorientierungen der Führungsnachwuchskräfte vor und nach dem Eintritt in das Berufsleben ermittelt. Dabei wurden drei Kategorien unterschieden: Freizeitorientierung, Karriereorientierung und alternatives Engagement. Von Interesse sind die Ergebnisse bezüglich der Führungsnachwuchskräfte, die vor Berufseintritt die Einstellung des alternativen Engagements vertraten. Alternatives Engagement bedeutet, dass bei ihren Vertretern postmaterialistische Werte im Sinne von Inglehart wie Persönlichkeit und Umwelt besonders stark ausgeprägt sind, die im Konflikt zu traditionellen Unternehmenswerten wie Gewinn und Wachstum stehen. Aufgrund dessen ist eine Distanz zu den großen Organisationen der Wirtschaft und Verwaltung von Seiten der alternativ Engagierten erkennbar. Jedoch weisen alternativ Engagierte eine große Bereitschaft zu hohem Einsatz für die Arbeit auf, wenn sie diese als sinnvoll empfinden. Aufgrund der genannten Studien stellten von Rosenstiel und Nerdinger fest, dass die Mehrheit der Karriere- und Freizeitorientierten ihre Einstellung beibehielten, während diejenige der alternativ Engagierten sich mehrheitlich stark änderte.

„Die größte Änderung zeigen dagegen die alternativ Engagierten, deren Haltung ja den traditionellen Werten und Normen der Unternehmen der Wirtschaft am nachhaltigsten widerspricht. Aufschlussreich ist die Richtung des Wandels, die eindeutig in Richtung Freizeitorientierung tendiert. Das läßt sich als die resignative Hinwendung zu außerorganisationalen Feldern interpretieren" (von Rosenstiel/Nerdinger, 2000, S. 151).

Diese beobachtbare Verlagerung der Interessen in die Freizeit, die ebenso aus anderen Betrachtungen hervorgeht, wurde meist als mangelnde Arbeitsmoral und Leistungsbereitschaft interpretiert. Dies kann man bereits mit der Auflistung der regen Freizeitaktivitäten entkräften.

Die Schlussfolgerung, die sich aus den obigen Ausführungen ziehen lässt, lautet:

„In der Vernachlässigung gesellschaftlicher Entwicklungen und deren Auswirkungen auf die Mitarbeiter liegt eine der wesentlichen Ursachen für mangelnde Leistungsbereitschaft im Unternehmen – im Gegensatz zum Freizeitbereich. Dies spiegelt sich in ihrer Freizeitgestaltung wider – hier sei an die zunehmende Zahl von Marathonläufern erinnert! Wir müssen allerdings Systeme und Konzeptionen entwickeln, die es den Mitarbeitern erstrebenswert erscheinen lassen, sich auch im Unternehmen anzustrengen. Entscheidend ist die Identifikation des Mitarbeiters mit dem Unternehmen" (Bihl, 1993, S. 93).

4.6   Unternehmenskultur und Wandel

4.6.1   Wandel und Beständigkeit der Unternehmenskultur

Die bisherigen Ausführungen machen deutlich, wie wichtig es ist, dass die Wertverwirklichungsangebote der Unternehmen mit den Wertverwirklichungsbedürfnissen der Mitarbeiter übereinstimmen. So sind die Einstellungen bzw. Bedürfnisse der Mitarbeiter ausschlaggebend für die Bewertung des Unternehmens aus Mitarbeitersicht und somit für deren Leistungsentfaltung.

Unternehmenskulturen, die traditionelle Werte verkörpern, welche die Mitarbeiter in hierarchische und autoritäre Strukturen zwingen und diesen keinen Freiraum für die persönliche Entwicklung bieten, sind nicht mehr zeitgemäß. Die einer solchen Unternehmenskultur zugrunde liegenden Werte können als geronnene Werte angesehen werden, als Objektivationen, die bereits Vergangenes verkörpern.

„Das bürokratische Organisationsprinzip, das Fließband, die Arbeitsteilung, spezifische Führungsgrundsätze oder die Architektur von Werkshallen und Verwaltungsgebäuden sind Ausdruck bestimmter Wertpräferenzen, die auch dann noch bestehen, wenn die in diesen Werkshallen und Verwaltungsgebäuden tätigen Menschen sich längst anderen Werten zugewandt haben. Es ist dann wie bei einem Blick auf einen im Winter vereisten Strom im Frühjahr" (von Rosenstiel, 1993, S.54). So ist bezüglich des Wertewandels besonders die Wandlungsfähigkeit einer Unternehmenskultur von Bedeutung. Ohne diese Fähigkeit entfremdet das Unternehmen. Es kann sich das Potenzial, das mit veränderten Werten und Einstellungen dem Unternehmen gegenübersteht, nicht erschließen. Krulis-Randa glaubt in der Unfähigkeit zum Wandel die Ursache für den Untergang eines Unternehmens zu sehen (vgl. Krulis-Randa, 1990, S. 6).

Betrachtet man jedoch die Wandlungsfähigkeit einer Unternehmenskultur, so muss man ebenso berücksichtigen, dass die Unternehmenskultur „sui generis eine stabilisierende, bewahrende und damit konservative...Wirkung" hat (Klimecki/Probst, 1990, S. 56).

Kultur entsteht aus einem gemeinsamen Lernprozess, der gemeinsame Grundprämissen bzw. Problemlösungsmuster hervorbringt. Dieser Lernprozess wird wesentlich von dem Gründer, Eigentümer oder der Führungskraft des Unternehmens beeinflusst (vgl. Ebers, 1995, S. 1671).

Der Ursprung der Grundprämissen bzw. der Problemlösungsmuster einer Unternehmenskultur liegt somit in der Vergangenheit. Das Festhalten an diesen gewonnenen Überzeugungen stabilisiert die Unternehmenskultur. Peters und Watermann sehen deshalb in der Treue zu diesen grundlegenden Werten den wichtigsten Erfolgsfaktor für ein Unternehmen (vgl. Peters/Watermann, 1993, S. 322).

Die Wandlungsfähigkeit einer Unternehmenskultur ist immer im Zusammenhang mit der Bewahrung des in der Vergangenheit gewonnenen und über die Zeit bewährten Wertesystems zu sehen. So muss Unternehmenskultur einerseits wandlungsfähig sein, damit sie sich der veränderten, ihr übergeordneten Kultur anpasst und mit ihr im Einklang steht, andererseits muss sie die ihr zugrundeliegenden Grundprämissen bewahren. „Im Idealfall zeigt Kultur einen optimalen Pfad zwischen Bewahren und Verändern" (Klimecki/Probst, 1990, S.58).

So wird ein Unternehmen, das über Jahrzehnte Bestand hat, sein Erscheinungsbild verändern, seine wesentlichen Gehalte aber bewahren.

Beteuert man daher die Notwendigkeit einer wandlungsfähigen Unternehmenskultur, um den Umweltveränderungen, wie dem Wertewandel, erfolgreich zu begegnen, wirft man gleichzeitig auch die Frage nach ihrer Beeinflussbarkeit auf. Dabei ist zu bedenken, inwieweit überhaupt ein gezielter kultureller Wandel möglich ist. Es „bestehen erhebliche praktische Gestaltungsprobleme, aufgrund derer organisationskultureller Wandel nur begrenzt planbar und beschränkt beherrschbar ist" (Ebers, 1995, S. 1676f).

Schein dagegen betrachtet die Unternehmenskultur zwar als komplexes System, das von einer Vielzahl von Einflussfaktoren abhängig ist, gesteht aber der Führungskraft einen wesentlichen Beitrag bei ihrem Aufbau und der Anpassung an eine veränderte Umwelt zu.

„Wir werden sehen, dass die Kultur sich im Gegenteil gerade auf die stabilsten und am wenigsten formbaren Elemente einer Gruppe oder einer Organisation bezieht. Kultur entsteht aus einem komplexen Lernprozeß einer Gruppe, der sich nur teilweise vom Verhalten einer Führungspersönlichkeit beeinflussen läßt. Doch wenn die Überlebensfähigkeit der Gruppe bedroht ist, weil Elemente ihrer Kultur nicht mehr in ausreichendem Maße an die Gegebenheiten angepasst sind, kommt der Führung die Aufgabe zu, die Lage zu erkennen und zu meistern. Und in diesem Sinne sind Führung und Kultur begrifflich eng miteinander verknüpft" (Schein, 1995, S. 20).

4.6.2 Grundprämissen als Schlüssel zum Wandel

Ein Wandel bzw. eine gezielte Gestaltung der Unternehmenskultur erfordert es, diese zu erfassen und ihre Zusammenhänge und Funktionsweise zu erkennen. Erst eine eingehende Analyse der Unternehmenskultur führt zu Erkenntnissen, die eine erfolgreiche Einflussnahme auf die Kultur erlauben. „Die wichtigste Voraussetzung einer Kulturgestaltung liegt in einer adäquaten Kulturanalyse" (Klimecki/Probst, 1990, S. 58).

Eine Unternehmenskultur kann jedoch in ihrer Gesamtheit nie ganz erfasst werden. Es sind immer nur Elemente, die man beschreibt, die aber je nach ihrem Gehalt einen Aufschluss über die Funktionsweise der Kultur geben können (vgl. Schein, 1995, S. 35).

Schein erarbeitete seine Erkenntnisse über die Unternehmenskultur mit Hilfe des klinischen Ansatzes. Dieser sieht vor, dass der Beobachter als Beteiligter an dem Erkenntnisfindungsprozess teilnimmt, da sich tiefere Einsichten über die Kultur erst aufgrund des Eingreifens in das System offenbaren (S. 37).

Tiefe Einsichten über die Kultur eines Unternehmens zu gewinnen, heißt, sich ihre Grundprämissen zu erschließen. Durch sie lässt sich die Funktionsweise einer Kultur entschlüsseln und ihre Gestaltung vornehmen. „Erst wenn man die tieferen Schichten ergründet hat, die ich als Essenz der Kultur definiere, kann man sich im Einzelnen dazu äußern, was als Ausdruck der Kultur zu werten ist und was nicht" (S. 27).

Die Schwierigkeit einer umfassenden Kulturanalyse liegt somit in der Erfassung der Grundprämissen, die sich der direkt beobachtbaren Oberfläche entziehen. Wie diese in Beziehung zu den anderen Kulturelementen stehen, verdeutlicht das Drei-Ebenen Modell nach Schein.

Abbildung 4-19: *Ebenen der Unternehmenskultur nach ihrer Sichtbarkeit*

Quelle: Schein, 1995, S. 30

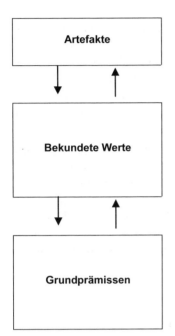

Artefakte — sichtbare Strukturen und Prozesse im Unternehmen

(leicht zu beobachten, aber schwer zu entschlüsseln)

Bekundete Werte — Strategien, Ziele, Philosophie

(bekundete Rechtfertigungen)

Grundprämissen — unbewusste, selbstverständliche Anschauungen, Wahrnehmungen, Gedanken und Gefühle

(Ausgangspunkt für Werte und Handlungen)

Die Grundprämissen sind als das Grundgerüst der Unternehmenskultur zu verstehen. Sie sind der Ursprung aller Handlungen, Strukturen und Prozesse des Unternehmens.

Vor allem sind Sie dominante Wertorientierungen, die soweit sie verinnerlicht sind nicht mehr hinterfragt werden, sondern als unbewusste selbstverständliche Anschauungen, Wahrnehmungen, Gedanken und Gefühle hingenommen werden. Sie können sogar soweit ins Unterbewusstsein vordringen, dass sie der bewussten Wahrnehmung der Kulturangehörigen nicht mehr zugänglich sind und dass die durch sie hervorgerufenen Verhaltensweisen von den Betroffenen nicht mehr erklärt werden können. So beantworten Grundprämissen die Fragen nach dem Wesen der Wirklichkeit und Wahrheit, der Zeit, des Raumes, des Menschen, menschlicher Handlungen und menschlicher Beziehungen.

Der beobachtbaren Oberfläche näher sind die bekundeten Werte. Sie sind von den Grundprämissen abgeleitete Wertvorstellungen und kommen durch Unternehmensstrategien, -ziele und -philosophien zum Ausdruck. Sie sind dem Bewusstsein unmittelbar zugänglich und können reflektiert werden. Bekundete Werte haben den Status der Selbstverständlichkeit, wie ihn die Grundprämissen innehaben, noch nicht erreicht. Bewährt sich jedoch ein bekundeter Wert über die Zeit als gut, so kann er zu einer Grundprämisse werden, die nicht mehr hinterfragt, sondern automatisch, also unbewusst, durchgeführt wird.

Unmittelbar beobachten lässt sich die Ebene der Artefakte als Bestandteil der Unternehmenskultur. Artefakte sind alle sichtbaren Strukturen, Prozesse und Objekte eines Unternehmens. Sie verkörpern die in der Unternehmenskultur verinnerlichten Grundprämissen in Form von Architektur, Sprache, Technologie und Produkten, künstlerischen Werken und ihrem Stil (Kleidung, Sprechweise, Gefühlsäußerungen, Legenden, Geschichten, Verlautbarungen über Unternehmenswerte, Rituale, Zeremonien) (vgl. Schein, 1995, S. 30f).

Aus dem Kulturverständnis von Schein geht hervor, dass die Grundprämissen einer Unternehmenskultur über die bekundeten Werte die Strukturen, Prozesse und Handlungen in einem Unternehmen ordnen, beeinflussen und steuern. Es wird deutlich, dass sie die zu Grunde liegende Logik der Abläufe eines Unternehmens darstellen und die Funktionsweise einer Unternehmenskultur nur durch sie umfassend erklärt werden kann. So genügt es nicht die direkt beobachtbaren Artefakte zu interpretieren, sie können vieldeutig sein und nur verstanden werden, indem man die Aufmerksamkeit den bekundeten Werten und Grundprämissen zuwendet.

4.6.3   Wechselbeziehung von Unternehmenskultur und Führung

Es wurde bereits festgestellt, dass der Führung ein maßgeblicher Beitrag bei der Entstehung der Unternehmenskultur zugesprochen wird. Peters und Watermann sehen im Aufbau eines Wertesystems sogar die wesentliche Aufgabe bzw. Leistung einer Führungskraft.

„Ein klares Wertsystem aufzubauen und es mit Leben zu erfüllen sind die größten Leistungen, die ein Führer zu vollbringen vermag. Genau das liegt auch den Spitzenleuten der erfolgreichen Unternehmen besonders am Herzen" (Peters / Watermann, 1993, S. 334).

Von großer Bedeutung bei der Entstehung einer Unternehmenskultur ist die Vermittlung der Prämissen und der damit verbundenen Werte an die Unternehmensangehörigen. Dabei spielt das glaubhafte und überzeugende Vorleben der Werte eine große Rolle. Die Vorbildfunktion und das Charisma des Führers sowie die Symbolik des Führers treten in den Vordergrund (vgl. Schein, 1995, S. 183 ff).

Wie wirkungsvoll symbolisches Handeln einer Führungskraft ist, zeigte die unvergessene Geste des ehemaligen Bundeskanzlers Willy Brandt. Die von ihm vertretenen

Werte der Aussöhnung und der Verständigung fanden in dem Kniefall vor dem Mahnmal des Holocaust im Warschauer Ghetto 1970 eine bewegende Symbolik. Er drückte damit mehr aus als es Worte vermocht hätten und gab diesen Werten Glaubhaftigkeit und Inhalt.

Wird der Führung auch ein erheblicher Einfluss bei der Entstehung der Unternehmenskultur zuerkannt, so ist die gezielte Beeinflussung und Gestaltung einer bereits stabilisierten Kultur durch sie dennoch umstritten (vgl. Ebers, 1995, S. 1671).

Schein gesteht ihr zwar Einflussmöglichkeiten zu, jedoch nur in einem begrenzten Rahmen. Diese Grenzen der Kultur wahrzunehmen, das heißt Sensibilität für sie zu erlangen und sie innerhalb ihrer Möglichkeiten weiter zu entwickeln, ist für Schein eine wesentliche Aufgabe der Führung. „Die Grenzen der eigenen Kultur zu erkennen und die Gabe, sie stetig weiterzuentwickeln, machen den Kern von Führungsqualität aus und sind die größte Herausforderung überhaupt" (Schein, 1995, S. 17).

Führung und Kultur beeinflussen sich somit wechselseitig. „Einerseits vollziehen sich Führungsprozesse in Organisationen immer unter spezifischen organisationskulturellen Bedingungen, welche die Art der Führung, den Verlauf der Führungsprozesse und ihre Ergebnisse beeinflussen... Andererseits entsteht, entwickelt und verfestigt sich eine Organisationskultur umgekehrt aber auch in und durch (Führungs-)Interaktionen der Organisationsmitglieder" (Ebers, 1995, S.1664).

Die Führung kann somit auch als Verkörperung der Unternehmenskultur angesehen werden. So spiegeln sich die in der Unternehmenskultur verankerten Grundprämissen bzw. Werte zum Beispiel im Führungsstil der Vorgesetzten wider. Führungsstil ist die „Art und Weise..., in welcher der Führende dem Untergebenen gegenübertritt und ihn beeinflussen möchte." (Küpper, 1995, S. 1997). Dies drückt sich beispielsweise darin aus, in welchem Maß Aufgaben delegiert werden, in welchem Umfang die Mitarbeiter an der Entscheidungsfindung teilhaben und in welcher Form sich der Vorgesetzte durchsetzt, durch Zwang oder durch Überzeugung (vgl. Steinle, 1992, S. 967ff).

Lewin, der als Begründer der Führungsstilforschung angesehen werden kann, unterscheidet zwischen dem demokratischen und dem autoritären Führungsstil.

Der demokratische Führungsstil, als Vorgänger des kooperativ-partnerschaftlichen Führungsverhaltens, zeichnet sich dadurch aus, dass er die Mitarbeiter dazu motiviert Verantwortung zu übernehmen, sich in das Team einzubringen und gemeinsam Entscheidungen zu treffen. Dieser Führungsstil verteilt die Macht auf eine Gruppe und konzentriert sie nicht auf eine einzelne Person.

Der autoritäre Führungsstil zeichnet sich dagegen durch Machtkonzentration auf eine Person aus, welche die Mitarbeiter durch genaue Anweisungen und Kontrolle führt (vgl. Schmidt, 2002, S. 31).

Eine Ursache für diese unterschiedlichen Führungsstile sind die ihnen zu Grunde liegenden Menschenbilder. „Eine Führungsperson, die ihre Mitarbeiter im allgemeinen als kreativ, verantwortungsbewußt, maturiert und kooperativ wahrnimmt, wird demnach selbständiges Arbeiten und Teilnahme am Fällen relevanter Entscheidungen in höherem Maße ermuntern und unterstützen als eine Person mit negativen Stereotypen gegenüber ihren Mitarbeitern" (Weinert, 1995, S. 1496). Unterschiedliche Annahmen über die Eigenarten von Menschen führen also zu unterschiedlichen Führungsstilen und Handlungsweisen.

Das Menschenbild des Wertewandels, das den Einzelnen als eigenverantwortliches, zur Vernunft und damit zur Moral fähiges Wesen betrachtet, verlangt auch ein dementsprechendes Führungsverhalten. Ein autoritärer Führungsstil wird dem in keiner Weise gerecht.

Die Unternehmen und damit ihre Führungspersonen müssen diesem neuen Menschenbild gerecht werden. Nur so können sie die Bedürfnisse der Mitarbeiter erfüllen und somit das Potenzial, das in diesen steckt, erschließen.

4.7 Prozesse und Strukturen

Wir befinden uns nach Händeler (2003, S. 246) derzeit im Umbruch zwischen zwei Strukturzyklen, in denen jeweils andere Erfolgsmuster gültig sind. Was im Zeitalter der Informationstechnologie als Erfolgsrezept funktionierte, kann im Zeitalter der Beziehungs- und Informationsarbeit kontraproduktiv wirken. Die derzeitigen Unternehmensstrukturen lösen sich auf, Unternehmen melden Insolvenz an, andere fusionieren zu Großkonzernen. Wirkliche Erfolgsstrukturen für die nächsten 20 bis 30 Jahre sind jedoch noch nicht gefunden. Es ist für die Generation der Informationstechnologie klar, wie sie Mitarbeiter, Standorte und letztlich die ganze Welt technisch vernetzen kann, aber die Frage, wie Beziehungen möglichst effektiv gestaltet werden können, ist noch nicht beantwortet.

Betrachten wir zunächst, wie die Leistung von Organisationen über die Berücksichtigung ihrer Struktur erhalten und verbessert werden kann.

Die Performance - das Leistungsvermögen - einer Organisation, einer Abteilung ist immer das Ergebnis komplexer, systemischer Abläufe. Damit sind Problem- ebenso wie Lösungsbeschreibungen Systembeschreibungen. Diese wiederum sind immer Abstraktionen der Wirklichkeit, das heißt Modelle. Die Güte eines Modells bestimmt sich dabei aus dem Zweck, dem es dient. Dieser Zweck (als Beschreibung eines Ergebnisses) steht am Anfang jeder Intervention. Bevor also über Interventionsmöglichkeiten nachgedacht werden kann, braucht es die Entscheidung für geeignete Analyse-Modelle.

Um erfolgreich am Markt agieren zu können, müssen Unternehmen ihre Performance an den Kundenbedürfnissen ausrichten. Vergleicht man die vom Markt erwartete Soll-

Performance mit dem Ist-Zustand, zeigt sich meist eine Lücke. Die Lücke definiert einen Handlungsbedarf (Abbildung 4-20). Das Leistungsvermögen der Unternehmung ist anzupassen. Die Frage ist nur: Wie?

Dazu ist die Lücke genauer zu analysieren. Dabei sind nicht nur die Personen, sondern immer auch deren Umfeld zu berücksichtigen.

Abbildung 4-20: *Der Prozess der Leistungsverbesserung*

Quelle: Wittkuhn, K./Bartscher, T., Improving Performance, 2001

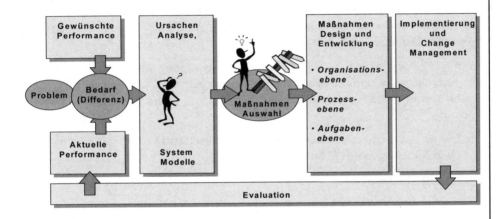

Ein Beispiel soll dies verdeutlichen: Die Vertriebsmitarbeiter in der Niederlassung eines Unternehmens sind sowohl für den direkten Kundenkontakt als auch für telefonische Kundenanfragen zuständig. Eine Kundenbefragung ergibt, dass 90 % aller Telefonkunden mit dem Telefonservice unzufrieden sind. Der Grund: Anrufe werden durchschnittlich erst nach achtmaligem Klingeln entgegengenommen. Erwartet wird die Annahme von Telefonanrufen bis zum vierten Klingelton.

Zunächst wird deutlich, dass das aktuelle Leistungsverhalten nicht der gewünschten Performance entspricht. Die identifizierte Lücke (entgegen den Erwartungen der Kunden ist die Annahmezeit von Telefongesprächen durchschnittlich mehr als doppelt so hoch) verlangt nach Interventionen, doch wie sich diese gestalten lassen, ist offen. Es drängt sich zunächst die Vermutung auf, dass es sich im vorliegenden Fall um ein klassisches Personaleinsatzproblem handeln könnte. Das personelle Leistungsverhalten erscheint nicht adäquat. Doch genau hier liegt der entscheidende Punkt: Es kann, **muss** sich aber nicht um ein Personalproblem handeln. Sehr häufig liegt nämlich das Problem gerade nicht beim Mitarbeiter, sondern in anderen Bereichen. Aus diesem Grund muss das Problem ganzheitlich durchleuchtet werden aufgrund eines umfassenden Analysemodells.

Auf der Basis der bisherigen Informationen lässt sich jedoch nicht entscheiden, welche Interventionen geeignet sind, die zuvor identifizierte Lücke zwischen erwarteter Marktperformance und aktuellem Leistungsverhalten zu schließen. Man braucht also ein Analysemodell, das hilft die Ursachen der Leistungslücke zu verstehen. Sind diese verstanden, ist es ein Leichtes, adäquate Problemlösungen zu entwickeln.

Also: Eine umfassende Ursachenanalyse ist Voraussetzung für die Auswahl geeigneter Personalmaßnahmen. Diese Analyse hat auf drei Ebenen zu erfolgen, denn in jeder Organisation lassen sich drei Ebenen beschreiben, auf denen in spezifischer Art und Weise das Leistungsvermögen beeinflusst wird.

Auch hier gilt das Argument, dass häufig eine Verbesserung auf nur einer dieser Ebenen nicht ausreicht, um die erwartete Marktperformance zu erzielen. Vielmehr sind die Ebenen in ihrem Systemzusammenhang, sprich in ihrem Gesamtkontext zu betrachten.

Die Ebenen auf denen die Ursachenanalyse zu erfolgen hat, sind: Organisations-, Prozess- und Aufgabenebene (Abbildung 4-21).

Die Organisationsebene

Eine Organisation sollte so aufgebaut sein, dass sie das Erbringen der geforderten Leistungen so leicht wie möglich macht. Die Organisationsstruktur - das Skelett des Gesamtunternehmens bzw. einer Abteilung - sollte unterstützend wirken und nicht behindernd. Bezogen auf oben genanntes Beispiel könnte der Grund für eine zuvor analysierte unzureichende Performance darin liegen, dass die Vertriebsabteilung Defizite in ihrer Organisationsstruktur aufweist. Die Vertriebsabteilung hat in hohem Umfang persönlichen Kundenkontakt (viele Kunden holen Waren persönlich in der Vertriebsabteilung ab), so dass für typische Innendiensttätigkeiten (z.B. Telefonservice) wenig Zeit verbleibt. Aufgrund dessen wäre die Einführung eines separaten Call-Centers, das sich auf die Telefonanfragen von Kunden spezialisiert, ein wesentlicher Schritt zur Anpassung der Performance an das vom Markt erwartete Leistungsverhalten.

Maßnahmen, die auf der Organisationsebene ansetzen, können dazu beitragen, Leistungen auf der Mitarbeiterebene zu verbessern oder generell Leistungsprobleme zu lösen.

Abbildung 4-21: Leistungsebenen in Organisationen

Quelle: Bartscher, T., in: Personalführung, Heft 9, 2000

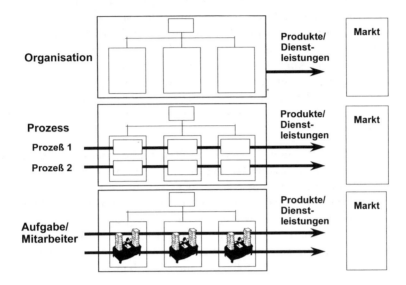

Die Prozessebene

Wird die Organisationsebene bildlich gesehen als Skelett beschrieben, sind die Prozesse die Informationsflüsse in den Nervenbahnen dieses Skeletts. Sie sind so zu gestalten oder zu verändern, dass ein optimales personelles Leistungsverhalten (gemessen an den Markt-/Kundenanforderungen) ermöglicht wird.

In Bezug auf unser Eingangsbeispiel wäre denkbar, dass ineffiziente Prozessabläufe dazu beitragen, dass die erwartete Marktperformance nicht erzielt wird. Werden eingehende Telefongespräche etwa nach einem starren Schema von einem Apparat an den nächsten weitergeleitet, bis irgendjemand das Gespräch entgegennimmt, darf es bei dieser Prozessgestaltung nicht verwundern, dass Kunden lange warten müssen, bis sie einen kompetenten Gesprächspartner erreichen. Anders sieht es aus, wenn der Prozess derart gestaltet ist, dass er Gespräche über eine Telefonanlage automatisch an einen freien Telefonarbeitsplatz der Serviceabteilung weiterleitet. Hier hilft eine Reorganisation des bisherigen Prozesses, um die geforderte Marktperformance und das erwünschte Mitarbeiterverhalten zu erreichen.

Die Aufgabenebene

Um das oben genutzte Bild des Skeletts wieder aufzugreifen, kann man sagen, die Arbeit in den Nervenbahnen wird von Zellen gemacht, die an unterschiedlichen Stellen ganz verschiedene Aufgaben bewältigen. In Organisationen sind es die Mitarbeiter, die in bestimmten Stellen und Positionen Leistungen erbringen und damit auch für ganz spezifische Leistungserfordernisse verantwortlich sind. Im vorliegenden Beispiel gilt es nun, das Leistungsverhalten der Mitarbeiter auf der Aufgabenebene zu analysieren. Schließlich wird die Leistung (Produkt, Dienstleistung), die ein Unternehmen erstellt, primär auf der Aufgabenebene und somit von den hier handelnden Menschen erbracht. Dazu bedarf es einerseits bestimmter Fertigkeiten und Fähigkeiten (Fachwissen, Ausbildung, Erfahrung etc.), andererseits der notwendigen körperlichen und geistigen Leistungsfähigkeit und ausreichender Motivation, sich für eine Aufgabe einzusetzen.

Wenn es um Fertigkeiten und Fähigkeiten geht, dann ist unter anderem eine weitere Qualifizierung eine angemessene Lösung für das Problem. Körperliche und geistige Voraussetzungen lassen sich hingegen nur begrenzt durch (kurzfristige) Schulungen verbessern (vgl. →3.3 Personalentwicklung). Für eine unzureichende Motivation stehen Motivationsveranstaltungen bereit, über deren lang anhaltende Wirkung jedoch geteilte Ansichten vorherrschen. Motivation ist vielmehr eine Systemresultante, die dann entsteht, wenn die einzelnen Elemente des Leistungssystems sinnvoll zusammenwirken. In diesem Fall kann Motivation auch dauerhaft anhalten.

Letztendlich sind jedoch nicht nur die Ziele und damit das Leistungsvermögen auf der Aufgabenebene auf die Ziele der Prozess- bzw. Organisationsebene auszurichten. Auch die Ziele der Prozessebene müssen mit den Zielen der Organisationsebene (und umgekehrt) konform sein. Darüber hinaus ist zur Anpassung der personellen Performance an die Markterwartung eine Abstimmung der zentralen Faktoren innerhalb der jeweiligen Ebene unabdingbar.

5 Management Summary

Zu Beginn dieses Buches haben wir aufgezeigt, dass sich die Wirtschaft in einem grundlegenden Reorganisationsprozess befindet, von einer eher technisch getriebenen Informationsverarbeitung hin zur Informationsarbeit, in der der qualifizierte Mensch (wieder) zum erfolgskritischen Schlüsselfaktor wird. In Zukunft wird zudem ein erheblicher Teil der Wertschöpfung im Quartären Sektor stattfinden, der den Mensch in den Mittelpunkt stellt – nicht mehr nur als Kunden, so wie im Tertiären Sektor, sondern auch als Mitarbeiter und damit als zentralen Leistungsträger. Die Mitarbeiter werden als Informationsarbeiter agieren, die dafür verantwortlich sind, Informationen zu erhalten, zu filtern, zu clustern und zielgerichtet weiterzubearbeiten. Ihre Leistungsbereitschaft wird ein zentraler Erfolgsfaktor für die Unternehmen sein.

Deren wirtschaftlicher Erfolg wird somit zukünftig vor allem von den Menschen abhängen, die in und für diese Unternehmen tätig sind. Wettbewerbsvorteile werden sich dabei insbesondere über die unternehmensinterne und -externe Beziehungsarbeit realisieren lassen, in der die Kunden eine exponierte Stellung einnehmen. Eine der zentralen Herausforderungen für die Verantwortlichen in den Unternehmen wird es deshalb sein, sowohl eine ziel- und leistungsorientierte Beziehung zu ihren Mitarbeitern (fordern und fördern) als auch eine zufrieden stellende Beziehung zu den Kunden des Unternehmens („Der Kunde kommt zurück, nicht das Produkt!") zu gestalten.

Für den wirtschaftlichen Erfolg eines Unternehmens ist somit auch die Kundenzufriedenheit unabdingbar. Sie lässt sich speziell im Quartären Sektor wiederum über zufriedene und leistungsorientierte Mitarbeiter erreichen. Schließlich sind es die Mitarbeiter, die den Wertschöpfungsprozess von Dienstleistungsunternehmen maßgeblich bestimmen. Es stellt sich also die Frage, wie es gelingen kann, die Mitarbeiter zu motivieren und sie auf die Ziele des Unternehmens einzuschwören, um so schließlich ihre Leistungspotenziale, orientiert an den Erwartungen der Kunden, einsetzen zu können. „Fordern und Fördern" muss der Leitspruch hier heißen. Fördern insofern, als dass eine Arbeitsumgebung geschaffen wird, die Leistung möglich macht und die Lust auf Leistung schafft. Dazu zählen neben der Gestaltung des Arbeitsplatzes, die erfolgsorientierte Entgeltgestaltung und eine an den Qualifikationserwartungen der Kunden ausgerichtete Personalbeschaffung und Personalentwicklung. Zur Förderung der Mitarbeiter gehört aber auch eine Kultur der Wertschätzung, die auf allen Hierarchieebenen gelebt wird. Kurz: Zur Förderung der Mitarbeiter ist auf ein breites Angebot von Instrumenten und Maßnahmen der betrieblichen Personalarbeit zurückzugreifen.

Neben der Förderung der Mitarbeiter ist aber auch das Einfordern von Leistung unabdingbar. Dabei ist es wichtig, eine Kultur der Leistungsbereitschaft zu schaffen, beispielsweise mit Hilfe von Zielvereinbarungssystemen und einem darauf abgestimmten

Feedback-System, in dem der Mitarbeiter regelmäßig Rückmeldung zu seinem Leistungsstand und zu seinem Leistungspotenzial erhält. Ergänzt werden diese Systeme durch ein Konsequenzensystem, das das Erreichen von Leistungszielen und die persönliche Weiterentwicklung der Mitarbeiter honoriert.

Besonderen Einfluss auf das Leistungsvermögen und die Leistungsbereitschaft der Mitarbeiter nimmt die gelebte und erlebte Unternehmenskultur. Sie bestimmt das Verhalten der Mitarbeiter untereinander, das Verhältnis zwischen Führungskräften und Mitarbeitern sowie die Kommunikation im Unternehmen. Eine Unternehmenskultur, die auf Wertschätzung basiert und Werte vermittelt, unterstützt die Leistungsbereitschaft der Mitarbeiter in besonderem Maße und fördert deren Arbeitszufriedenheit. Dies wiederum wirkt sich positiv auf die Zufriedenheit der Kunden mit den Produkten und Dienstleistungen aus und führt zum wirtschaftlichen Erfolg des Unternehmens.

Es muss daher ein zentrales Anliegen von Unternehmen sein, eine Unternehmenskultur zu entwickeln,

- in der die Mitarbeiter und deren Leistungsvermögen wertgeschätzt werden,

- die Lust auf Leistung macht und

- in der Leistungsbereitschaft und Leistungsergebnisse belohnt werden.

Das Leistungsvermögen von Unternehmen hängt somit vom Zusammenspiel und der Abstimmung der oben aufgezeigten Faktoren ab (alignment).

Abbildungsverzeichnis

Quellenverzeichnis

I. Literaturquellen

ALBERT, G.: Betriebliche Personalwirtschaft, Kiehl Verlag, Ludwigshafen, Mai 2005

ASENDORPF, J. B.: Psychologie der Persönlichkeit. Grundlagen. Springer Verlag, Berlin/Heidelberg/New York, September 2003

BARDENS, R. E.: Zielvereinbarungsgespräche als Führungsinstrument,Bergisch Gladbach, 1998

BARTSCHER, T.: Organisationsstrukturen und ihre Bedeutung für die Informationsverwendung bei der Entscheidungsfindung, Hampp Verlag, Januar 2002

BARTSCHER, T.: Die Rolle der Führungskraft im Leistungserstellungsprozess, (unveröffentlichtes Manuskript), managementcenter deggendorf, 2001

BARTSCHER, T./MATTIVI, A.: AKAD Lehrbrief Personalcontrolling, AKAD, 2003

BARTSCHER, T./MATTIVI, A: AKAD Lehrbrief Personalbeschaffung, AKAD, 2002

BARTSCHER, T./MATTIVI, A.:AKAD Lehrbrief Personaleinsatz, AKAD, 2002

BARTSCHER, T./MATTIVI, A.: AKAD Lehrbrief Personalentwicklung, AKAD, 2003

BARTSCHER, T./MATTIVI, A.: Grundlagen der Betriebswirtschaftslehre, TR Verlagsunion, 2003

BARTSCHER, T./SCHULZE, H.: Beziehungsorientiertes Dienstleistungsmanagement, in: Personal, 2000, S. 200-206

BECK, M.: Grundsätze der Personalplanung, Deutscher Universitätsverlag, Juli 2002

BERKEL, K. / HERZOG, R.: Unternehmenskultur und Ethik. In: Bienert W., Crisand E. (Hrsg.): Arbeitshefte Führungspsychologie. Sauer Verlag, Heidelberg, 1997

BERTHEL, J.: Personalmanagement. Grundzüge für Konzeptionen betrieblicher Personalarbeit, Schäffer-Poeschel Verlag, September 2003

BIHL, G.: Unternehmen und Wertewandel: Wie lauten die Antworten für die Personalführung. In: Rosenstiel, L. von (Hrsg.): Wertewandel. Herausforderung für die Unternehmenspolitik in den 90er Jahren, 2. Auflage, Schäffer-Poeschel Verlag, Stuttgart, S.83–94, 1993

BLUMENSCHEIN, H.: Personalpolitik, Personalplanung und Mitbestimmung. Eine empirische Untersuchung, Planungs- und Organisationswissenschaftliche Schriften, München, 1981

BRÖCKERMANN, R.: Personalwirtschaft. Lehr- und Übungsbuch für Human Resource Management, 3. Auflage, Schäffer-Poeschel Verlag, September 2003

BÜDENBENDER, U./STRUTZ, H.: Gabler Kompakt-Lexikon Personal. 1.000 Begriffe zu Personalwirtschaft - Personalmanagement - Arbeits- und Sozialrecht, Gabler Verlag, August 2005

BÜHNER, R.: Personalmanagement, Verlag moderne industrie, Landsberg/Lech, 2005

Deutsche Gesellschaft für Personalführung (DGFP): Wertorientiertes Personalmanagement, Bertelsmann Verlag, 2004

Deutsche Gesellschaft für Personalführung (DGFP): Der internationale Einsatz von Fach- und Führungskräften. Ein Ratgeber von Experten für die Praxis, Schäffer-Poeschel Verlag, 2001

Deutsche Shell (Hrsg.): Jugend 2000. 13. Shell Jugendstudie. Leske + Budrich Verlag, Opladen, 2000

Deutsche Shell (Hrsg.): Jugend 2002. 14. Shell Jugendstudie. Fischer Taschenbuch Verlag, Frankfurt am Main, 2002

DRUCKER, P. F.: Die Kunst des Managements, Econ Verlag, September 2000

DRUMM, H.-J.: Personalwirtschaft, Springer Verlag, Berlin, 2005

DRUMM, H.-J./SCHOLZ, C.: Personalplanung, Planungsmethoden und Methodenakzeptanz, 1988

EBERS, M.: Organisationskultur und Führung. In: Kieser, A./Reber, G./Wunderer, R. (Hrsg.): Handwörterbuch der Führung, 2.Auflage, Schäffer-Poeschl Verlag, Stuttgart, S. 1664–1682, 1995

ENGELHARDT, H.: Total Quality Management, München, 2001

FILZ, B.: Wohlbefinden als Wertschöpfungsfaktor, (unveröffentlichter Vortrag)

FISCHER, U./REHSNER, R.: Personalplanung, Bund-Verlag, Frankfurt am Main, 2002

FISSENI, H.-J.: Persönlichkeitspsychologie. Auf der Suche nach einer Wissenschaft, Hogrefe-Verlag für Psychologie, Göttingen/Bern/Toronto /Seattle, Mai 2003

FREUND, F.: Praxisorientierte Personalwirtschaftslehre, Kohlhammer Verlag, 2002

FRIEDRICH, N.: Arbeitsrechtliche Aspekte von Zielvereinbarungen. In: Personalführung, Heft 5/2006, S. 22-35, 2006

FRIELING, E./SONNTAG, K.H.: Lehrbuch Arbeitspsychologie, 2. Auflage, Hans Huber–Verlag, Bern/Göttingen/Toronto/Seattle, 1999

FRÖHLICH, W.: Effiziente Personalarbeit. Neue Ansätze zu Organisationsentwicklung, Leistungsverbesserung und Mitarbeiterdialog, Luchterhand Verlag, Neuwied, Kriftel, 1999

FÜRSTENBERG, F.: Wandel in der Einstellung zur Arbeit - Haben sich die Menschen oder hat sich die Arbeit verändert? In: Rosenstiel, L. von (Hrsg.): Wertewandel. Herausforderung für die Unternehmenspolitik in den 90er Jahren, 2. Auflage, Schäffer-Poeschel Verlag, Stuttgart, S.17–27, 1993

GAUGLER, E.: Betriebliche Personalplanung. Eine Literaturanalyse, 1975

GAUGLER, E./WEBER, W./OECHSLER, W.: Handwörterbuch des Personalwesens, 3. Auflage, Schäffer-Poeschel Verlag, 2004

GEBERT, D./ROSENSTIEL, L.V.: Organisationspsychologie, Kohlhammer Verlag, Januar 2002

GENSICKE, T.: Wertewandel und Familie. Auf dem Weg zu „egoistischem" oder „kooperativem" Individualismus? In: Aus Politik und Zeitgeschichte, Band 44, S. 36–47, 1994

GENSICKE, T.: Sozialer Wandel durch Modernisierung, Individualisierung und Wertewandel. In: Aus Politik und Zeitgeschichte, Band 42, S. 3–17, 1996

GENSICKE, T.: Deutschland im Übergang. Lebensgefühl, Wertorientierungen, Bürgerengagement, Speyerer Forschungsberichte 204, Forschungsinstitut für öffentliche Verwaltung, Speyer, 2000

GILBERT, T.F.: Human Competence – Engineering Worthy Performance, Amherst, MA., 2005

GONSCHORREK, U.: Personalmanagement, Berliner Wissenschafts-Verlag, Juni 2001

GREEN, P.C.: Building robust competencies. Linking human resource systems to organizational strategies, Jossey-Bass, San Francisco, 1999

GUTMANN, J. (Hrsg.): Arbeitszeitmodelle, Schäffer-Poeschel Verlag, Oktober 2002

HAGEMEISTER, R.: Gezeiten des Wandels. Die Kondratieffzyklen und die Veränderung von Bildung und Beschäftigung, Lernsteine Verlag, 2002

HÄNDELER, E.: Die Geschichte der Zukunft, Brendow Verlag, 2005

HÄNDELER, E.: Die Kraft der Jungen wird erst mit Alten effizient, in: Personalmagazin, Heft 11, S. 11, 2005

HEIDERICH, R./ROHR, G.: Wertewandel. Aufbruch ins Chaos oder neue Wege? Olzog Verlags GmbH, München, 1999

HENTZE, J./METZNER, J.: Personalwirtschaftslehre 2, UTB-Verlag, Stuttgart, 2005

HERBERT, W.: Wandel und Konstanz von Wertstrukturen, Verlag Peter Lang GmbH, Frankfurt/Main, 1993

HESKETT, J. L./SASSER JUN., E. W./SCHLESINGER, L. A.: People, Service, Success – The Service-Profit-Link, Harvard Business School (Video), 1993

HILB, M.: Integriertes Personalmanagement, Luchterhand, 2004

HÖREN, M./FREY-HILSENBECK, M.: Einführung eines Zielvereinbarungs- und Bonussystems. In: Personalführung, Heft 5/2006, S. 44-51, 2006

HORSCH, J.: Personalplanung. Grundlagen – Gestaltungsempfehlungen - Praxisbeispiele, NWB Verlag, Herne, Berlin 2000

INGLEHART, R.: The Silent Revolution. Changing Values and Political Styles Among Western Publics, Princeton University Press, New Jersey, 1977

JETTER, W.: Performance Management, Schäffer-Poeschel Verlag, November 2004

KADEL, P.: Die Personalabbauplanung im arbeitsrechtlichen Kontext, Hampp Verlag, München, Mering, 1990

KADEL, P./VALLDORF, F.: Führung nach dem MbO-Modell bei Boehringer Mannheim GmbH. In: Personal-Management, 11. Nachlieferung, Heft 8/1993, S. 1-16, 1993

KADOR, F.-J./KEMPE, H.-J./PORNSCHLEGEL, H.: Handlungsanleitung zur betrieblichen Personalplanung, Eschborn, Köln, 1989

KAUFMANN, R., u.a.: Strategic Planning For Success: Aligning People, Performance, and Payoff, Jossey-Bass-Pfeiffer, 2003

KAUFMANN, R.: Strategic Thinking: Revised Edition A Guide to Identifying and Solving Problems, ISPI/ASTD, 1998

KIECHL, R.: Ethnokultur und Unternehmenskultur. In: Lattmann, Ch. (Hrsg.): Die Unternehmenskultur. Ihre Grundlagen und ihre Bedeutung für die Führung der Unternehmung, Physica Verlag, Heidelberg, S.107–130, 1990

KIENBAUM, J.: Visionäres Personalmanagement, Schäffer-Poeschel Verlag, 2001

KLAGES, H.: Wertorientierung im Wandel. Rückblick, Gegenwartsanalyse, Prognosen, Campus Verlag, Frankfurt am Main/New York, 1984

KLAGES, H.: Wertedynamik. Über die Wandelbarkeit des Selbstverständ-lichen, A. Fromm Verlag, Osnabrück, 1988

KLAGES, H.: Wertewandel: Rückblick, Gegenwartsanalyse, Ausblick. In: Feix, W. (Hrsg.): Personal 2000. Visionen und Strategien erfolgreicher Personalarbeit. Gabler–Verlag, Wiesbaden, S.51–77, 1991

KLAGES, H.: Idealist, Realist und Hedomat in Konkurrenz. In: Aus Politik und Zeitgeschichte, (16.12.1994), 1994

KLAGES, H.: Wertewandel in Deutschland in den 90er Jahren. In: Rosenstiel, L. von et al. (Hrsg.): Wertewandel. Herausforderung für die Unternehmenspolitik in den 90er Jahren, 2. Auflage, Schäfer-Poeschel Verlag, Stuttgart, S.1-15, 1993

KLAGES, H.: Die Realität des Wertewandels. Ein Plädoyer für den faktenorientierten Blick. In: Klein, A. (Hrsg.): Wertediskussion im vereinten Deutschland, Köln, S. 81–86, 1995

KLAGES, H.: Brauchen wir eine Rückkehr zu traditionellen Werten? In: Aus Politik und Zeitgeschichte, Band 29, 2001

KLIMECKI, R. G./ PROBST, G. J .B.: Entstehung und Entwicklung der Unternehmenskultur. In: Lattmann, Ch. (Hrsg.): Die Unternehmenskultur. Ihre Grundlagen und ihre Bedeutung für die Führung der Unternehmung, Physica Verlag, Heidelberg, S.41–65, 1990

KLIMECKI, R./GMÜR, M.: Personalmanagement, UTB Verlag, 2001

KLINKHAMMER, H.: Personalstrategie. Personalmanagement als Business Partner, Luchterhand, 2002

KLUCKHOHN, C.: Values and Value-Orientations in the Theory of Action: An Exploration in Definition and Classification. In: Parsons, T./Shils, E. (Hrsg.): Toward a General Theory of Action, Cambridge/Massachusetts, S. 388–433, 1951

KOLB, M.: Personalmanagement, Berliner Wissenschaftsverlag, 2002

KOLB, M./BERGMANN, G.: Qualitätsmanagement im Personalbereich, 1997.

KRIEG, H.-J./EHRLICH, H.: Personal. Lehrbuch mit Beispielen und Kontrollfragen, Schäfer-Poeschel Verlag, Stuttgart 1998

KRULIS-RANDA, J.S.: Einführung in die Unternehmenskultur. In: Lattmann, Ch. (Hrsg.): Die Unternehmenskultur. Ihre Grundlagen und ihre Bedeutung für die Führung der Unternehmung, Physica Verlag, Heidelberg, S.1–20, 1990

KUPPE, J. L.: Vom Wert der Werte. Anmerkungen zu einer deutschen Diskussion. In: Klein, A. (Hrsg.): Wertediskussion im vereinten Deutschland, Bund-Verlag GmbH, Köln, S. 136–139, 1995

KÜPPER, H. U.: Steuerungsinstrumente von Führung und Kooperation. In: Kieser, A./Reber, G./Wunderer, R. (Hrsg.): Handwörterbuch der Führung, 2.Auflage, Schäffer-Poeschl Verlag, Stuttgart, S. 1995–2005, 1995

KUTSCHER, J.: Flexible Arbeitszeit, Symposium Verlag, 2000

LEWIN, K.: Field theory in social science, New York, 1951

LIEBEL, H. J./OECHSLER, W. A.: Handbuch Human Resource Management, Gabler Verlag, August 2002

LOOSS, W.: Unter vier Augen, Verlag moderne industrie, 2002

LUCIA, A.D./LEPSINGER, R.: Competency Models. Pinpointing critical success factors in organizations, Jossey-Bass Pfeiffer, San Francisco, 1999

LUCZAK, H.:Arbeitswissenschaft, Springer Verlag, 1993

LÜDTKE, A.: Historische Blindheit in der Wertewandel-Debatte. In: Klein, A. (Hrsg.): Wertediskussion im vereinten Deutschland. Bund-Verlag GmbH, Köln, S. 75–80, 1995

MAASCH, J.: Strategische Personalplanung. Instrumente und Fallbeispiele, Gabler Verlag,Wiesbaden, 1996

MAG, W.: Einführung in die betriebliche Personalplanung, Verlag Vahlen, München, 1998

MALIK, F.: Führen, Leisten, Leben, Deutsche Verlags-Anstalt, 2004

MALIK, F.: Systemisches Management, Evolution, Selbstorganisation, Paul Haupt Verlag, 2004

MALIK, F.: Management-Perspektiven, Paul Haupt Verlag, Bern, Februar 2005

MALIK, F.: Die Unternehmenskultur als Problem von Managementlehre und Managementpraxis. In: Lattmann, Ch. (Hrsg.): Die Unternehmenskultur. Ihre Grundlagen und ihre Bedeutung für die Führung der Unternehmung, Physica Verlag, Heidelberg, S.21–39, 1990

MARR, R. (Hrsg.): Managing People - Perspektiven für das Personalmanagement. Beiträge zum 10. Münchener Personalforum, Gesellschaft zur Förderung der Weiterbildung an der Universität der Bundeswehr München e.V., 2002

MARTIN, A.: Personal als Ressource, Hampp Verlag, 2004

MARTIN, A.: Personal – Theorie, Politik, Gestaltung, Kohlhammer Verlag, 2001

MARTIN, A.: Organizational Behavior – Verhalten in Organisationen, Kohlhammer Verlag, 2003

MARTIN, A./NIENHÜSER, W.: Neue Formen der Beschäftigung – neue Personalpolitik?, Hampp Verlag, 2002

NEFIODOW, L.: Der sechste Kondratieff, Rhein-Sieg Verlag, Juli 2006

NIENHÜSER, W (Hrsg.): Ursachen und Wirkungen betrieblicher Personalstrukturen, aus der Reihe: Betriebswirtschaftliche Abhandlungen, Band 7, Schäffer-Poeschel Verlag, 2000

NOELLE-NEUMANN, E.: Werden wir alle Proletarier. Wertewandel in unserer Gesellschaft, A. Fromm Verlag, Osnabrück, 1978

NOELLE-NEUMANN, E.: Macht Arbeit krank? Macht Arbeit glücklich? Eine aktuelle Kontroverse, Piper-Verlag, München/Zürich, 1984

OECHSLER, W.: Personal und Arbeit. Einführung in die Personalwirtschaft unter Einbeziehung des Arbeitsrechts, Oldenbourg Verlag, München, Wien, Januar 2006

o.V.: Arbeitsgesetze, Deutscher Taschenbuch Verlag, München, 2006

o.V.: Personalmanagement. Das Handbuch für effiziente Personalarbeit, Haufe Verlag, Freiburg, 2001

OLESCH, G.: Schwerpunkte der Personalarbeit. Personalmanagement zur Jahrtausendwende, Sauer Verlag, 1997

PARSONS, T.: The Social System, New York, 1951

PESCITELLI, D.: Redemanuskript anlässlich der ADPCA-Konferenz 2000, San Diego

PETERS, T. J./WATERMANN, R. H.: Auf der Suche nach Spitzenleistungen. Was man von den bestgeführten US-Unternehmen lernen kann, 15.Auflage, Verlag moderne industrie, Landsberg/Lech, 1993

PREUß, U.K.: Die Verfassung als Wertordnung. Innere Pflichten sind nicht zu erzwingen. In: Klein, A. (Hrsg.): Wertediskussion im vereinten Deutschland, Bund-Verlag GmbH, Köln, S. 44–47, 1995

RADKE, P./WILMES, D.: European Quality Award, München, 2002

EFQM (Hrsg.): Grundkonzepte der Excellence, Brüssel, 2003

Rationalisierungs-Kuratorium der Deutschen Wirtschaft (RKW): RKW-Handbuch Personalplanung, Luchterhand Verlag, Neuwied, Kriftel, Berlin, 1996

REGLI, D.: Konzepte der Psychotherapie. (unveröffentl. Manuskript), Institut für Psychologie der Universität Bern, Bern, 2002

RIDDER, H.-G.: Personalwirtschaftslehre, Verlag W. Kohlhammer, Juni 2006

RIEKHOFF, H.-C.: Strategien der Personalentwicklung. Mit Praxisbeispielen von Bosch, Gore, Hamburg-Mannheimer, Opel, Philips, Siemens, Volkswagen, Weidmüller, Weka, Gabler Verlag, 2002

ROGERS, C.: Entwicklung der Persönlichkeit, Klett-Cotta Verlag, April 2006

ROSENSTIEL, L. v.: Kann eine wertorientierte Personalpolitik eine Antwort auf den Wertewandel in der Gesellschaft sein? In: Marr, R. (Hrsg.): Mitarbeiterorientierte Unternehmenskultur. Herausforderung für das Personalmanagement der 90er Jahre, Berlin, S. 45–73, 1989

ROSENSTIEL, L. v.: Der Einfluss des Wertewandels auf die Unternehmenskultur. In: Lattmann, Ch. (Hrsg.): Die Unternehmenskultur. Ihre Grundlagen und ihre Bedeutung für die Führung der Unternehmung. Physica Verlag, Heidelberg, S. 131–152, 1990

ROSENSTIEL, L. v.: Wertkonflikte beim Berufseinstieg. Eine Längsschnittstudie an Hochschulabsolventen. In: Klages, H./Hippler, H.-J./Herbert, W. (Hrsg.): Werte und Wandel. Ergebnisse und Methoden einer Forschungstradition, Frankfurt/Main, S. 333–351, 1992

ROSENSTIEL, L. v.: Wandel in der Karrieremotivation – Neuorientierungen in den 90er Jahren. In: Rosenstiel, L. von (Hrsg.): Wertewandel. Herausforderung für die Unternehmenspolitik in den 90er Jahren 2. Aufllage, Schäffer-Poeschl Verlag, Stuttgart, S.47–81, 1993

ROSENSTIEL, L. v.: Leistungszurückhaltung, Führung bei. In: Kieser, A./Reber, G./Wunderer, R. (Hrsg.): Handwörterbuch der Führung, 2. Auflage, Schäffer-Poeschl Verlag, Stuttgart, S. 1431–1442, 1995a

ROSENSTIEL, L. v.: Wertewandel. In: Kieser, A./Reber, G./Wunderer, R. (Hrsg.): Handwörterbuch der Führung, 2.Auflage, Schäffer-Poeschl Verlag, Stuttgart, S. 2175–2189, 1995b

ROSENSTIEL, L.v./NERDINGER, F. W.: Die Münchner Wertestudien – Bestandsaufnahme und (vorläufiges) Resümee. In: Psychologische Rundschau, 51 (3). Hofgrefe-Verlag, Göttingen, S.146–157, 2000

ROSENSTIEL, L.v./REGNET, E./DOMSCH, M. E.: Führung von Mitarbeitern: Handbuch für erfolgreiches Personalmanagement, Schäffer-Poeschel Verlag, 2003

ROSENSTIEL, L.v./REGNET, E./DOMSCH, M. E.: Führung von Mitarbeitern, Fallstudien zum Personalmanagement, Schäffer-Poeschel Verlag, 2001

SACKMANN, S.S.: Möglichkeiten der Gestaltung von Unternehmenskulturen. In: Lattmann, Ch. (Hrsg.): Die Unternehmenskultur. Ihre Grundlagen und ihre Bedeutung für die Führung der Unternehmung, Physica Verlag, Heidelberg, S.153–188, 1990

SADOWSKI, D.: Zum Verhältnis von Personalplanung und betrieblicher Beschäftigungspolitik, 1981

SCHEIN, E.: Unternehmenskultur. Ein Handbuch für Führungskräfte, Campus Verlag, Frankfurt/New York, 1995

SCHEIN, E.: How Can Organizations Learn Faster, In: Sloan Management Review, Jahrgang 34, S. 83-92, 1989

SCHEIN, E.: The Corporate Culture Survival Guide, San Francisco, 1999

SCHEIN, E.: Angst und Sicherheit. In: Zeitschrift für Organisationsentwicklung, Jahrgang 9 (2003), Heft 3, S. 4–13, 2003

SCHERM, E./SÜß, S.: Personalmanagement, Vahlen Verlag, 2003

SCHLIMM, R.: Grundlagen der Büroeinrichtung. Die EU-Bildschirmarbeitsverordnung, Deutsche Verlags-Anstalt, 2000

SCHOLZ, C.: Personalmanagement. Informationsorientierte und verhaltenstheoretische Grundlagen, Vahlen Verlag, München, 2000

SCHUST, G.H.: Human Performance Management, Rosenberger Fachverlag, 2000

SEIWERT, L. J.: Wenn Du es eilig hast, gehe langsam, Campus Verlag, März 2005

STAEHLE, W.H.: Management. Eine verhaltenswissenschaftliche Einführung, Vahlen Verlag, 1999

STELZER-ROTHE, T./HOHMEISTER, F.: Personalwirtschaft, Kohlhammer Verlag, Stuttgart, 2001

STOLOVITCH, H./CLARK, R./CONDLY, S.: Incentives, Motivation & Workplace Performance: Research and Best Practice, ISPI Site Foundation, 2003

STOCK, G./KOLZ, H.: Zukunftsszenarien der Personalpolitik, in: PERSONALmagazin, Heft 10, S. 50-53, 2005

STOPP, U.: Betriebliche Personalwirtschaft. Zeitgemäße Personalwirtschaft – Notwendigkeit für jedes Unternehmen, expert Verlag, April 2004

SCHOLZ, C.: Personalmanagement, Vahlen Verlag, Januar 2000

SPECK, P./WAGNER, D.: Personalmanagement im Wandel, Gabler Verlag, 2003

STEINLE, C.: Führungsstil. In: Gaugler E./Weber W. (Hrsg.): Handwörterbuch des Personalwesens, 2.Auflage, Schäffer-Poeschel Verlag, Stuttgart, S. 966–980, Juli 2004

SUTOR, B.: Leben aus dem Freiheits- und Gemeinsinn. In: Klein, A. (Hrsg.): Wertediskussion im vereinten Deutschland. Bund-Verlag, Köln, S. 26–29, 1995

TAYLOR, F. W.: The Principles of Scientific Management, 1911

THOM, N./ZAUGG, R. (Hrsg.): Excellence durch Personal- und Organisationskompetenz, Paul Haupt Verlag, Bern, 2001

VAHS, D./BURMESTER, R.: Innovationsmanagement, Schäffer-Poeschel Verlag, März 2005

Verlag für die Deutsche Wirtschaft: Praxishandbuch Mitarbeiter-Motivation, Verlag für die Deutsche Wirtschaft, 2003

WAGNER, K./BARTSCHER, T./NOWAK, U.: Praktische Personalwirtschaft. Eine praxisorientierte Einführung, Gabler Verlag, 2002

WEBER, W./GAUGLER, E.: Handwörterbuch des Personalwesens, Schäffer-PoeschelVerlag, Stuttgart, Juli 2004

WEINERT, A. B.: Menschenbilder und Führung. In: Kieser, A./Reber, G./Wunderer, R. (Hrsg.): Handwörterbuch der Führung, 2.Auflagee, Schäffer-Poeschl Verlag, Stuttgart, S. 1495–1510, 1995

WEINERT, A.B.: Lehrbuch der Organisationspsychologie. Menschliches Verhalten in Organisationen, 1992

WILLIAMSON, O. E./MASDEN, S. E.: The Economics of Transaction Costs, Edward Elgar Publishing, 1999

WILLIAMSON, O. E.: The Economics of Organization: Transaction Cost Approach, In: American Journal of Sociology, Jahrgang 87, Heft 4, Seite 548-577, 1981

WITTKUHN, K./BARTSCHER, T.: Improving Performance. Leistungspotentiale in Unternehmen entfalten, Luchterhand Verlag, 2001

WOLLERT, A.: Führen-Verantworten-Werte schaffen. Personalmanagement für eine neue Zeit, Frankfurter Allgemeine Zeitung, Frankfurt, 2001

WUNDERER, R.: Führung und Zusammenarbeit, Luchterhand Verlag, April 2006

WUNDERER, R.: Personalmanagement – Quo vadis? Analysen und Prognosen bis 2010, Luchterhand Verlag, 2002

WUNDERER, R./ARX, S. von: Personalmanagement als Wertschöpfungs-Center, Gabler Verlag, 2002

II. Quellen von Abbildungen

DEUTSCHE SHELL (Hrsg.) (2000): Jugend 2000. 13. Shell Jugendstudie. Leske + Budrich Verlag, Opladen

GENSICKE, T. (1994): Wertewandel und Familie. Auf dem Weg zu „egoistischem" oder „kooperativem" Individualismus? In: Aus Politik und Zeitgeschichte, Band 44, 1994, S. 36–47

GENSICKE, T. (1996): Sozialer Wandel durch Modernisierung, Individualisierung und Wertewandel. In: Aus Politik und Zeitgeschichte, Band 42, 1996, S. 3–17

GENSICKE, T. (2000): Deutschland im Übergang. Lebensgefühl, Wertorientierungen, Bürgerengagement, Speyerer Forschungsberichte 204, Forschungsinstitut für öffentliche Verwaltung, Speyer

HERBERT, W. (1993): Wandel und Konstanz von Wertstrukturen, Verlag Peter Lang GmbH, Frankfurt/Main

KLAGES, H. (1984): Wertorientierung im Wandel. Rückblick, Gegenwartsanalyse, Prognosen, Campus Verlag, Frankfurt am Main/New York

KLAGES, H. (2001): Brauchen wir eine Rückkehr zu traditionellen Werten? In: Aus Politik und Zeitgeschichte, Band 29, 2001

KLAGES, H. (1988): Wertedynamik. Über die Wandelbarkeit des Selbstverständ-lichen, A. Fromm Verlag, Osnabrück

NOELLE-NEUMANN, E. (1978): Werden wir alle Proletarier. Wertewandel in unserer Gesellschaft, A. Fromm Verlag, Osnabrück

NOELLE-NEUMANN, E. (1984): Macht Arbeit krank? Macht Arbeit glücklich? Eine aktuelle Kontroverse, Piper-Verlag, München/Zürich

ROSENSTIEL, L. VON (1990): Der Einfluß des Wertewandels auf die Unternehmenskultur. In: Lattmann, Ch. (Hrsg.): Die Unternehmenskultur. Ihre Grundlagen und ihre Bedeutung für die Führung der Unternehmung, Physica Verlag, Heidelberg, S. 131–152

ROSENSTIEL, L. VON (1995a): Leistungszurückhaltung, Führung bei. In: Kieser, A./Reber, G./Wunderer, R. (Hrsg.): Handwörterbuch der Führung, 2. Auflage, Schäffer-Poeschel Verlag, Stuttgart, S. 1431-1442

SCHEIN, E. (1995): Unternehmenskultur. Ein Handbuch für Führungskräfte, Campus Verlag, Frankfurt/New York

III. Internetquellen

www.dgfp.de   (Datenbank Perdoc)

www.genios.de

www.mcdeg.de

www.refa.de   (Verband für Arbeitsplatzgestaltung, Betriebsorganisation und Unternehmensentwicklung)

www.iab.de   (Institut für Arbeitsmarkt- und Berufsforschung)

www.dgfp.de   (Datenbank Perdoc)

www.genios.de   (Wirtschaftsdatenbanken)

www.flexible-unternehmen.de

Arbeitgeberverbände (Auszug):

www.bda-online.de   (Bundesvereinigung der deutschen Arbeitgeberverbände)

www.bdi-online.de   (Bundesverband der deutschen Industrie)

www.gesamtmetall.de   (Arbeitgeberverband Gesamtmetall)

www.agvbanken.de   (Arbeitgeberverband Banken)

Gewerkschaften (Auszug):

www.verdi.de   (ver.di, Dienstleistungsgewerkschaft)

www.dgb.de   (Deutscher Gewerkschaftsbund) www.igmetall.de (IG Metall)

www.igbce.de (IG Bergbau, Chemie, Energie)

www.gew.de (Gewerkschaft Erziehung und Wissenschaft)

IV. Sonstige Quellen

SZ, Nr. 124 (1/2.06.02): Des Lebens Müde. SZ Wochenende, S. V.

SZ, Nr. 168 (23.07.02): Zehlendorfer Elegie. S. V2/3.

SZ, Nr. 183 (09.08.02): Des Leuchtenden Pfad. S. 3.

SZ, Nr. 191 (20.08.02): Jeder hat seine Zukunft in der Hand. S. 43.

SZ, Nr. 196 (26.08.02): Das Land der Benediktiner. S. 3.

SZ, Nr. 225 (28/29.09.02): Der Stein des Anstoßes. S. V1/15.

SZ, Nr. 225 (28/29.09.02): Was können Manager von Mönchen lernen. S. V1/15.

SZ - Magazin, Nr. 28 (12.07.2002): Generation Minigolf – Ein Heft über Kinder. „Verdammte Scheisse...". S. 5.

SZ „Jetzt"-Magazin, Nr. 50: 3657 Gründe, warum es sich zu leben lohnt.

Personal – Zeitschrift für Human Resource Management

Personalführung

Personalwirtschaft

Das Flexible Unternehmen

Erfolgreiches Personalmanagement

Aktuell, verständlich und praxisorientiert

Das Gabler Kompakt-Lexikon Personal erläutert Ihnen in mehr als 1.000 Stichwörtern kurz und umfassend alle wichtigen Begriffe aus der Personalwirtschaft, dem Personalmanagement, der Personalpolitik und dem Arbeits- und Sozialrecht.

Sie können sich gleichermaßen über theoretische Erkenntnisse wie auch praktischen Erfahrungen informieren, wobei in diesem Lexikon der Bezug zur Praxis im Vordergrund steht.

Damit ist das Gabler Kompakt-Lexikon Personal ein ideales Nachschlagewerk
- für Führungskräfte und Mitarbeiter des betrieblichen Personalwesens
- für Vorgesetzte, die für Mitarbeiter verantwortlich sind
- für Studenten und Lehrende, die sich mit dem Themengebiet Personal auseinandersetzen und
- für alle, die sich für aktuelle Personalfragen interessieren.

Prof. Dr. jur. **Ulrich Büdenbender** ist Inhaber des Lehrstuhls für Bürgerliches Recht, Energiewirtschaft und Arbeitsrecht sowie Direktor des Instituts für Wirtschaftsrecht an der Juristischen Fakultät der Technischen Universität Dresden.

Prof. Dr. **Hans Strutz** ist Vorstandsvorsitzender der Deutschen Gesellschaft für Personal-Marketing e.V. DGPM in Bad Neuenahr.

Ulrich Büdenbender | Hans Strutz
Gabler Kompakt-Lexikon Personal
1.000 Begriffe zu Personalwirtschaft, Personalmanagement, Arbeits- und Sozialrecht nachschlagen, verstehen, anwenden
2. Aufl. 2005. 335 S.
Br. EUR 24,90
ISBN 978-3-409-22284-6

Änderungen vorbehalten. Stand: Januar 2007.
Erhältlich im Buchhandel oder beim Verlag

Gabler Verlag . Abraham-Lincoln-Str. 46 . 65189 Wiesbaden . www.gabler.de